医疗机构财会人员手册

医疗机构财务与会计研究组　编

大连出版社

图书在版编目(CIP)数据

医疗机构财会人员手册 / 医疗机构财务与会计研究组编. —大连:大连出版社, 2011.3
ISBN 978-7-5505-0070-9

Ⅰ.①医… Ⅱ.①医… Ⅲ.①医疗卫生组织机构-财务会计-手册 Ⅳ.①R197.322-62

中国版本图书馆 CIP 数据核字(2011)第 024199 号

出 版 人:刘明辉
策划编辑:毕华书 周 鑫
责任编辑:毕华书 周 鑫
责任校对:金 琦 李菁毓
封面设计:曹 艺
版式设计:周 鑫
责任印制:徐丽红

出版发行者:大连出版社
地址:大连市西岗区长白街 12 号
邮编:116011
电话:(0411)83627430/83621075
传真:(0411)83610391/83620941
网址:http://www.dlmpm.com
电子信箱:zx@dlmpm.com
印 刷 者:大连美跃彩色印刷有限公司
经 销 者:各地新华书店

幅面尺寸:170mm×240mm
印 张:17.5
字 数:362 千字

出版时间:2011 年 3 月第 1 版
印刷时间:2011 年 3 月第 1 次印刷
书 号:ISBN 978-7-5505-0070-9
定 价:30.00 元

如有印装质量问题,请与我社营销部联系
购书热线电话:(0411)83627430/83621075

前　言

近日，财政部会同卫生部等有关部门同步推出了医疗机构财务、会计、注册会计师审计等五项制度，即：修订印发了《医院财务制度》（财社［2010］306号）和《医院会计制度》（财会［2010］27号），制定印发了《基层医疗卫生机构财务制度》（财社［2010］307号）和《基层医疗卫生机构会计制度》（财会［2010］26号），中国注册会计师协会制定印发了《医院财务报表审计指引》（会协［2011］3号）。新的医院财务、会计制度自2011年7月1日起在公立医院改革国家联系试点城市执行，2012年1月1日起在全国执行。基层医疗卫生机构财务、会计制度和医院财务报表审计指引自2011年7月1日起全面执行。

恰逢“十二五”开局，在深化医药卫生体制改革的背景下，我国掀起新一轮医疗机构财务和会计制度改革，对于更好地规范医疗机构运行具有重要意义。

我国医院财务、会计制度于1998年颁布，对于规范体制转轨初期的医疗机构财务管理和会计核算发挥了重要作用。但随着医疗卫生体制和财政财务管理体制改革的日益深化，医疗机构的运营环境发生了很大变化，经济活动更加复杂，迫切需要进一步健全医院和基层医疗卫生机构的财务、会计和审计监督制度，完善财务、会计管理机制，满足各方面管理监督的需要。

新修订的医院财务、会计制度充分体现了公立医院的公益性特点，强化了医院的收支管理和成本核算，在医疗药品收支核算、医疗成本归集核算体系、会计科目和财务报告体系、医院财务报表注册会计师审计等方面凸显了一系列重大创新。新制度进一步强化了预算约束与管理，将医院所有收支全部纳入预算管理，维护预算的完整性、严肃性，杜绝随意调整项目支出等问题，促进医院规范运营。规定医院要全面披露资产负债信息，加强资产管理与财务风险防范。此外，新制度还规范了医院收支核算管理，强化成本控制，并改进完善了会计科目和财务报告体系。

新制定的基层医疗卫生机构财务、会计制度规定，对基层医疗卫生机构实行“统一领导、集中管理”的财务管理体制，并对基层医疗卫生机构财务集中核算和会计委托代理记账做出规范，进一步强化了预算约束机制。此外，制度明确了基层医疗卫生机构收入主要由医疗收入、财政补助收入和上级补助收入构成，在会计核算流程中清晰反映了各种补偿渠道的资金流程。通过严格禁止对外投资，控制大型设备购置和借款行为等举措，规范资产管理，防范财务风险。此外，还规定基层医疗卫生机构结合实施绩效工资，设立奖励基金，建立激励机制。

新的医院财务、会计制度中明确规定医院年度财务报告应按规定经过注册会计师审计。建立医院年度财务报告注册会计师审计制度，在我国具有重要意义。注册会计师对医院财务报表进行审计，有助于提高医院会计信息质量，增强财务状况和经营成果的真实性和公信力。此外，引入注册会计师审计制度，有利于进一步加强对政府卫生投入资金使用情况的监督管理，形成科学有效的监督体系，是确保医改资金投入与使用安全、规范、透明和有效的重要机制。也有利于将注册会计师业务拓展到医疗卫生行业，对于推进医疗机构资金绩效评价、强化财政监督具有重要作用。

这五项制度的实施，对医疗机构财会人员和注册会计师提出了更高的要求。有鉴于此，为了帮助医疗机构财会人员和注册会计师更快、更好地掌握医疗机构财务、会计制度，基层医疗卫生机构财务、会计制度和医院财务报表审计指引，并尽早应用到医疗机构财务、会计和审计实践中，我们特别编写了这本《医疗机构财会人员手册》。本书将《医院财务制度》《医院会计制度》《基层医疗卫生机构财务制度》《基层医疗卫生机构会计制度》和《医院财务报表审计指引》等五项制度汇编到一起，既可以作为医疗机构财会人员和注册会计师的培训教材，也可以作为其日常工作的业务手册。

医疗机构财务与会计研究组

2011 年 2 月

目　录

医疗机构财会人员手册

医院财务制度

YIYUAN CAIWU ZHIDU

关于印发《医院财务制度》的通知

财社[2010]306 号

各省、自治区、直辖市、计划单列市财政厅(局)、卫生厅(局),新疆生产建设兵团财务局、卫生局:

为适应社会主义市场经济和医疗卫生事业发展的需要,加强医院财务管理和监督,规范医院财务行为,提高资金使用效益,根据《事业单位财务规则》(财政部令第 8 号)和国家关于深化医药卫生体制改革相关文件及有关法律法规,结合医院特点,我们修订了《医院财务制度》,现印发给你们,请遵照执行。执行中发现问题,请及时向我们反馈。

附件:医院财务制度

财政部 卫生部

二〇一〇年十二月二十八日

第一章 总 则

第一条 为了适应社会主义市场经济和医疗卫生事业发展的需要，加强医院财务管理和监督，规范医院财务行为，提高资金使用效益，根据国家有关法律法规、《事业单位财务规则》（财政部令第8号）以及国家关于深化医药卫生体制改革的相关规定，结合医院特点制定本制度。

第二条 本制度适用于中华人民共和国境内各级各类独立核算的公立医院（以下简称医院），包括综合医院、中医院、专科医院、门诊部（所）、疗养院等，不包括城市社区卫生服务中心（站）、乡镇卫生院等基层医疗卫生机构。

第三条 医院是公益性事业单位，不以营利为目的。

第四条 医院财务管理的基本原则是：执行国家有关法律、法规和财务规章制度；坚持厉行节约、勤俭办事业的方针；正确处理社会效益和经济效益的关系，正确处理国家、单位和个人之间的利益关系，保持医院的公益性。

第五条 医院财务管理的主要任务是：科学合理编制预算，真实反映财务状况；依法组织收入，努力节约支出；健全财务管理制度，完善内部控制机制；加强经济管理，实行成本核算，强化成本控制，实施绩效考评，提高资金使用效益；加强国有资产管理，合理配置和有效利用国有资产，维护国有资产权益；加强经济活动的财务控制和监督，防范财务风险。

第六条 医院应设立专门的财务机构，按国家有关规定配备专职人员，会计人员须持证上岗。

三级医院须设置总会计师，其他医院可根据实际情况参照设置。

第七条 医院实行“统一领导、集中管理”的财务管理体制。医院的财务活动在医院负责人及总会计师领导下，由医院财务部门集中管理。

第二章 单位预算管理

第八条 预算是指医院按照国家有关规定，根据事业发展计划和目标编制的年度财务收支计划。

医院预算由收入预算和支出预算组成。医院所有收支应全部纳入预算管理。

第九条 国家对医院实行“核定收支、定项补助、超支不补、结余按规定使用”的预算管理办法。地方可结合本地实际，对有条件的医院开展“核定收支、以收抵支、超收上缴、差额补助、奖惩分明”等多种管理办法的试点。

定项补助的具体项目和标准，由同级财政部门会同主管部门（或举办单位），根据政府卫生投入政策的有关规定确定。

第十条 医院要实行全面预算管理，建立健全预算管理制度，包括预算编制、审批、执行、调整、决算、分析和考核等制度。

第十一条 医院应按照国家有关预算编制的规定，对以前年度预算执行情况进行全面分析，根据年度事业发展计划以及预算年度收入的增减因素，测算编制收入预算；根据业务活动需要和可能，编制支出预算，包括基本支出预算和项目支出预算。编制收支预算必须坚持以收定支、收支平衡、统筹兼顾、保证重点的原则。不得编制赤字预算。

第十二条 医院预算应经医院决策机构审议通过后上报主管部门（或举办单位）。

主管部门（或举办单位）根据行业发展规划，对医院预算的合法性、真实性、完整性、科学性、稳妥性等进行认真审核，汇总并综合平衡。

财政部门根据宏观经济政策和预算管理的有关要求，对主管部门（或举办单位）申报的医院预算按照规定程序进行审核批复。

第十三条 医院要严格执行批复的预算。经批复的医院预算是控制医院日常业务、经济活动的依据和衡量其合理性的标准，医院要严格执行，并将预算逐级分解，落实到具体的责任单位或责任人。医院在预算执行过程中应定期将执行情况与预算进行对比分析，及时发现偏差、查找原因，采取必要措施，保证预算整体目标的顺利完成。

第十四条 医院应按照规定调整预算。财政部门核定的财政补助等资金预算及其他项目预算执行中一般不予调整。当事业发展计划有较大调整，或者根据国家有关政策需要增加或减少支出、对预算执行影响较大时，医院应当按照规定程序提出调整预算建议，经主管部门（或举办单位）审核后报财政部门按规定程序调整预算。

收入预算调整后，相应调增或调减支出预算。

第十五条 年度终了，医院应按照财政部门决算编制要求，真实、完整、准确、及时编制决算。

医院年度决算由主管部门（或举办单位）汇总报财政部门审核批复。对财政部门批复调整的事项，医院应及时调整相关数据。

第十六条 医院要加强预算执行结果的分析和考核，并将预算执行结果、成本控制目标实现情况和业务工作效率等一并作为内部业务综合考核的重要内容。逐步建立与年终评比、内部收入分配挂钩机制。

主管部门（或举办单位）应会同财政部门制定绩效考核办法，对医院预算执行、成本控制以及业务工作等情况进行综合考核评价，并将结果作为对医院决策和管理层进行综合考核、实行奖惩的重要依据。

第三章　收入管理

第十七条 收入是指医院开展医疗服务及其他活动依法取得的非偿还性资金。

第十八条 收入包括：医疗收入、财政补助收入、科教项目收入和其他收入。

（一）医疗收入，即医院开展医疗服务活动取得的收入，包括门诊收入和住院收入。

1. 门诊收入是指为门诊病人提供医疗服务所取得的收入，包括挂号收入、诊察收入、检查收入、化验收入、治疗收入、手术收入、卫生材料收入、药品收入、药事服务费收入、其他门诊收入等。

2. 住院收入是指为住院病人提供医疗服务所取得的收入，包括床位收入、诊察收入、检查收入、化验收入、治疗收入、手术收入、护理收入、卫生材料收入、药品收入、药事服务费收入、其他住院收入等。

（二）财政补助收入，即医院按部门预算隶属关系从同级财政部门取得的各类财政补助收入，包括基本支出补助收入和项目支出补助收入。基本支出补助收入是指由财政部门拨入的符合国家规定的离退休人员经费、政策性亏损补贴等经常性补助收入，项目支出补助收入是指由财政部门拨入的主要用于基本建设和设备购置、重点学科发展、承担政府指定公共卫生任务等的专项补助收入。

（三）科教项目收入，即医院取得的除财政补助收入外专门用于科研、教学项目的补助收入。

（四）其他收入，即医院开展医疗业务、科教项目之外的活动所取得的收入，包括培训收入、租金收入、食堂收入、投资收益、财产物资盘盈收入、捐赠收入、确实无法支付的应付款项等。

第十九条 医疗收入在医疗服务发生时依据政府确定的付费方式和付费标准确认。

第二十条 医院要严格执行国家物价政策，建立健全各项收费管理制度。

医院门诊、住院收费必须按照有关规定使用国务院或省（自治区、直辖市）财政部门统一监制的收费票据，并切实加强管理，严禁使用虚假票据。

医疗收入原则上当日发生当日入账，并及时结算。严禁隐瞒、截留、挤占和挪用。现金收入不得坐支。

第四章 支出管理

第二十一条 支出是指医院在开展医疗服务及其他活动过程中发生的资产、资金耗费和损失。

第二十二条 支出包括医疗支出、财政项目补助支出、科教项目支出、管理费用和其他支出。

（一）医疗支出，即医院在开展医疗服务及其辅助活动过程中发生的支出，包括人员经费、耗用的药品及卫生材料支出、计提的固定资产折旧、无形资产摊销、提取医疗风险基金和其他费用，不包括财政补助收入和科教项目收入形成的固定资产折旧和无形资产摊销。

其中，人员经费包括基本工资、绩效工资（津贴补贴、奖金）、社会保障缴费、住房公积金等。其他费用包括办公费、印刷费、水费、电费、邮电费、取暖费、物业管理费、差旅费、会议费、培训费等。

（二）财政项目补助支出，即医院利用财政补助收入安排的项目支出。实际发生额全部计入当期支出。其中，用于购建固定资产、无形资产等发生的支出，应同时计入净资产，按规定分期结转。

（三）科教项目支出，即医院利用科教项目收入开展科研、教学活动发生的支出。用于购建固定资产、无形资产等发生的支出，应同时计入净资产，按规定分期结转。

（四）管理费用，即医院行政及后勤管理部门为组织、管理医疗和科研、教学业务活动所发生的各项费用，包括医院行政及后勤管理部门发生的人员经费、耗用的材料成本、计提的固定资产折旧、无形资产费用，以及医院统一管理的离退休经费、坏账损失、印花税、房产税、车船使用税、利息支出和其他公用经费，不包括计入科教项目、基本建设项目支出的管理费用。

（五）其他支出，即医院上述项目以外的支出，包括出租固定资产的折旧及维修费、食堂支出、罚没支出、捐赠支出、财产物资盘亏和毁损损失等。

基本建设项目支出按国家有关规定执行。

第二十三条 医院从财政部门或主管部门（或举办单位）取得的有指定用途的项目资金应当按照要求定期向财政部门、主管部门（或举办单位）报送项目资金使用情况；项目完成后应报送项目资金支出决算和使用效果的书面报告，接受财政部门、主管部门（或举办单位）的检查验收。

第二十四条 医院的支出应当严格执行国家有关财务规章制度规定的开支范围及开支标准；国家有关财务规章制度没有统一规定的，由医院规定。医院的规定违反法律和国家政策的，主管部门（或举办单位）和财政部门应当责令改正。

医院应严格控制人员经费和管理费用。各省（自治区、直辖市）要按有关规定并结合管理要求制定具体的工资总额和管理费用支出比率等控制指标。

第二十五条 医院应当严格执行政府采购和国家关于药品采购的有关规定。

第五章 成本管理

第二十六条 成本管理是指医院通过成本核算和分析，提出成本控制措施，降低医疗成本的活动。

第二十七条 成本管理的目的是全面、真实、准确反映医院成本信息，强化成本意识，降低医疗成本，提高医院绩效，增强医院在医疗市场中的竞争力。

第二十八条 成本核算是指医院将其业务活动中所发生的各种耗费按

照核算对象进行归集和分配，计算出总成本和单位成本的过程。

成本核算应遵循合法性、可靠性、相关性、分期核算、权责发生制、按实际成本计价、收支配比、一致性、重要性等原则。

第二十九条 根据核算对象的不同，成本核算可分为科室成本核算、医疗服务项目成本核算、病种成本核算、床日和诊次成本核算。成本核算一般应以科室、诊次和床日为核算对象，三级医院及其他有条件的医院还应以医疗服务项目、病种等为核算对象进行成本核算。

在以上述核算对象为基础进行成本核算的同时，开展医疗全成本核算的地方或医院，应将财政项目补助支出所形成的固定资产折旧、无形资产摊销纳入成本核算范围；开展医院全成本核算的地方或医院，还应在医疗成本核算的基础上，将科教项目支出形成的固定资产折旧、无形资产摊销纳入成本核算范围。

第三十条 科室成本核算是指将医院业务活动中所发生的各种耗费以科室为核算对象进行归集和分配，计算出科室成本的过程。

（一）科室区分为以下类别：临床服务类、医疗技术类、医疗辅助类和行政后勤类等。临床服务类指直接为病人提供医疗服务，并能体现最终医疗结果、完整反映医疗成本的科室；医疗技术类指为临床服务类科室及病人提供医疗技术服务的科室；医疗辅助类科室是服务于临床服务类和医疗技术类科室，为其提供动力、生产、加工等辅助服务的科室；行政后勤类指除临床服务、医疗技术和医疗辅助科室之外的从事院内外行政后勤业务工作的科室。

（二）科室成本的归集。

通过健全的组织机构，按照规范的统计要求及报送程序，将支出直接或分配归属到耗用科室，形成各类科室的成本。成本按照计入方法分为直接成本和间接成本。

直接成本是指科室为开展医疗服务活动而发生的能够直接计入或采用一定方法计算后直接计入的各种支出。间接成本是指为开展医疗服务活动而发生的不能直接计入、需要按照一定原则和标准分配计入的各项支出。

（三）科室成本的分摊。

各类科室成本应本着相关性、成本效益关系及重要性等原则，按照分项逐级分步结转的方法进行分摊，最终将所有成本转移到临床服务类科室。

先将行政后勤类科室的管理费用向临床服务类、医疗技术类和医疗辅助类科室分摊，分摊参数可采用人员比例、内部服务量、工作量等。

再将医疗辅助类科室成本向临床服务类和医疗技术类科室分摊，分摊参数可采用人员比例、内部服务量、工作量等。

最后将医疗技术类科室成本向临床服务类科室分摊，分摊参数可采用工作量、业务收入、收入、占用资产、面积等，分摊后形成门诊、住院临床服务类科室的成本。

第三十一条 医疗服务项目成本核算是以各科室开展的医疗服务项目为对象，归集和分配各项支出，计算出各项目单位成本的过程。核算办法是将临床服务类、医疗技术类和医疗辅助类科室的医疗成本向其提供的医疗服务项目进行归集和分摊，分摊参数可采用各项目收入比、工作量等。

第三十二条 病种成本核算是以病种为核算对象，按一定流程和方法归集相关费用计算病种成本的过程。核算办法是将为治疗某一病种所耗费的医疗项目成本、药品成本及单独收费材料成本进行叠加。

第三十三条 诊次和床日成本核算是以诊次、床日为核算对象，将科室成本进一步分摊到门急诊人次、住院床日中，计算出诊次成本、床日成本。

第三十四条 为了正确反映医院正常业务活动的成本和管理水平，在进行医院成本核算时，凡属下列业务所发生的支出，一般不应计入成本范围。

（一）不属于医院成本核算范围的其他核算主体及其经济活动所发生的支出。

（二）为购置和建造固定资产、购入无形资产和其他资产的资本性支出。

（三）对外投资的支出。

（四）各种罚款、赞助和捐赠支出。

（五）有经费来源的科研、教学等项目支出。

（六）在各类基金中列支的费用。

（七）国家规定的不得列入成本的其他支出。

第三十五条 医院应根据成本核算结果，对照目标成本或标准成本，采取趋势分析、结构分析、量本利分析等方法及时分析实际成本变动情况及原因，把握成本变动规律，提高成本效率。

第三十六条 医院应在保证医疗服务质量的前提下，利用各种管理方法和措施，按照预定的成本定额、成本计划和成本费用开支标准，对成本形成过程中的耗费进行控制。

医院应建立健全成本定额管理制度、费用审核制度等，采取有效措施纠正、限制不必要的成本费用支出差异，控制成本费用支出。

第六章　收支结余管理

第三十七条　收支结余是指医院收入与支出相抵后的余额。包括：业务收支结余、财政项目补助收支结转（余）、科教项目收支结转（余）。当期各类收支结余计算公式如下：

业务收支结余 = 医疗收支结余 + 其他收入 - 其他支出

其中：医疗收支结余 = 医疗收入 + 财政基本支出补助收入 - 医疗支出 - 管理费用

财政项目补助收支结转（余） = 财政项目支出补助收入 - 财政项目补助支出

科教项目收支结转（余） = 科教项目收入 - 科教项目支出

第三十八条　业务收支结余应于期末扣除按规定结转下年继续使用的资金后，结转至结余分配，为正数的，可以按照国家有关规定提取专用基金，转入事业基金；为负数的，应由事业基金弥补，不得进行其他分配，事业基金不足以弥补的，转入未弥补亏损。实行收入上缴的地区要根据本地实际，制定具体的业务收支结余率、次均费用等控制指标。超过规定控制指标的部分应上缴财政，由同级财政部门会同主管部门统筹专项用于卫生事业发展和绩效考核奖励。

财政项目补助收支结转（余）、科教项目收支结转（余）结转下年继续使用。

国家另有规定的，从其规定。

第三十九条　医院应加强结余资金的管理，按照国家规定正确计算与分配结余。医院结余资金应按规定纳入单位预算，在编制年度预算和执行中需追加预算时，按照财政部门的规定安排使用。医院动用财政项目补助收支结转（余），应严格执行财政部门有关规定和报批程序。

第七章　流动资产管理

第四十条　流动资产是指可以在一年内（含一年）变现或者耗用的资产。医院的流动资产包括货币资金、应收款项、预付款项、存货等。

第四十一条　货币资金包括现金、银行存款、零余额账户用款额度等。医院应当严格遵守国家有关规定，建立健全货币资金管理制度。

第四十二条　应收及预付款项是指医院在开展业务活动和其他活动过程中形成的各项债权，包括应收医疗款、预付账款、财政应返还资金和其他应收款等。

医院对应收及预付款项要加强管理，定期分析、及时清理。

年度终了，医院可采用余额百分比法、账龄分析法、个别认定法等方法计提坏账准备。累计计提的坏账准备不应超过年末应收医疗款和其他应收款科目余额的2%－4%。计提坏账准备的具体办法由省（自治区、直辖市）财政、主管部门确定。

对账龄超过三年，确认无法收回的应收医疗款和其他应收款可作为坏账损失处理。坏账损失经过清查，按照国有资产管理的有关规定报批后，在坏账准备中冲销。收回已经核销的坏账，增加坏账准备。

第四十三条　存货是指医院为开展医疗服务及其他活动而储存的低值易耗品、卫生材料、药品、其他材料等物资。

购入的物资按实际购入价计价，自制的物资按制造过程中的实际支出计价，盘盈的物资按同类品种价格计价。

存货要按照“计划采购、定额定量供应”的办法进行管理。合理确定储备定额，定期进行盘点，年终必须进行全面盘点清查，保证账实相符。对于盘盈、盘亏、变质、毁损等情况，应当及时查明原因，根据管理权限报经批准后及时进行处理。

低值易耗品实物管理采取“定量配置、以旧换新”等管理办法。物资管理部门要建立辅助明细账，对各类物资进行数量、金额管理，反映低值易耗品分布、使用以及消耗情况。低值易耗品领用实行一次性摊销，个别价值较高或领用报废相对集中的可采用五五摊销法。低值易耗品报废收回的残余价值，按照国有资产管理有关规定处理。

医院要建立健全自制药品、材料管理制度，按类别、品种进行成本核算。自制药品、材料按成本价入库。

第八章 固定资产管理

第四十四条 固定资产是指单位价值在1 000元及以上（其中：专业设备单位价值在1 500元及以上），使用期限在一年以上（不含一年），并在使用过程中基本保持原有物质形态的资产。单位价值虽未达到规定标准，但耐用时间在一年以上（不含一年）的大批同类物资，应作为固定资产管理。

医院固定资产分四类：房屋及建筑物、专业设备、一般设备、其他固定资产。

图书参照固定资产管理办法，加强实物管理，不计提折旧。

第四十五条 固定资产按实际成本计量。

（一）外购的固定资产，按照实际支付的购买价款、相关税费、使固定资产达到预定可使用状态前所发生的可归属于该项资产的运输费、装卸费、安装费和专业人员服务费等相关支出作为成本。

以一笔款项购入多项没有单独标价的固定资产，按照同类或类似资产价格的比例对购置成本进行分配，分别确定各项固定资产的成本。

（二）自行建造的固定资产，按照国家有关规定计算成本。

（三）融资租入的固定资产，按照租赁协议或者合同确定的价款、运输费、运输保险费、安装调试费等作为成本。

（四）无偿取得（如无偿调入或接受捐赠）的固定资产，其成本比照同类资产的市场价格或有关凭据注明的金额加上相关税费确定。

大型医疗设备等固定资产的购建和租赁，要符合区域卫生规划，经过科学论证，并按国家有关规定报经主管部门会同有关部门批准。

第四十六条 在建工程是指医院已经发生必要支出，但按规定尚未达到交付使用状态的建设工程。

医院除按本制度执行外，还应按国家有关规定单独建账、单独核算，严格控制工程成本，做好工程概、预算管理，工程完工后应尽快办理工程结算和竣工财务决算，并及时办理资产交付使用手续。

第四十七条 医院原则上应当根据固定资产性质，在预计使用年限内，采用平均年限法或工作量法计提折旧（固定资产折旧年限见附1）。计提固定资产折旧不考虑残值。计提折旧的具体办法由各省（自治区、直辖市）主管部门会同财政部门规定或审批。当月增加的固定资产，当月不提折旧，从下月起计提折旧；当月减少的固定资产，当月仍计提折旧，从下月起不提折旧；已提足折旧仍继续使用的固定资产，不再计提折旧。

第四十八条 为增加固定资产的使用效能或延长其使用寿命而发生的改建、扩建或大型修缮等后续支出，应当记入固定资产及其他相关资产；为维护固定资产的正常使用而发生的修理费等后续支出，应当计入当期支出。大型修缮确认标准由各省（自治区、直辖市）财政部门会同主管部门（或举办单位）根据当地实际情况确定。

第四十九条 医院应设置专门管理机构或专人，使用单位应指定人员对固定资产实施管理，并建立健全各项管理制度。

建立健全三账一卡制度，即：财务部门负责总账和一级明细分类账，固定资产管理部门负责二级明细分类账，使用部门负责建卡（台账）。

大型医疗设备实行责任制，指定专人管理，制定操作规程，建立设备技术档案和使用情况报告制度。

医院应当提高资产使用效率，建立资产共享、共用制度。

第五十条 医院应当对固定资产定期进行实地盘点。对盘盈、盘亏的固定资产，应当及时查明原因，并根据规定的管理权限，报经批准后及时进行处理。

固定资产管理部门要对固定资产采取电子信息化管理，定期与财务部门核对，做到账账相符、账卡相符、账实相符。

第五十一条 医院出售、转让、报废固定资产或者发生固定资产毁损时，应当按照国有资产管理规定处理。

第九章　无形资产及开办费管理

第五十二条 无形资产是指不具有实物形态而能为医院提供某种权利的资产。包括专利权、著作权、版权、土地使用权、非专利技术、商誉、医院购入的不构成相关硬件不可缺少组成部分的应用软件及其他财产权利等。

购入的无形资产，按照实际支付的价款计价；自行开发并依法申请取得的无形资产，按依法取得时发生的注册费、聘请律师费等支出计价；接受捐赠的无形资产，按捐赠方提供的资料或同类无形资产估价计价；商誉除合作外，不得作价入账。

无形资产从取得当月起，在法律规定的有效使用期内平均摊入管理费用，法律没有规定使用年限的按照合同或单位申请书的受益年限摊销，法律和合同或单位申请书都没有规定使用年限的，按照不少于十年的期限摊销。

转让无形资产应当按照国有资产管理规定处理。

第五十三条 开办费是指医院筹建期间发生的费用，包括筹建期间人员工资、办公费、培训费、差旅费、印刷费以及不计入固定资产和无形资产购建成本的其他支出。

开办费在医院开业时计入管理费用。

第十章 对外投资管理

第五十四条 对外投资是指医院以货币资金购买国家债券或以实物、无形资产等开展的投资活动。

对外投资按照投资回收期的长短分为长期投资和短期投资。投资回收期一年以上（不含一年）的为长期投资。

第五十五条 医院应在保证正常运转和事业发展的前提下严格控制对外投资，投资范围仅限于医疗服务相关领域。医院不得使用财政拨款、财政拨款结余对外投资，不得从事股票、期货、基金、企业债券等投资。

投资必须经过充分的可行性论证，并报主管部门（或举办单位）和财政部门批准。

第五十六条 医院投资应按照国家有关规定进行资产评估，并按评估确定的价格作为投资成本。

医院认购的国家债券，按实际支付的金额作价。

第五十七条 医院应遵循投资回报、风险控制和跟踪管理等原则，对投资效益、收益与分配等情况进行监督管理，确保国有资产的保值增值。

第十一章　负债管理

第五十八条　负债是指医院所承担的能以货币计量，需要以资产或者劳务偿还的债务。包括流动负债和非流动负债。

流动负债是指偿还期在一年以内（含一年）的短期借款、应付票据、应付账款、预收医疗款、预提费用、应付职工薪酬和应付社会保障费等。

非流动负债是指偿还期在一年以上（不含一年）的长期借款、长期应付款等。

第五十九条　医院应加强病人预交金管理。预交金额度应根据病人病情和治疗的需要合理确定。

第六十条　医院应对不同性质的负债分别管理，及时清理并按照规定办理结算，保证各项负债在规定期限内归还。因债权人特殊原因确实无法偿还的负债，按规定计入其他收入。

第六十一条　医院原则上不得借入非流动负债，确需借入或融资租赁的，应按规定报主管部门（或举办单位）会同有关部门审批，并原则上由政府负责偿还。

医院财务风险管理指标和借款具体审批程序由各省（自治区、直辖市）财政部门会同主管部门（或举办单位）根据当地实际情况制定。

第十二章　净资产管理

第六十二条　净资产是指医院资产减去负债后的余额。包括事业基金、专用基金、待冲基金、财政补助结转（余）、科教项目结转（余）、未弥补亏损。

（一）事业基金，即医院按规定用于事业发展的净资产。包括结余分配转入资金（不包括财政基本支出补助结转）、非财政专项资金结余解除限制后转入的资金等。

事业基金按规定用于弥补亏损，用于弥补亏损的最高限额为事业基金扣除医院非财政补助资金和科教项目资金形成的固定资产、无形资产等资产净值。

医院应加强对事业基金的管理，统筹安排，合理使用。对于事业基金滚存较多的医院，在编制年度预算时应安排一定数量的事业基金。

（二）专用基金，即医院按照规定设置、提取具有专门用途的净资产。主要包括职工福利基金、医疗风险基金等。

职工福利基金是指按业务收支结余（不包括财政基本支出补助结转）的一定比例提取、专门用于职工集体福利设施、集体福利待遇的资金。

医疗风险基金是指从医疗支出中计提、专门用于支付医院购买医疗风险保险发生的支出或实际发生的医疗事故赔偿的资金。医院累计提取的医疗风险基金比例不应超过当年医疗收入的1‰－3‰。具体比例可由各省（自治区、直辖市）财政部门会同主管部门（或举办单位）根据当地实际情况制定。

医院应加强对职工福利基金和医疗风险基金的管理，统筹安排，合理使用。对于职工福利基金和医疗风险基金滚存较多的医院，可以适当降低提取比例或者暂停提取。

其他专用基金是指按照有关规定提取、设置的其他专用资金。

各项基金的提取比例和管理办法，国家有统一规定的，按照统一规定执行；没有统一规定的，由省（自治区、直辖市）主管部门（或举办单位）会同同级财政部门确定。

专用基金要专款专用，不得擅自改变用途。

（三）待冲基金，即财政补助收入和科教项目收入形成的资本性支出净值。

（四）财政补助结转（余），即医院历年滚存的有限定用途的财政补助结转（余）资金，包括从业务收支结余转入的基本支出结转以及项目支出结转（余）。

（五）科教项目结转（余），即医院尚未结项的科教项目累计取得科教项目收入减去累计发生支出后，留待以后按原用途继续使用的结转资金，以及医院已经结项但尚未解除限制的科研、教学项目结余资金。

（六）未弥补亏损，即事业基金不足以弥补的亏损。

第十三章　财务清算

第六十三条　医院发生撤销、划转、合并、分立时，应当进行清算。

医院清算时，应由各级政府授权主管部门（或举办单位）、财政部门负责按有关规定组成清算机构，并在相关部门的监督指导下开展工作。清算机构负责按规定制订清算方案，对医院的财产、债权、债务进行全面清理，对现有资产进行重新估价，编制资产负债表和财产清单、债权清单、债务清单，通知所有债权人在规定期限内向清算机构申报债权，提出财产作价依据和债权、债务处理办法，做好国有资产的移交、接收、划转和管理工作，并妥善处理各项遗留问题。清算期间，未经清算机构同意，任何组织机构和个人不得处理医院财产。

医院财产包括宣布清算时的全部财产和清算期间取得的财产。

清算期间发生的财产盘盈、盘亏或变卖，无力归还的债务，无法收回的应收账款等按国有资产管理有关规定处理。

第六十四条 在宣布医院终止前六个月至宣布终止之日，下列行为无效：

（一）无偿转让财产；

（二）非正常压价处理财产；

（三）对原来没有财产担保的债务提供财产担保；

（四）对未到期的债务提前清偿；

（五）放弃应属于医院的债权。

第六十五条 医院撤销时清偿的顺序为：

（一）清算期间发生的费用；

（二）应付未付的医院职工的工资、社会保障费等；

（三）债权人的各项债务；

（四）剩余资产经主管部门和财政部门核准后并入接收单位或上交主管部门。

医院被清算财产不足以清偿的，应先按照规定支付清算期间发生的费用，再按照比例进行清偿。

第六十六条 医院清算完毕，清算机构应当提出清算报告，编制清算期间的收支报表，验证后，报送主管部门（或举办单位）和财政部门审查备案。

第六十七条 经国家有关部门批准宣布医院划转、合并、分立时，其资产按照国有资产管理规定处理。

第十四章　财务报告与分析

第六十八条　财务报告是指反映医院一定时期的财务状况和业务开展成果的总括性书面文件，包括资产负债表、收入支出总表、业务收入支出明细表、财政补助收支明细情况表、基本建设收入支出表、现金流量表、净资产变动表、有关附表、会计报表附注以及财务情况说明书。

财务情况说明书主要说明医院的业务开展情况、预算执行情况、财务收支状况、成本控制情况、负债管理情况、资产变动及利用情况、基本建设情况、绩效考评情况、对本期或下期财务状况发生重大影响的事项、专项资金的使用情况以及其他需要说明的事项。

第六十九条　医院应通过相关指标对医院财务状况进行分析，具体分析参考指标详见附2。

第七十条　医院应当按月度、季度、年度向主管部门（或举办单位）和财政部门报送财务报告。

医院年度财务报告应按规定经过注册会计师审计，具体办法另行规定。

第七十一条　医院在办理年度决算前，应对财产物资、债权、债务进行全面清查盘点，并编制盘存表，对盘盈、盘亏、报废、毁损等按本制度规定及时处理。

第十五章　财务监督

第七十二条　财务监督是根据国家有关法律、法规和财务规章制度，对医院的财务活动及相关经济活动所进行的监察和督促。

第七十三条　财务监督的主要内容包括：预算管理的监督、收入管理的监督、支出管理的监督、资产管理的监督和负债管理的监督等。

第七十四条　医院的财务机构履行财务监督职责。医院应当建立健全内部监督制度和经济责任制。

第七十五条　医院财务监督应当实行事前监督、事中监督、事后监督相结合，日常监督与专项检查相结合，接受财政、审计和主管部门（或举办单位）的监督。

第十六章　附　　则

第七十六条　医院举办非独立法人分支机构的收支是医院财务收支的一部分，必须纳入医院财务统一管理。

第七十七条　医院必须在取得行医资格之日起30日内，持批准文件向主管部门（或举办单位）进行财务登记，并由主管部门（或举办单位）向财政部门备案。

第七十八条　医院基本建设投资财务管理除按照本制度执行外，还应执行国家基本建设投资方面的财务管理制度。

第七十九条　各省（自治区、直辖市）财政部门和主管部门可依照本制度，结合本地实际情况，制定具体实施办法，并报财政部、卫生部备案。

第八十条　本制度由财政部、卫生部负责解释。

第八十一条　企业事业组织、社会团体及其他社会组织举办的非营利性医院可参照本制度执行。

第八十二条　本制度自2011年7月1日起在公立医院改革国家联系试点城市执行，自2012年1月1日起在全国执行。1998年11月17日财政部、卫生部发布的《医院财务制度》（财社字［1998］148号）同时废止。

附：1. 医院固定资产折旧年限表

2. 医院财务分析参考指标

附件1

医院固定资产折旧年限表

设备分类名称	折旧年限	备 注
一、房屋及建筑物		
1. 业务用房		
钢结构	50年	
钢筋混凝土结构	50年	
砖混结构	30年	
砖木结构	30年	
2. 简易房	8年	围墙、货场等
3. 其他建筑物	8年	
二、专用设备		
1. 医用电子仪器	5年	心、脑、肌电图、监护仪器、除颤器、起博器等
2. 光学仪器及窥镜	6年	验光仪、裂隙灯、手术显微镜、内窥镜等
3. 医用超声仪器	6年	超声诊断仪、超声手术刀、超声治疗机等
4. 激光仪器设备	5年	激光诊断仪、激光治疗仪、激光手术设备等
5. 医用高频仪器设备	5年	高频手术、微波、射频治疗设备等
6. 物理治疗及体疗设备	5年	电疗、光疗、理疗、生物反馈仪等
7. 高压氧舱	6年	
8. 中医仪器设备	5年	脉相仪、舌色相仪、经络仪、穴位治疗机、电针治疗仪器
9. 医用磁共振设备	6年	永磁型、常导型、超导型等
10. 医用X线设备	6年	X射线诊断、治疗设备、CT、造影机、数字减影机、X光刀
11. 高能射线设备	8年	医用加速器、放射治疗模拟机等
12. 医用核素设备	6年	核素扫描仪、SPECT、钴60机、PET等

续表

设备分类名称	折旧年限	备　注
13. 临床检验分析仪器	5 年	电泳仪、色谱仪、生化分析仪、血氧分析仪、蛋白测定仪、肌肝测定仪、酶标仪等
14. 体外循环设备	5 年	人工心肺机、透析机等
15. 手术急救设备	5 年	手术床、麻醉机、呼吸机、吸引器等
16. 口腔设备	6 年	牙钻、综合治疗台等
17. 病房护理设备	5 年	病床、推车、婴儿暖箱、通讯设备、供氧设备等
18. 消毒设备	6 年	各类消毒器、灭菌器等
19. 其他	5 年	以上未包括的医药专用设备等
三、一般设备		
1. 家具用具及其他类	5 年	
2. 交通运输设备	10 年	
3. 电子产品及通信设备	5 年	彩电、摄像机、服务器、计算机、电话、传真等
4. 电气设备	5 年	发电机、冰箱、空调、洗衣机等
5. 通用设备	10 年	锅炉、电梯、空调机组、冷藏柜等
四、其他固定资产		
1. 仪器仪表及量具	5 年	电表、万能表、显微镜等
2. 其他		以上未包括的其他固定资产

附件2

医院财务分析参考指标

指标名称	计算公式	反映内容
一、预算管理指标		
（一）预算执行率	预算收入执行率＝本期实际收入总额/本期预算收入总额×100% 预算支出执行率＝本期实际支出总额/本期预算支出总额×100%	预算执行率反映医院预算管理水平。
（二）财政专项拨款执行率	财政专项拨款执行率＝本期财政项目补助实际支出/本期财政项目支出补助收入×100%	财政专项拨款执行率反映医院财政项目补助支出执行进度。
二、结余和风险管理指标		
（一）业务收支结余率	业务收支结余率＝业务收支结余/（医疗收入＋财政基本支出补助收入＋其他收入）×100%	业务收支结余率反映医院除来源于财政项目收支和科教项目收支之外的收支结余水平，能够体现医院财务状况、医院医疗支出的节约程度以及医院管理水平。
（二）资产负债率	资产负债率＝负债总额/资产总额×100%	资产负债率反映医院的资产中借债筹资的比重。
（三）流动比率	流动比率＝流动资产/流动负债×100%	流动比率反映医院的短期偿债能力。
三、资产运营指标		
（一）总资产周转率	总资产周转率＝（医疗收入＋其他收入）/平均总资产	总资产周转率反映医院运营能力。周转次数越多，表明运营能力越强；反之，说明医院的运营能力较差。

续表

指标名称	计算公式	反映内容
（二）应收账款周转天数	应收账款周转天数 = 平均应收账款余额 ×365/医疗收入	应收账款周转天数反映医院应收账款流动速度。
（三）存货周转率	存货周转率 = 医疗支出中的药品、卫生材料和其他材料支出/平均存货	存货周转率反映医院向病人提供的药品、卫生材料、其他材料等的流动速度以及存货资金占用是否合理。
四、成本管理指标		
（一）每门诊人次收入、每门诊人次支出及门诊收入成本率	每门诊人次收入 = 门诊收入/门诊人次 每门诊人次支出 = 门诊支出/门诊人次 门诊收入成本率 = 每门诊人次支出/每门诊人次收入 ×100%	门诊收入成本率反映医院每门诊收入耗费的成本水平。
（二）每住院人次收入、每住院人次支出及住院收入成本率	每住院人次支出 = 住院支出/出院人次 住院收入成本率 = 每住院人次支出/每住院人次收入 ×100%	住院收入成本率反映医院每住院病人收入耗费的成本水平。
（三）百元收入药品、卫生材料消耗	百元收入药品、卫生材料消耗 = 药品、卫生材料消耗/（医疗收入 + 其他收入） ×100	百元收入药品、卫生材料消耗反映医院的药品、卫生材料消耗程度，以及医院药品、卫生材料的管理水平。
五、收支结构指标		
（一）人员经费支出比率	人员经费支出比率 = 人员经费/（医疗支出 + 管理费用 + 其他支出） ×100%	人员经费支出比率反映医院人员配备的合理性和薪酬水平高低。

续表

指标名称	计算公式	反映内容
(二)公用经费支出比率	公用经费支出比率＝公用经费/(医疗支出＋管理费用＋其他支出)×100%	公用经费支出比率反映医院对人员的商品和服务支出的投入情况。
(三)管理费用率	管理费用率＝管理费用/(医疗支出＋管理费用＋其他支出)×100%	管理费用率反映医院管理效率。
(四)药品、卫生材料支出率	药品、卫生材料支出率＝(药品支出＋卫生材料支出)/(医疗支出＋管理费用＋其他支出)×100%	药品、卫生材料支出率反映医院药品、卫生材料在医疗业务活动中的耗费。
(五)药品收入占医疗收入比重	药品收入占医疗收入比重＝药品收入/医疗收入×100%	药品收入占医疗收入比重反映医院药品收入占医疗收入的比重。
六、发展能力指标		
(一)总资产增长率	总资产增长率＝(期末总资产－期初总资产)/期初总资产×100%	总资产增长率从资产总量方面反映医院的发展能力。
(二)净资产增长率	净资产增长率＝(期末净资产－期初净资产)/期初净资产×100%	净资产增长率反映医院净资产的增值情况和发展潜力。
(三)固定资产净值率	固定资产净值率＝固定资产净值/固定资产原值×100%	固定资产净值率反映医院固定资产的新旧程度。

医疗机构财会人员手册

医院会计制度

YIYUAN KUAIJI ZHIDU

第一部分　总说明
第二部分　会计科目名称和编号
第三部分　会计科目使用说明
第四部分　会计报表格式
第五部分　会计报表编制说明
第六部分　成本报表参考格式

关于印发《医院会计制度》的通知

财会［2010］27 号

各省、自治区、直辖市、计划单列市财政厅（局），新疆生产建设兵团财务局：

为了适应社会主义市场经济和医疗卫生事业发展的需要，进一步规范医院的会计核算，提高会计信息质量，根据《中华人民共和国会计法》以及国家有关法律法规的规定，结合医院特点，我部修订了《医院会计制度》。现将修订后的《医院会计制度》印发给你们，请遵照执行。执行中有何问题，请及时反馈我部。

附件：医院会计制度

财政部

二〇一〇年十二月三十一日

第一部分　总说明

一、为了规范医院的会计核算，保证会计信息的真实、完整，根据《中华人民共和国会计法》、事业单位会计准则及国家有关法律法规的规定，制定本制度。

二、本制度适用于中华人民共和国境内各级各类独立核算的公立医院（以下简称医院），包括综合医院、中医院、专科医院、门诊部（所）、疗养院等，不包括城市社区卫生服务中心（站）、乡镇卫生院等基层医疗卫生机构。

企业事业单位、社会团体及其他社会组织举办的非营利性医院可参照本制度执行。

三、医院会计采用权责发生制基础。

医院会计要素包括资产、负债、净资产、收入和费用。

四、医院应当按照下列规定运用会计科目：

（一）医院应当按照本制度的规定，设置和使用会计科目。在不影响会计处理和编报会计报表的前提下，可以自行设置本制度规定之外的明细科目。

（二）本制度统一规定会计科目的编号，以便于编制会计凭证、登记账簿、查阅账目，实行会计信息化管理。医院不得随意打乱重编。

（三）医院在编制会计凭证、登记会计账簿时，应当填列会计科目的名称，或者同时填列会计科目的名称和编号，不得只填列科目编号、不填列科目名称。

五、医院财务报告是反映医院某一特定日期的财务状况和某一会计期间的收入费用、现金流量等的书面文件。医院财务报告由会计报表、会计报表附注和财务情况说明书组成。

六、医院财务报告分为中期财务报告和年度财务报告。以短于一个完整的会计年度的期间（如季度、月度）编制的财务报告称为中期财务报告。年度财务报告则是以整个会计年度为基础编制的财务报告。

医院对外提供的年度财务报告应按有关规定经过注册会计师审计。

七、医院对外提供的财务报告的内容、会计报表的种类和格式、会计报表附注应予披露的主要内容等，由本制度规定；医院内部管理需要的会计报表由医院自行规定。

八、医院财务报告中的会计报表包括资产负债表、收入费用总表、现金流量表、财政补助收支情况表以及有关附表。

医院应当根据本制度有关会计报表的编制基础、编制依据、编制原则和方法的要求，对外提供真实、完整的会计报表。医院不得违反规定，随意改变会计报表的编制基础、编制依据、编制原则和方法，不得随意改变本制度规定的会计报表有关数据的会计口径。

医院会计报表应当根据登记完整、核对无误的账簿记录和其他有关资料编制，要做到数字真实、计算准确、内容完整、报送及时。

九、医院会计报表附注是为便于会计报表使用者理解会计报表的内容而对会计报表的编制基础、编制依据、编制原则和方法及主要项目等所作的解释。医院会计报表附注至少应当包括下列内容：

（一）遵循《医院会计制度》的声明；

（二）重要会计政策、会计估计及其变更情况的说明；

（三）重要资产转让及其出售情况的说明；

（四）重大投资、借款活动的说明；

（五）会计报表重要项目及其增减变动情况的说明；

（六）以前年度结余调整情况的说明；

（七）有助于理解和分析会计报表需要说明的其他事项。

十、医院财务情况说明书至少应当对医院的下列情况做出说明：

（一）业务开展情况；

（二）年度预算执行情况；

（三）资产利用、负债管理情况；

（四）成本核算及控制情况；

（五）绩效考评情况；

（六）需要说明的其他事项。

医院财务情况说明书中对上述事项（四）的说明应附有成本报表（成本报表参考格式参见本制度第六部分）。

十一、医院对外提供的财务报告应当由单位负责人和主管会计工作的负责人、会计机构负责人（会计主管人员）签名并盖章；设置总会计师的单位，还应当由总会计师签名并盖章。

十二、医院会计机构设置、会计人员配备、会计档案管理、内部会计监督与控制以及相关会计基础工作等，按照《中华人民共和国会计法》、会计基础工作规范、会计档案管理办法等规定执行。

十三、医院对基本建设投资的会计核算除按照本制度执行外，还应按国家有关规定单独建账、单独核算。

十四、本制度由财政部负责解释。

十五、本制度自 2011 年 7 月 1 日起在公立医院改革国家联系试点城市施行，自 2012 年 1 月 1 日起在全国施行。1998 年 11 月 17 日财政部、卫生部印发的《医院会计制度》（财会字［1998］58 号）同时废止。

第二部分　会计科目名称和编号

序号	编号	名称
一、资产类		
1	1001	库存现金
2	1002	银行存款
3	1003	零余额账户用款额度
4	1004	其他货币资金
5	1101	短期投资
6	1201	财政应返还额度
	120101	财政直接支付
	120102	财政授权支付
7	1211	应收在院病人医疗款
8	1212	应收医疗款
9	1215	其他应收款
10	1221	坏账准备
11	1231	预付账款
12	1301	库存物资
13	1302	在加工物资
14	1401	待摊费用

续表

序号	编号	名称
15	1501	长期投资
	150101	股权投资
	150102	债权投资
16	1601	固定资产
17	1602	累计折旧
18	1611	在建工程
19	1621	固定资产清理
20	1701	无形资产
21	1702	累计摊销
22	1801	长期待摊费用
23	1901	待处理财产损溢
二、负债类		
24	2001	短期借款
25	2101	应缴款项
26	2201	应付票据
27	2202	应付账款
28	2203	预收医疗款
29	2204	应付职工薪酬
30	2205	应付福利费
31	2206	应付社会保障费
32	2207	应交税费
33	2209	其他应付款
34	2301	预提费用
35	2401	长期借款
36	2402	长期应付款

续表

序号	编号	名称
三、净资产类		
37	3001	事业基金
38	3101	专用基金
39	3201	待冲基金
	320101	待冲财政基金
	320102	待冲科教项目基金
40	3301	财政补助结转（余）
41	3302	科教项目结转（余）
42	3401	本期结余
43	3501	结余分配
四、收入类		
44	4001	医疗收入
	400101	门诊收入
	400102	住院收入
45	4101	财政补助收入
	410101	基本支出
	410102	项目支出
46	4201	科教项目收入
47	4301	其他收入
五、费用类		
48	5001	医疗业务成本
49	5101	财政项目补助支出
50	5201	科教项目支出
51	5301	管理费用
52	5302	其他支出

第三部分 会计科目使用说明

一、资产类

1001 库存现金

一、本科目核算医院的库存现金。

二、医院应当严格按照国家有关现金管理的规定收支现金，并按照本制度规定核算现金的各项收支业务。

三、库存现金的主要账务处理如下：

（一）从银行提取现金，按照提取金额，借记本科目，贷记“银行存款”科目；将现金存入银行，按照存入金额，借记“银行存款”科目，贷记本科目。

（二）从零余额账户中提取现金，借记本科目，贷记“零余额账户用款额度”科目。

（三）因支付内部职工出差等原因所需的现金，按照借出金额，借记“其他应收款”科目，贷记本科目；收到出差人员交回的差旅费剩余款并结算时，按实际收回的现金，借记本科目，按应报销的金额，借记有关科目，按实际借出的现金，贷记“其他应收款”科目。

（四）因其他原因收到现金，借记本科目，贷记有关科目；支出现金，借记有关科目，贷记本科目。

四、医院应当设置“现金日记账”，按照业务发生顺序逐笔登记。

每日终了，应当计算当日的现金收入合计数、现金支出合计数和结余数，并将结余数与实际库存数核对，做到账款相符。

每日账款核对中发现现金溢余或短缺的，应当及时进行处理。如发现现金溢余，属于应支付给有关人员或单位的部分，借记本科目，贷记“其他应付款”科目；属于无法查明的其他原因的部分，借记本科目，贷记“其他收入”科目。如发现现金短缺，属于应由责任人赔偿的部分，借记“其他应收款”科目，贷记本科目；属于无法查明原因的部分，报经批准后，借记“其他支出”科目，贷记本科目。

五、本科目期末借方余额，反映医院实际持有的库存现金。

1002 银行存款

一、本科目核算医院存入银行的各种存款。

医院的银行本票存款、银行汇票存款、信用卡存款等在“其他货币资金”科目核算，不在本科目核算。

二、医院应当严格按照国家有关支付结算办法的规定办理银行存款收支业务，并按照本制度规定核算银行存款的各项收支业务。

三、银行存款的主要账务处理如下：

（一）将款项存入银行，借记本科目，贷记“库存现金”、“应收医疗款”、“医疗收入”、“科教项目收入”等科目。

（二）提取和支出存款时，借记“库存现金”、“应付账款”、“医疗业务成本”、“科教项目支出”、“管理费用”等科目，贷记本科目。

四、医院发生外币业务的，应当按照业务发生当日（或当期期初）的即期汇率，将外币金额折算为人民币记账，并登记外币金额和汇率。

期末，各种外币账户的外币余额应当按照期末汇率折合为人民币。按照期末汇率折合的人民币金额与原账面人民币金额之间的差额，作为汇兑损益计入当期管理费用。

（一）以外币购入库存物资、设备等，按照购入当日（或当期期初）的即期汇率将支付的外币或应支付的外币折算为人民币金额，借记“固定资产”、“库存物资”等科目，贷记本科目、“应付账款”等科目的外币账户。

（二）会计期末，根据各外币账户按期末汇率调整后的人民币余额与原账面人民币余额的差额，作为汇兑损益，借记或贷记本科目、“应付账款”等科目，贷记或借记“管理费用——其他费用”科目。

五、医院应当按开户银行、存款种类及币种等，分别设置“银行存款日记账”，按照业务的发生顺序逐笔登记，每日终了应结出余额。

“银行存款日记账”应定期与“银行对账单”核对，至少每月核对一次。月度终了，医院银行存款账面余额与银行对账单余额之间如有差额，必须逐笔查明原因并进行处理，按月编制“银行存款余额调节表”，调节相符。

六、本科目期末借方余额，反映医院实际存放在银行的款项。

1003 零余额账户用款额度

一、本科目核算实行国库集中支付的医院根据财政部门批复的用款计划收到的零余额账户用款额度。

二、零余额账户用款额度的主要账务处理如下：

（一）在财政授权支付方式下，收到授权支付到账额度时，根据收到的额度金额，借记本科目，贷记“财政补助收入”科目。

（二）支用零余额账户用款额度时，按照支付金额，借记“医疗业务成本”、“财政项目补助支出”等科目，贷记本科目；对于支用额度为购建固定资产、无形资产或购买药品等库存物资发生的支出，还应借记“在建工程”、“固定资产”、“无形资产”、“库存物资”等科目，贷记“待冲基金——待冲财政基金”科目。

（三）从零余额账户提取现金时，借记“库存现金”科目，贷记本科目。

（四）年度终了，依据代理银行提供的对账单中的注销额度，借记“财政应返还额度——财政授权支付”科目，贷记本科目。医院本年度财政授权支付预算指标数大于零余额账户用款额度下达数的，根据未下达的用款额度，借记“财政应返还额度——财政授权支付”科目，贷记“财政补助收入”科目。

医院依据下年初代理银行提供的额度恢复到账通知书中的恢复额度，借记本科目，贷记“财政应返还额度——财政授权支付”科目。下年度医院收到财政部门批复的上年末未下达零余额账户用款额度时，借记本科目，贷记“财政应返还额度——财政授权支付”科目。

三、本科目期末借方余额，反映医院尚未支用的零余额账户用款额度。本科目年末应无余额。

1004 其他货币资金

一、本科目核算医院的银行本票存款、银行汇票存款、信用卡存款等各种其他货币资金。

二、本科目应设置“银行本票存款”、“银行汇票存款”、“信用卡存款”等明细科目，进行明细核算。

三、其他货币资金的主要账务处理如下：

（一）将款项交存银行取得银行本票、银行汇票，按照取得的银行本票、银行汇票金额，借记本科目，贷记“银行存款”科目。使用银行本票、银行汇票发生支付，按照实际支付金额，借记“库存物资”等科目，贷记本科目。如有余款或因本票、汇票超过付款期等原因而退回款项，按照退款金额，借记“银行存款”科目，贷记本科目。

（二）将款项交存银行取得信用卡，按照交存金额，借记本科目，贷记“银行存款”科目。用信用卡购物或支付有关费用，借记有关科目，贷记本科目。医院信用卡在使用过程中，需向其账户续存资金的，按照续存金额，借记本科目，贷记“银行存款”科目。

四、医院应加强对其他货币资金的管理，及时办理结算，对于逾期尚未办理结算的银行汇票、银行本票等，应按规定及时转回，按上述规定进行相应账务处理。

五、本科目期末借方余额，反映医院实际持有的其他货币资金。

1101　短期投资

一、本科目核算医院购入能随时变现并且持有时间不准备超过1年（含1年）的投资，主要指短期国债。

二、本科目应按债券的种类设置明细账，进行明细核算。

三、短期投资的主要账务处理如下：

（一）医院的短期投资在取得时，应当按照取得时的实际成本（包括购买价款以及税金、手续费等相关费用）作为投资成本，借记本科目，贷记“银行存款”等科目。

（二）短期投资持有期间收到利息等投资收益时，按实际收到的金额，借记“银行存款”等科目，贷记“其他收入——投资收益”科目。

（三）出售短期投资或到期收回短期债券本息，按实际收到的金额，借记“银行存款”科目，按出售或收回短期投资的成本，贷记本科目，按其差额，借记或贷记“其他收入——投资收益”科目。

四、本科目期末借方余额，反映医院持有的短期投资的实际成本。

1201　财政应返还额度

一、本科目核算实行国库集中支付的医院应收财政返还的资金额度。

二、本科目应设置“财政直接支付”和“财政授权支付”两个明细科目，进行明细核算。

三、财政应返还额度的主要账务处理如下：

（一）财政直接支付

年度终了，医院根据本年度财政直接支付预算指标数与当年财政直接支付实际支出数的差额，借记本科目（财政直接支付），贷记“财政补助收入”科目。

下年度财政直接支付上年未支付的预算指标数时，借记相关科目，贷记本科目（财政直接支付）。

（二）财政授权支付

年度终了，医院依据代理银行提供的对账单中的注销额度，借记本科目（财政授权支付），贷记“零余额账户用款额度”科目。医院本年度财政授权支付预算指标数大于零余额账户用款额度下达数的，根据未下达的用款额度，借记本科目（财政授权支付），贷记“财政补助收入”科目。

下年初，医院依据代理银行提供的额度恢复到账通知书中的恢复额度，借记“零余额账户用款额度”科目，贷记本科目（财政授权支付）。下年度医院收到财政部门批复的上年末未下达零余额账户用款额度时，借记“零余额账户用款额度”科目，贷记本科目（财政授权支付）。

四、本科目期末借方余额，反映医院应收财政返还的资金额度。

1211　应收在院病人医疗款

一、本科目核算医院因提供医疗服务而应向住院病人收取的医疗款。

二、医院应当按照住院病人对应收在院病人医疗款进行明细核算。

三、应收在院病人医疗款的主要账务处理如下：

（一）发生应收住院病人医疗款时，按照应收未收金额，借记本科目，贷记“医疗收入”科目。

（二）住院病人办理出院手续，结算医疗费时，如病人应付的医疗款金额大于其预交金额，应按病人补付金额，借记“库存现金”、“银行存款”等科目，按病人预交金额，借记“预收医疗款”科目，按病人应付的医疗款金额，贷记本科目；如病人应付的医疗款金额小于其预交金额，应按病人预交金额，借记“预收医疗款”科目，按病人应付的医疗款金额，贷记本科目，按退还给病人的差额，贷记“库存现金”、“银行存款”等科目。结转住院病人自负部分以外的应收医疗款或结转病人结算欠费，按应收在院病人医疗款总额中扣除病人自负部分以外的金额，或病人结算欠费金额，借记“应收医疗款”科目，贷记本科目。

四、本科目期末借方余额，反映医院尚未结算的应收在院病人医疗款。

1212　应收医疗款

一、本科目核算医院因提供医疗服务而应向门诊病人、出院病人、医疗保险机构等收取的医疗款。

二、本科目应当按照门诊病人、出院病人、医疗保险机构等设置明细账，进行明细核算。

三、应收医疗款的主要账务处理如下：

（一）结算门诊病人医疗费时，发生病人欠费的，按应收未收金额，借记本科目，贷记“医疗收入”科目。

门诊病人发生的医疗费中应由医疗保险机构等负担的部分，借记本科目，贷记“医疗收入”科目。

（二）住院病人办理出院手续结算医疗费时，结转出院病人自负部分以外的应收医疗款或结转出院病人结算欠费，按应收在院病人医疗款总额中扣除病人自负部分以外的金额，或病人结算欠费金额，借记本科目，贷记“应收在院病人医疗款”科目。

（三）收到病人等交来的医疗欠费时，按照实际收到的金额，借记“银行存款”、“库存现金”等科目，贷记本科目。

（四）同医疗保险机构结算应收医疗款时，按照实际收到的金额，借记“银行存款”科目，按照医院因违规治疗等管理不善原因被医疗保险机构拒付的金额，借记“坏账准备”科目，按照应收医疗保险机构的金额，贷记本科目，按照借贷方之间的差额，借记或贷记“医疗收入——门诊收入、住院收入（结算差额）”科目。

四、医院应当于每年年度终了，对应收医疗款进行全面检查，计提坏账准备。对于账龄超过规定年限、确认无法收回的应收医疗款，应当按照有关规定报经批准后，按照无法收回的应收医疗款金额，借记“坏账准备”科目，贷记本科目。

如果已转销的应收医疗款在以后期间又收回，应按实际收回的金额，借记本科目，贷记“坏账准备”科目；同时，借记“银行存款”等科目，贷记本科目。

五、本科目期末借方余额，反映医院尚未收回的应收医疗款金额。

1215　其他应收款

一、本科目核算医院除财政应返还额度、应收在院病人医疗款、应收医疗款、预付账款以外的其他各项应收、暂付款项，包括职工预借的差旅费、拨付的备用金、应向职工收取的各种垫付款项、应收长期投资的利息或利润等。

二、本科目应按其他应收款的项目分类以及不同的债务人设置明细账，进行明细核算。

三、其他应收款的主要账务处理如下：

（一）持有长期股权投资期间，被投资单位宣告分派利润时，按应享有的份额，借记本科目，贷记“其他收入——投资收益”科目。实际收到所分派的利润，按照实际收到的金额，借记“银行存款”科目，贷记本科目。

（二）持有的分期付息、到期还本的长期债券投资，已到付息期而尚未领取的利息，应于确认利息收入时，借记本科目，贷记“其他收入——投资收益”科目。实际收到利息，按实际收到的金额，借记“银行存款”科目，贷记本科目。

到期一次还本付息的长期债券投资应收取的利息，在“长期投资”科目核算，不在本科目核算。

（三）发生的其他各种应收、暂付款项等，借记本科目，贷记“银行存款”、“库存现金”等科目；收回或转销各种款项时，借记“库存现金”、“银行存款”等科目，贷记本科目。

实行定额备用金制度的医院，对于领用的备用金应定期向财会部门报销。财会部门根据报销数用现金补足备用金定额时，借记有关科目，贷记“库存现金”、“银行存款”科目，报销数和拨补数都不再通过本科目核算。

四、医院应当于每年年度终了，对其他应收款进行全面检查，计提坏账准备。对于账龄超过规定年限、确认无法收回的其他应收款，应当按照有关规定报经批准后，按照无法收回的其他应收款金额，借记“坏账准备”科目，贷记本科目。

如果已转销的其他应收款在以后期间又收回，应按实际收回的金额，借记本科目，贷记“坏账准备”科目；同时，借记“银行存款”等科目，贷记本科目。

五、本科目期末借方余额，反映医院尚未收回的其他应收款金额。

1221　坏账准备

一、本科目核算医院对应收医疗款和其他应收款提取的坏账准备。

二、医院应当于每年年度终了，对应收医疗款和其他应收款进行全面检查，分析其可收回性，对预计可能产生的坏账损失计提坏账准备、确认坏账损失并计入当期管理费用。

三、医院可以采用应收款项余额百分比法、账龄分析法、个别认定法等方法计提坏账准备。坏账准备提取方法一经确定，不得随意变更。如需变更，应当按照规定权限报经批准，并在会计报表附注中予以说明。

四、当期应补提或冲减的坏账准备金额的计算公式如下：

当期应补提或冲减的坏账准备 = 当期按应收医疗款和其他应收款计算应计提的坏账准备金额 - 本科目贷方余额（或 + 本科目借方余额）

五、坏账准备的主要账务处理如下：

（一）提取坏账准备时，借记“管理费用”科目，贷记本科目；冲减坏账准备时，借记本科目，贷记“管理费用”科目。

（二）医院同医疗保险机构结算时，存在医院因违规治疗等管理不善原因被医疗保险机构拒付情况的，按照拒付金额，借记本科目，贷记“应收医疗款”科目。

（三）对于账龄超过规定年限并确认无法收回的应收医疗款或其他应收款，应当按照有关规定报经批准后，按照无法收回的应收款项金额，借记本科目，贷记“应收医疗款”、“其他应收款”科目。

如果已转销的应收医疗款、其他应收款在以后期间又收回，按照实际收回的金额，借记“应收医疗款”、“其他应收款”科目，贷记本科目；同时，借记“银行存款”等科目，贷记“应收医疗款”、“其他应收款”科目。

六、本科目期末贷方余额，反映医院提取的坏账准备金额。

1231 预付账款

一、本科目核算医院预付给商品供应单位或者服务提供单位的款项。

二、本科目应按商品供应单位或服务提供单位设置明细账，进行明细核算。

三、预付账款的主要账务处理如下：

（一）因采购设备等而预付款项时，按照实际预付的金额，借记本科目，贷记“银行存款”等科目。

（二）收到所购设备等时，按照应计入购入资产成本的金额，借记“固定资产”等科目，按预付的款项，贷记本科目，按退回或补付的款项，借记或贷记“银行存款”等科目。

四、医院应当于每年年度终了，对预付账款进行检查。如果有确凿证据表明预付账款并不符合预付款项性质，或者因供货单位破产、撤销等原因已无望再收到所购货物的，应当先将其转入其他应收款，然后再按规定进行处理。预付账款转入其他应收款前后的账龄可连续计算。将预付账款账面余额转入其他应收款时，借记“其他应收款”科目，贷记本科目。

五、本科目期末借方余额，反映医院实际预付尚未结算的款项。

1301 库存物资

一、本科目核算医院为开展医疗服务及其辅助活动而储存的药品、卫生材料、低值易耗品和其他材料的实际成本。

二、本科目应当按照库存物资的类别，如“药品”、“卫生材料”、“低值易耗品”、“其他材料”等设置一级明细科目。“药品”一级明细科目下应设置“药库”、“药房”两个二级明细科目，并按“西药”、“中成药”、“中草药”进行明细核算。

医院物资管理等部门应当在本科目明细账下，按品名、规格等设置数量金额明细账。

三、库存物资的主要账务处理如下：

（一）库存物资在取得时，应当以其成本入账。取得库存物资单独发生的运杂费，能够直接计入医疗业务成本的，计入医疗业务成本；不能直接计入医疗业务成本的，计入管理费用。

1. 外购的库存物资，其成本按照采购价格（含增值税额，下同）确定。外购的物资验收入库，按确定的成本，借记本科目，贷记“银行存款”、“应付账款”等科目。

使用财政补助、科教项目资金购入的物资验收入库，按确定的成本，借记本科目，贷记“待冲基金”科目；同时，按照实际支出金额，借记“财政项目补助支出”、“科教项目支出”等科目，贷记“财政补助收入”、“零余额账户用款额度”、“银行存款”等科目。

2. 自制的库存物资加工完成并验收入库，按照所发生的实际成本（包括耗用的直接材料费用、发生的直接人工费用和分配的间接费用），借记本科目，贷记“在加工物资”科目。

3. 委托外单位加工收回的库存物资，按照所发生的实际成本（包括加工前发出物资的成本和支付的加工费），借记本科目，贷记“在加工物资”科目。

4. 接受捐赠的库存物资，其成本比照同类或类似物资的市场价格或有关凭据注明的金额确定。接受捐赠的物资验收入库，按照确定的成本，借记本科目，贷记“其他收入”科目。

（二）库存物资在发出时，应当根据实际情况采用个别计价法、先进先出法或者加权平均法确定发出物资的实际成本。计价方法一经确定，不得随意变更。

1. 开展业务活动领用或加工发出库存物资，按照其实际成本，借记“医疗业务成本”、“管理费用”、“在加工物资”等科目，贷记本科目。

低值易耗品应当于内部领用时一次性摊销，个别价值较高或领用报废相对集中的，可采用五五摊销法。

2. 药房从药库领取药品，按照领取药品的成本，借记本科目（药品——药房），贷记本科目（药品——药库）。确认药品收入结转药品成本时，按照发出药品的实际成本，借记“医疗业务成本”科目，贷记本科目（药品——药房）。

3. 确认卫生材料收入结转材料成本时，按照发出材料的实际成本，借记“医疗业务成本”科目，贷记本科目。

4. 对外捐赠发出库存物资，按照其实际成本，借记“其他支出”科目，贷记本科目。

5. 使用财政补助、科教项目资金形成的库存物资，应在发出、领用物资时，按发出物资对应的待冲基金金额，借记“待冲基金”科目，贷记本科目。

6. 低值易耗品报废时，按照报废低值易耗品的残料变价收入扣除相关处置费用后的金额，借记“库存现金”、“银行存款”等科目，贷记“医疗业务成本”、“管理费用”等科目或“应缴款项”科目［按规定上缴时］。

四、医院的各种库存物资，应当定期进行清查盘点，每年至少盘点一次。对于发生的盘盈、盘亏以及变质、毁损等物资，应当先记入“待处理财产损溢”科目，并及时查明原因，根据管理权限报经批准后及时进行账务处理：

（一）盘盈的库存物资，按比照同类或类似物资的市场价格确定的价值，借记本科目，贷记“待处理财产损溢——待处理流动资产损溢”科目。报经批准处理时，借记“待处理财产损溢——待处理流动资产损溢”科目，贷记“其他收入”科目。

（二）盘亏、变质、毁损的库存物资，按照库存物资账面余额减去该物资对应的待冲基金数额后的金额，借记“待处理财产损溢——待处理流动资产损溢”科目，按该库存物资对应的待冲基金数额，借记“待冲基金”科目，按该库存物资账面余额，贷记本科目。

报经批准处理时，按照相关待处理财产损溢金额扣除可以收回的保险赔偿和过失人的赔偿等后的金额，借记“其他支出”科目，按照已收回或应收回的保险赔偿和过失人赔偿等，借记“库存现金”、“银行存款”、“其他应收款”等科目，按照相关待处理财产损溢的账面余额，贷记“待处理财产损溢——待处理流动资产损溢”科目。

五、本科目期末借方余额，反映医院库存物资的实际成本。

1302　在加工物资

一、本科目核算医院自制或委托外单位加工的各种药品、卫生材料等物资的实际成本。

二、本科目应设置“自制物资”、“委托加工物资”两个一级明细科目，并按照物资类别或品种设置明细账，进行明细核算。

自制药品、卫生材料等的，应当在本科目的相关明细科目下归集自制物资发生的直接材料、直接人工（专门从事物资制造工人的人工费）等直接费用；自制多种药品、卫生材料发生的间接费用，在本科目的“自制物资”一级明细科目下单独设置“间接费用”二级明细科目予以归集，会计期末，再按一定的分配标准和方法，分配计入有关药品、卫生材料的成本。

三、在加工物资的主要账务处理如下：

（一）自制物资

1. 为自制物资领用库存药品、材料等，借记本科目（自制物资——××药品、材料），贷记“库存物资”科目。

2. 专门从事物资制造的人员发生的直接人工费用，借记本科目（自制物资——××药品、材料），贷记“应付职工薪酬”、“应付福利费”、“应付社会保障费”等科目。

3. 为自制物资发生其他直接费用，借记本科目（自制物资——××药品、材料），贷记“银行存款”等科目。

4. 为自制物资发生的间接费用，借记本科目（自制物资——间接费用），贷记“银行存款”、“应付职工薪酬”等科目。

期末按照受益对象及规定的标准和方法分配间接费用时，借记本科目（自制物资——××药品、材料），贷记本科目（自制物资——间接费用）。

间接费用一般可以按生产工人工资、生产工人工时、机器工时、耗用材料的数量或成本、直接费用（直接材料和直接人工）或药品、材料产量等进行分配。医院可根据自己的具体情况自行选择分配方法。分配方法一经确定，不得随意变更。

5．已经制造完成并验收入库的药品、卫生材料，按所发生的实际成本（包括耗用的直接材料费用、发生的直接人工费用和分配的间接费用），借记“库存物资”科目，贷记本科目（自制物资）。

（二）委托加工物资

1．发给外单位加工的药品、卫生材料等，按照其实际成本，借记本科目（委托加工物资），贷记“库存物资”科目。

2．支付加工费用，按实际支付的金额，借记本科目（委托加工物资），贷记“银行存款”等科目。

3．委托加工完成的药品、卫生材料等验收入库，按加工前发出物资的成本和加工成本，借记“库存物资”科目，贷记本科目（委托加工物资）。

四、本科目期末借方余额，反映医院自制或委托外单位加工但尚未完工的各种物资的实际成本。

1401　待摊费用

一、本科目核算医院已经支出，但应当由本期和以后各期分别负担的分摊期在1年以内（含1年）的各项费用，如预付保险费、预付租金等。

二、医院的待摊费用应当按照其受益期限在1年内分期平均摊销，计入当期费用。如果某项待摊费用已经不能使医院受益，应当将其摊余价值一次全部转入当期费用。

三、本科目应当按照摊销费用种类设置明细账，进行明细核算。

四、待摊费用的主要账务处理如下：

（一）发生待摊费用时，借记本科目，贷记“银行存款”等科目。

（二）按照受益期限分期平均摊销时，借记“医疗业务成本”、“管理费用”等科目，贷记本科目。

五、本科目期末借方余额，反映医院各种已支出但尚未摊销的费用。

1501　长期投资

一、本科目核算医院持有时间准备超过1年（不含1年）的各种股权性质的投资，以及购入的在1年内（含1年）不能变现或不准备随时变现的债权性质的投资。

二、本科目应当设置“股权投资”、“债权投资”两个一级明细科目，并在一级明细科目下按股权投资被投资单位和债权投资的种类设置明细账，进行明细核算。到期一次还本付息的长期债权投资，还应在“债权投资”一级明细科目下设置“成本”、“应收利息”两个明细科目，进行明细核算。

三、长期投资的主要账务处理如下：

（一）股权投资

1. 长期股权投资在取得时，应当按照取得时的实际成本作为其初始投资成本。

（1）以货币资金取得的长期股权投资，按照实际支付的全部价款（包括购买价款以及税金、手续费等相关费用）作为投资成本，借记本科目（股权投资），贷记“银行存款”等科目。

（2）以固定资产取得的长期股权投资，按照评估价加上发生的相关税费作为投资成本，借记本科目（股权投资），按照投出固定资产已提的折旧，借记“累计折旧”科目，按发生的相关税费，贷记“银行存款”、“应交税费”等科目，按投出固定资产的账面余额，贷记“固定资产”科目，按其差额，贷记“其他收入”科目或借记“其他支出”科目。

（3）以已入账无形资产取得的长期股权投资，按照评估价加上发生的相关税费作为投资成本，借记本科目（股权投资），按照投出无形资产已提的摊销额，借记“累计摊销”科目，按发生的相关税费，贷记“银行存款”、“应交税费”等科目，按照投出无形资产的账面余额，贷记“无形资产”科目，按其差额，贷记“其他收入”科目或借记“其他支出”科目。以未入账的无形资产取得的长期股权投资，按照评估价加上发生的相关税费作为投资成本，借记本科目（股权投资），按发生的相关税费，贷记“银行存款”、“应交税费”等科目，按其差额，贷记“其他收入”科目。

（4）无偿调入的长期股权投资，按在调出单位的原账面价值加上发生的相关税费作为其投资成本，借记本科目（股权投资），按发生的相关税费，贷记“银行存款”、“应交税费”等科目，按其差额，贷记“其他收入”科目。

2. 长期股权投资持有期间，应当采用成本法核算。采用成本法核算的长期股权投资，除非追加（或收回）投资，长期股权投资的账面价值一般保持不变。

被投资单位宣告分派利润时，按照宣告分派的利润中属于医院应享有的份额，确认当期投资收益，借记“其他应收款”科目，贷记“其他收入——投资收益”科目。实际收到利润时，按照实际收到的金额，借记“银行存款”等科目，贷记“其他应收款”科目。

3. 处置长期股权投资时，按照实际取得的价款，借记“银行存款”等科目，按照所处置长期股权投资的账面余额，贷记本科目（股权投资），按照尚未领取的已宣告分派的利润，贷记“其他应收款”科目，按照其差额，借记或贷记“其他收入——投资收益”科目。

（二）债权投资

1. 长期债权投资在取得时，应当按照取得时的实际成本作为其初始投资成本。

（1）以货币资金购入的长期债权投资，按照实际支付的全部价款（包括购买价款以及税金、手续费等相关费用）作为其投资成本，借记本科目（债权投资），贷记“银行存款”等科目。

（2）无偿调入的长期债权投资，按在调出单位的原账面价值加上发生的相关税费作为其投资成本，借记本科目（债权投资），按发生的相关税费，贷记“银行存款”、“应交税费”等科目，按其差额，贷记“其他收入”科目。

2. 长期债权投资持有期间，应当按照票面价值与票面利率按期计算确认利息收入。如为到期一次还本付息的债权投资，借记本科目（债权投资——应收利息），贷记“其他收入——投资收益”科目；如为分期付息、到期还本的债权投资，借记“其他应收款”科目，贷记“其他收入——投资收益”科目。

3. 出售长期债权投资或到期收回长期债权投资本息，按照实际收到的金额，借记“银行存款”等科目，按照债券初始投资成本和已计未收利息金额，贷记本科目（债权投资——成本、应收利息）［到期一次还本付息债券］，或本科目（债权投资）、“其他应收款”科目［分期付息债券］，按照其差额，贷记或借记“其他收入——投资收益”科目。

四、本科目期末借方余额，反映医院持有的长期投资的价值。

1601　固定资产

一、本科目核算医院固定资产的原价。

固定资产是指医院持有的预计使用年限在1年以上（不含1年）、单位价值在规定标准以上、在使用过程中基本保持原有物质形态的有形资产。单位价值虽未达到规定标准，但预计使用年限在1年以上（不含1年）的大批同类物资，应作为固定资产管理。

二、医院固定资产包括房屋及建筑物、专用设备、一般设备和其他固定资产。相关说明如下：

1. 对于应用软件，如果其构成相关硬件不可缺少的组成部分，应当将该软件价值包括在所属硬件价值中，一并作为固定资产进行核算；如果其不构成相关硬件不可缺少的组成部分，应当将该软件作为无形资产核算。

2. 医院的图书应当参照固定资产进行管理，不计提折旧。

三、医院应当设置"固定资产登记簿"和"固定资产卡片"，按固定资产类别、使用部门和每项固定资产设置明细账，进行明细核算。

医院应当在固定资产明细账中登记每项固定资产原价中财政补助资金、科教项目资金、其他资金的金额及其所占的比例。

出租、出借或作为担保的固定资产，应设置备查簿进行登记。

经营租入的固定资产，应当另设辅助簿进行登记，不在本科目核算。

四、固定资产的主要账务处理如下：

（一）固定资产的取得

医院取得的固定资产，应当按取得时的实际成本作为入账成本。

1. 外购的固定资产，其成本包括实际支付的买价、相关税费以及使固定资产达到交付使用状态前所发生的可直接归属于该项资产的运输费、装卸费、安装费和专业人员服务费等。

以一笔款项购入多项没有单独标价的固定资产，按照各项固定资产同类或类似资产市场价格的比例对总成本进行分配，分别确定各项固定资产的入账成本。

购入不需要安装的固定资产，借记本科目，贷记"银行存款"、"应付账款"等科目。购入需要安装的固定资产，借记"在建工程"科目，贷记"银行存款"、"应付账款"等科目。发生安装费用，借记"在建工程"科目，贷记"银行存款"等科目。安装完毕交付使用时，借记本科目，贷记"在建工程"科目。

购入固定资产扣留质量保证金的，应当在取得固定资产时，按照确定的成本，借记本科目［不需安装］或"在建工程"科目［需要安装］，按照实际支付的价款，贷记"银行存款"、"应付账款"等科目，按照扣留的质量保证金，贷记"其他应付款"科目；质保期满支付质量保证金时，借记“其他应付款”科目，贷记“银行存款”等科目。

使用财政补助、科教项目资金购入固定资产的，按构成固定资产成本的支出金额，借记本科目［不需安装］或“在建工程”科目［需要安装］，贷记“待冲基金”科目；同时，借记“财政项目补助支出”、“科教项目支出”科目，贷记“财政补助收入”、“零余额账户用款额度”、“银行存款”等科目。

2. 自行建造的固定资产，其成本包括该项资产完工交付使用前所发生的全部必要支出。工程完工交付使用时，按自行建造过程中发生的实际支出，借记本科目，贷记“在建工程”科目。

3. 在原有固定资产基础上进行改建、扩建、大型修缮后的固定资产，其成本按照原固定资产账面价值（“固定资产”科目账面余额减去“累计折旧”科目账面余额后的净值）① 加上改建、扩建、修缮发生的支出，减去改建、扩建、修缮过程中的变价收入，再扣除固定资产拆除部分的账面价值后的金额确定。

将固定资产转入改建、扩建、大型修缮时，应按固定资产的账面价值，借记“在建工程”科目，按已计提的折旧，借记“累计折旧”科目，按固定资产的原价，贷记本科目。工程完工交付使用时，按工程实际成本，借记本科目，贷记“在建工程”科目。

4. 融资租入的固定资产，其成本按照租赁协议或者合同确定的价款、运输费、途中保险费、安装调试费等确定。按照确定的成本，借记本科目，按租赁协议或合同确定的租赁价款，贷记“长期应付款”科目，按照实际支付的运输费、保险费、安装调试费等相关费用，贷记“银行存款”等科目。

5. 无偿调入或接受捐赠的固定资产，其成本比照同类或类似资产的市场价格或有关凭据注明的金额加上相关税费确定。按确定的成本，借记本科目［不需安装］或“在建工程”科目［需要安装］，按发生的相关税费，贷记“银行存款”等科目，按其差额，贷记“其他收入”科目。

（二）按月提取固定资产折旧时，按照财政补助、科教项目资金形成的金额部分，借记“待冲基金”科目，按照应提折旧额中的其余金额部分，

①本制度所称账面价值，是指某会计科目的账面余额减去相关备抵科目（如“坏账准备”、“累计折旧”、“累计摊销”）账面余额后的净值。本制度所称账面余额，是指某会计科目的账面实际余额。

借记“医疗业务成本”、“管理费用”等科目，按照应计提的折旧额，贷记“累计折旧”科目。

（三）与固定资产有关的更新改造等后续支出，应分别以下情况处理：

1. 为增加固定资产的使用效能或延长其使用寿命而发生的改建、扩建或大型修缮等后续支出，应当计入固定资产账面价值，通过“在建工程”科目核算。有关账务处理参见“在建工程”科目。

2. 为了维护固定资产的正常使用而发生的修理费等后续支出，应当计入当期费用，借记“医疗业务成本”、“管理费用”等科目，贷记“银行存款”等科目。

（四）固定资产在处置（包括出售、报废、毁损、对外投资、无偿调出、对外捐赠等）时，应分别以下情况处理：

1. 出售、报废、毁损的固定资产，按照所处置固定资产的账面价值减去该资产对应的尚未冲减完毕的待冲基金余额后的金额，借记“固定资产清理”科目，按照已提取的折旧，借记“累计折旧”科目，按照相关待冲基金余额，借记“待冲基金”科目，按照固定资产的账面余额，贷记本科目。

2. 以固定资产对外投资，按照评估价加上发生的相关税费作为投资成本，借记“长期投资——股权投资”科目，按照投出固定资产已提的折旧，借记“累计折旧”科目，按发生的相关税费，贷记“银行存款”、“应交税费”等科目，按投出固定资产的账面余额，贷记本科目，按其差额，贷记“其他收入”科目或借记“其他支出”科目。

3. 无偿调出、对外捐赠固定资产，按照发出固定资产已提的折旧，借记“累计折旧”科目，按照发出固定资产对应的尚未冲减完毕的待冲基金余额，借记“待冲基金”科目，按发出固定资产的账面余额，贷记本科目，按其差额，借记“其他支出”科目。

五、医院的固定资产应当定期进行清查盘点，每年至少盘点一次。

对于盘盈、盘亏的固定资产，应当及时查明原因，根据规定的管理权限报经批准后及时进行账务处理。盘盈的固定资产，应当按照同类或类似资产市场价格确定的价值入账，并确认为当期收入；盘亏的固定资产，应先扣除可以收回的保险赔偿和过失人的赔偿等，将净损失确认为当期支出。

（一）盘盈的固定资产，按照同类或类似资产市场价格确定的价值，借记本科目，贷记“待处理财产损溢——待处理非流动资产损溢”科目。报经批准处理时，借记“待处理财产损溢——待处理非流动资产损溢”科目，贷记“其他收入”科目。

（二）盘亏的固定资产，按照固定资产账面价值减去该资产对应的尚未冲减完毕的待冲基金余额后的金额，借记“待处理财产损溢——待处理非流动资产损溢”，按已计提的折旧，借记“累计折旧”科目，按相关待冲基金余额，借记“待冲基金”科目，按固定资产的账面余额，贷记本科目。

报经批准处理时，按照相关待处理财产损溢金额扣除可以收回的保险赔偿和过失人的赔偿等后的金额，借记“其他支出”科目，按照已收回或应收回的保险赔偿和过失人赔偿等，借记“库存现金”、“银行存款”、“其他应收款”等科目，按照相关待处理财产损溢余额，贷记“待处理财产损溢——待处理非流动资产损溢”科目。

六、本科目期末借方余额，反映医院固定资产的原价。

1602　累计折旧

一、本科目核算医院固定资产计提的累计折旧。

二、本科目应当按照所对应固定资产的类别及项目设置明细账，进行明细核算。

三、医院应当对除图书外的固定资产计提折旧，在固定资产的预计使用年限内系统地分摊固定资产的成本。医院原则上应当根据固定资产的性质，采用年限平均法或工作量法计提折旧。折旧方法一经确定，不得随意变更。确需采用其他折旧方法的，应按规定报经审批，并在会计报表附注中予以说明。医院计提固定资产折旧不考虑预计净残值。

医院一般应当按月提取折旧，当月增加的固定资产，当月不提折旧，从下月起计提折旧；当月减少的固定资产，当月照提折旧，从下月起不提折旧。

固定资产提足折旧后，无论能否继续使用，均不再提取折旧；提前报废的固定资产，也不再补提折旧。

计提融资租入固定资产折旧时，应当采用与自有固定资产相一致的折旧政策。能够合理确定租赁期届满时将会取得租入固定资产所有权的，应当在租入固定资产尚可使用年限内计提折旧；无法合理确定租赁期届满时能够取得租入固定资产所有权的，应当在租赁期与租入固定资产尚可使用年限两者中较短的期间内计提折旧。

固定资产发生更新改造等后续支出而延长其使用年限的，应当按照更新改造后重新确定的固定资产的成本以及重新确定的折旧年限，重新计算折旧额。

四、累计折旧的主要账务处理如下：

（一）按月提取固定资产折旧时，按照财政补助、科教项目资金形成的金额部分，借记“待冲基金”科目，按照应提折旧额中的其余金额部分，借记“医疗业务成本”［医疗及其辅助活动用固定资产］、“管理费用”［行政及后勤管理部门用固定资产］、“其他支出”［经营出租用固定资产］等科目，按照应计提的折旧额，贷记本科目。

对于具有多种用途、混合使用的房屋等固定资产，其应提的折旧额应采用合理的方法分摊计入有关科目。

（二）固定资产处置或盘亏时，按照所处置或盘亏固定资产的账面价值减去该资产对应的尚未冲减完毕的待冲基金余额后的金额，借记有关科目，按已提取的折旧，借记本科目，按相关待冲基金余额，借记“待冲基金”科目，按固定资产账面余额，贷记“固定资产”科目。

五、本科目期末贷方余额，反映医院提取的固定资产折旧累计数。

1611 在建工程

一、本科目核算医院为建造、改建、扩建及修缮固定资产以及安装设备而进行的各项建筑、安装工程所发生的实际成本。

二、本科目应当按照具体工程项目等进行明细核算。

三、在建工程的主要账务处理如下：

（一）建筑工程

1. 将固定资产转入改建、扩建或大型修缮等时，应按固定资产的账面价值，借记本科目，按已计提的折旧，借记“累计折旧”科目，按固定资产的原价，贷记“固定资产”科目。

2. 根据工程价款结算账单与施工企业结算工程价款时，按医院应承付的工程价款，借记本科目，贷记“银行存款”等科目。

使用财政补助资金向施工企业支付工程款时，按照支付金额，借记“财政项目补助支出”科目，贷记“财政补助收入”、“零余额账户用款额度”等科目；同时，借记本科目，贷记“待冲基金——待冲财政基金”科目。

3. 在改建、扩建、大型修缮过程中收到的变价收入，按收到的金额，借记“银行存款”等科目，贷记本科目。

4. 医院为建筑工程借入的专门借款的利息，属于建设期间发生的，计入在建工程成本，借记本科目，贷记“长期借款”科目。

5. 工程完工交付使用时，按建筑工程所发生的实际成本，借记“固定资产”科目，贷记本科目。

（二）设备安装

1. 购入或融资租入需要安装的设备，借记本科目，贷记“银行存款”、“应付账款”、“长期应付款”等科目。

使用财政补助资金购入需安装设备时，按照支付金额，借记“财政项目补助支出”等科目，贷记“财政补助收入”、“零余额账户用款额度”等科目；同时，借记本科目，贷记“待冲基金——待冲财政基金”科目。

2. 发生安装费用，借记本科目，贷记“银行存款”等科目。

使用财政补助资金支付安装费用时，按照支付金额，借记“财政项目补助支出”等科目，贷记“财政补助收入”、“零余额账户用款额度”等科目；同时，借记本科目，贷记“待冲基金——待冲财政基金”科目。

3. 设备安装完毕交付使用时，借记“固定资产”科目，贷记本科目。

四、本科目期末借方余额，反映医院尚未完工的在建工程发生的实际成本。

1621　固定资产清理

一、本科目核算医院因出售、报废、毁损等原因转入清理的固定资产净值及其清理过程中所发生的清理费用和清理收入等。

二、本科目应当按照“处置资产净额”、“处置净收入”以及被清理的固定资产项目设置明细账，进行明细核算。

三、固定资产清理的主要账务处理如下：

（一）出售、报废、毁损固定资产转入清理时，按照固定资产的账面价值减去该资产对应的尚未冲减完毕的待冲基金余额后的金额，借记本科目（处置资产净额），按照已提取的折旧，借记“累计折旧”科目，按照相关待冲基金余额，借记“待冲基金”科目，按照固定资产账面余额，贷记“固定资产”科目。

（二）清理过程中发生的费用和相关税金，按照实际发生额，借记本科目（处置净收入），贷记“应交税费”、“银行存款”等科目。

（三）固定资产出售、报废、毁损所收回的价款、残料价值和变价收入等，借记“银行存款”等科目，贷记本科目（处置净收入）；应当由保险公司或过失人赔偿的损失，借记“库存现金”、“银行存款”、“其他应收款”等科目，贷记本科目（处置净收入）。

（四）出售、报废、毁损固定资产清理完毕，借记本科目（处置净收入），贷记“其他收入”科目或“应缴款项”科目［按规定上缴时］；同时，借记“其他支出”科目，贷记本科目（处置资产净额）。

四、本科目期末如为借方余额，反映医院尚未清理完毕的固定资产清理净损失；如为贷方余额，反映医院尚未清理完毕的固定资产清理净收益。

1701　无形资产

一、本科目核算医院为开展医疗服务等活动或为管理目的而持有的且没有实物形态的非货币性长期资产，包括专利权、非专利技术、商标权、著作权、土地使用权等。

医院购入的不构成相关硬件不可缺少组成部分的应用软件，应当作为无形资产核算。

二、本科目应当按照无形资产的类别和项目设置明细账，进行明细核算。

医院应当在无形资产明细账中登记每项无形资产入账成本中财政补助资金、科教项目资金、其他资金的金额及其所占的比例。

三、无形资产的主要账务处理如下：

（一）无形资产在取得时，应当按照取得时的实际成本入账。

1．购入的无形资产，其成本包括实际支付的购买价款、相关税费以及可归属于该项资产达到预定用途所发生的其他支出。按确定的成本，借记本科目，贷记“银行存款”等科目。

使用财政补助、科教项目资金购入无形资产的，按构成无形资产成本的支出金额，借记本科目，贷记“待冲基金”科目；同时，借记“财政项目补助支出”、“科教项目支出”科目，贷记“财政补助收入”、“零余额账户用款额度”、“银行存款”等科目。

2．自行开发并按法律程序申请取得的无形资产，按依法取得时发生的注册费、聘请律师费等费用，借记本科目，贷记“银行存款”等科目。

（二）按月计提无形资产摊销时，按照财政补助、科教项目资金形成的金额部分，借记“待冲基金”科目，按照应提摊销额中的其余金额部分，借记“医疗业务成本”、“管理费用”等科目，按照应计提的摊销额，贷记“累计摊销”科目。

（三）与无形资产有关的后续支出，应分别以下情况处理：

1. 为增加无形资产的使用效能而发生的后续支出，如对软件进行升级或扩展其功能等所发生的支出，应当计入无形资产账面价值，借记本科目，贷记“银行存款”等科目。

2. 为了维护无形资产的正常使用而发生的后续支出，如对软件进行漏洞修补等所发生的支出，应当计入当期费用，借记“医疗业务成本”、“管理费用”等科目，贷记“银行存款”等科目。

（四）无形资产在处置（包括转让、对外投资、核销等）时，应当分别以下情况处理：

1. 经批准转让无形资产，按照收到的价款，借记“银行存款”等科目，按所发生的相关税费，贷记“应交税费”、“银行存款”等科目，按收到的转让价款扣除相关税费后的金额，贷记“其他收入”科目或“应缴款项”科目［按规定上缴时］；同时，按无形资产账面价值减去该资产对应的尚未冲减完毕的待冲基金余额后的金额，借记“其他支出”科目，按已计提的累计摊销，借记“累计摊销”科目，按相关待冲基金余额，借记“待冲基金”科目，按无形资产账面余额，贷记本科目。

2. 以已入账无形资产对外投资，按照评估价加上发生的相关税费作为投资成本，借记“长期投资——股权投资”科目，按照投出无形资产已提的摊销额，借记“累计摊销”科目，按发生的相关税费，贷记“银行存款”、“应交税费”等科目，按照投出无形资产的账面余额，贷记本科目，按其差额，贷记“其他收入”科目或借记“其他支出”科目。

3. 无形资产预期不能为医院带来服务潜力或经济利益的，应当将该无形资产的账面价值及相关待冲基金余额予以核销。报经批准后，按准核销无形资产的账面价值减去该资产对应的尚未冲减完毕的待冲基金余额后的金额，借记“其他支出”科目，按准核销无形资产已计提的摊销，借记“累计摊销”科目，按相关待冲基金余额，借记“待冲基金”科目，按准核销无形资产的账面余额，贷记本科目。

四、本科目期末借方余额，反映医院已入账无形资产的原价。

1702　累计摊销

一、本科目核算医院无形资产计提的累计摊销。

二、本科目应当按照所对应无形资产的类别及项目设置明细账，进行明细核算。

三、医院无形资产应当自取得当月起，在预计使用年限内采用年限平均法分期平均摊销。如预计使用年限超过了相关合同规定的受益年限或法律规定的有效年限，该无形资产的摊销年限按如下原则确定：

1. 合同规定了受益年限但法律没有规定有效年限的，摊销期不应超过合同规定的受益年限；

2. 合同没有规定受益年限但法律规定了有效年限的，摊销期不应超过法律规定的有效年限；

3. 合同规定了受益年限，法律也规定了有效年限的，摊销期不应超过受益年限和有效年限两者之中较短者。

如果合同没有规定受益年限，法律也没有规定有效年限的，摊销期不应超过10年。

四、累计摊销的主要账务处理如下：

（一）按月计提无形资产摊销时，按照财政补助、科教项目资金形成的金额部分，借记“待冲基金”科目，按照应提摊销额中的其余金额部分，借记“医疗业务成本”、“管理费用”等科目，按照应计提的摊销额，贷记本科目。

（二）处置无形资产时，按无形资产账面价值减去该资产对应的尚未冲减完毕的待冲基金余额后的金额，借记有关科目，按已计提的累计摊销，借记本科目，按相关待冲基金余额，借记“待冲基金”科目，按无形资产账面余额，贷记“无形资产”科目。

五、本科目期末贷方余额，反映医院提取的无形资产累计摊销额。

1801　长期待摊费用

一、本科目核算医院已经发生但应由本期和以后各期负担的分摊期限在1年以上（不含1年）的各项费用，如以经营租赁方式租入的固定资产发生的改良支出等。

二、本科目应当按照费用项目进行明细核算。

三、医院发生的长期待摊费用，借记本科目，贷记“银行存款”等科目。摊销长期待摊费用时，借记“管理费用”等科目，贷记本科目。

四、本科目期末借方余额，反映医院尚未摊销完毕的长期待摊费用。

1901　待处理财产损溢

一、本科目核算医院在清查财产过程中查明的各种财产盘盈、盘亏和毁损的价值。

二、本科目应当设置“待处理流动资产损溢”、“待处理非流动资产损溢”明细科目，进行明细核算。

三、医院发现盘盈、盘亏、毁损的财产物资，应当先记入本科目，并及时查明原因，根据管理权限报经批准后及时进行账务处理。年度终了结账前一般应处理完毕。待处理财产损溢的主要账务处理如下：

（一）盘盈的库存物资，按比照同类或类似物资市场价格确定的价值，借记“库存物资”科目，贷记本科目（待处理流动资产损溢）。

盘亏、变质、毁损的库存物资，按其账面余额减去该物资对应的待冲基金数额后的金额，借记本科目（待处理流动资产损溢），按相关待冲基金数额，借记“待冲基金”科目，按该物资账面余额，贷记“库存物资”科目。

（二）盘盈的固定资产，按比照同类或类似资产市场价格确定的价值，借记“固定资产”科目，贷记本科目（待处理非流动资产损溢）。

盘亏的固定资产，按照固定资产账面价值减去该资产对应的尚未冲减完毕的待冲基金余额后的金额，借记本科目（待处理非流动资产损溢），按已计提的折旧，借记“累计折旧”科目，按相关待冲基金余额，借记“待冲基金”科目，按固定资产账面余额，贷记“固定资产”科目。

（三）上述财产物资的盘盈、盘亏、毁损在查明原因，报经批准处理时，作如下账务处理：

盘盈的库存物资、固定资产等，借记本科目，贷记“其他收入”科目。

盘亏、变质、毁损的库存物资以及盘亏的固定资产，按照相关待处理财产损溢金额扣除可以收回的保险赔偿和过失人的赔偿等后的金额，借记“其他支出”科目，按照已收回或应收回的保险赔偿和过失人赔偿等，借记“库存现金”、“银行存款”、“其他应收款”等科目，按照相关待处理财产损溢余额，贷记本科目。

四、本科目期末如为借方余额，反映医院尚未处理的各种财产物资的净损失；如为贷方余额，反映尚未处理的各种财产物资的净溢余。年度终了报经批准处理后，本科目一般应无余额。

二、负债类

2001　短期借款

一、本科目核算医院向银行或其他金融机构等借入的期限在1年以下（含1年）的各种借款。

二、本科目应当按照贷款单位和贷款种类进行明细核算。

三、短期借款的主要账务处理如下：

（一）借入各种短期借款时，按照实际借得的金额，借记“银行存款”科目，贷记本科目。

（二）发生短期借款利息时，借记“管理费用”科目，贷记“预提费用”、“银行存款”等科目。

（三）归还借款时，借记本科目，贷记“银行存款”科目。

四、本科目期末贷方余额，反映医院尚未偿还的短期借款本金。

2101　应缴款项

一、本科目核算医院按规定应缴入国库或应上缴行政主管部门的款项。

二、本科目应按应缴款项类别进行明细核算。

三、应缴款项的主要账务处理如下：

（一）出售、报废、毁损固定资产清理后，按照清理收入（包括保险理赔收入）扣除清理费用后的净额，借记“固定资产清理——处置净收入”科目，贷记“其他收入”科目或本科目[按规定上缴时]。

（二）经批准转让无形资产，按照收到的价款，借记“银行存款”等科目，按所发生的相关税费，贷记“应交税费”、“银行存款”等科目，按收到的转让价款扣除相关税费后的金额，贷记“其他收入”科目或本科目[按规定上缴时]。

（三）按规定计算确定或实际取得的其他应缴款项，借记有关科目，贷记本科目。

（四）上缴款项时，借记本科目，贷记“银行存款”等科目。

四、本科目期末贷方余额，反映医院的应缴未缴款项。年终缴清后，本科目应无余额。

2201 应付票据

一、本科目核算医院购买库存物资、医疗设备，接受服务供应等而开出、承兑的商业汇票，包括银行承兑汇票和商业承兑汇票。

二、应付票据的主要账务处理如下：

（一）因购买物资、设备，接受服务供应等开出、承兑商业汇票时，借记“库存物资”、“固定资产”等科目，贷记本科目。

支付银行承兑汇票的手续费时，借记“管理费用”科目，贷记“银行存款”科目。

以商业承兑汇票抵付应付账款时，借记“应付账款”科目，贷记本科目。

（二）应付票据到期时，应当分别以下情况处理：

1. 收到银行支付到期票据的付款通知时，借记本科目，贷记“银行存款”科目。

2. 无力支付票款的，按照应付票据的账面余额，借记本科目，贷记“应付账款”科目。

（三）如果为带息应付票据，应当在会计期末或票据到期时计算应付利息，借记“管理费用”科目，贷记本科目。

到期不能支付的带息应付票据，转入“应付账款”科目核算后，期末时不再计提利息。

三、医院应当设置“应付票据备查簿”，详细登记每一应付票据的种类、号数、签发日期、到期日、票面金额、票面利率、合同交易号、收款人姓名或单位名称，以及付款日期和金额等资料。应付票据到期结清时，应当在备查簿内逐笔注销。

四、本科目期末贷方余额，反映医院持有的尚未到期的应付票据本息。

2202 应付账款

一、本科目核算医院因购买库存物资、固定资产和接受服务供应等而应付给供应单位的款项。

二、本科目应当按照债权人等进行明细核算。

三、应付账款的主要账务处理如下：

（一）发生应付账款时，按照应付未付金额，借记“库存物资”、“固定资产”等科目，贷记本科目。

（二）偿付应付账款时，借记本科目，贷记“银行存款”等科目。

（三）开出、承兑商业汇票抵付应付账款时，借记本科目，贷记“应付票据”科目。

（四）确实无法支付或由其他单位承担的应付账款，借记本科目，贷记“其他收入”科目。

四、本科目期末贷方余额，反映医院尚未支付的应付账款。

2203 预收医疗款

一、本科目核算医院从住院病人、门诊病人等预收的款项。

二、医院应当按照住院病人、门诊病人等，对预收医疗款进行明细核算。

三、预收医疗款的主要账务处理如下：

（一）收到住院病人、门诊病人预交金，按实际预收的金额，借记“银行存款”、“库存现金”等科目，贷记本科目。

（二）与门诊病人结算医疗费时，如病人应付的医疗款金额大于其预交金额，按病人补付金额，借记“库存现金”、“银行存款”等科目，按病人预交金额，借记本科目，按病人应付的医疗款金额，贷记“医疗收入”科目。如病人应付的医疗款金额小于其预交金额，按病人应付的医疗款金额，借记本科目，贷记“医疗收入”科目；退还病人差额的，还应按退还金额，借记本科目，贷记“库存现金”、“银行存款”等科目。

（三）住院病人办理出院手续，结算医疗费时，如病人应付的医疗款金额大于其预交金额，应按病人补付金额，借记“库存现金”、“银行存款”等科目，按病人预交金额，借记本科目，按病人欠费金额，借记“应收医疗款”科目，按病人应付的医疗款金额，贷记“应收在院病人医疗款”科目；如病人应付的医疗款金额小于其预交金额，应按病人预交金额，借记本科目，按病人应付的医疗款金额，贷记“应收在院病人医疗款”科目，按退还给病人的差额，贷记“库存现金”、“银行存款”等科目。

四、本科目期末贷方余额，反映医院向住院病人、门诊病人等预收但尚未结算的款项。

2204 应付职工薪酬

一、本科目核算医院按有关规定应付给职工（包括离退休人员）的各种薪酬，包括工资、津补贴、奖金等。

二、本科目应当按国家有关规定设置明细科目，进行明细核算。

三、应付职工薪酬的主要账务处理如下：

（一）计算分配应付的职工薪酬，借记“医疗业务成本”、“在加工物资”［专门从事物资自制人员发生］、“管理费用”等科目，贷记本科目。

（二）从应付职工薪酬中代扣代缴的各种款项（如职工基本养老保险费、失业保险费、基本医疗保险费、住房公积金、个人所得税等），借记本科目，贷记“应付社会保障费”、“应交税费”等科目。

（三）支付职工薪酬，借记本科目，贷记“财政补助收入”、“零余额账户用款额度”、“银行存款”等科目。

四、本科目期末贷方余额，反映医院应付未付的职工薪酬。

2205 应付福利费

一、本科目核算医院按国家有关规定从成本费用中提取的职工福利费。

二、应付福利费的主要账务处理如下：

（一）提取职工福利费时，按提取金额，借记“医疗业务成本”、“在加工物资”、“管理费用”等科目，贷记本科目。

（二）按规定的开支范围支付职工福利费时，借记本科目，贷记“库存现金”、“银行存款”等科目。

三、本科目期末贷方余额，反映医院已提取但尚未支付的职工福利费金额。

2206 应付社会保障费

一、本科目核算医院按有关规定应付给社会保障机构的各种社会保障费，包括城镇职工基本养老保险费、失业保险费、基本医疗保险费、住房公积金等。

二、本科目应按社会保障费类别设置明细账，进行明细核算。

三、应付社会保障费的主要账务处理如下：

（一）从应付职工薪酬中代扣代缴的社会保障费，借记“应付职工薪酬”科目，贷记本科目。

（二）计算确定应由医院为职工负担的社会保障费，借记“医疗业务成本”、“在加工物资”、“管理费用”等科目，贷记本科目。

（三）支付社会保障费，借记本科目，贷记“财政补助收入”、“零余额账户用款额度”、“银行存款”等科目。

四、本科目期末贷方余额，反映医院应付但尚未支付给社会保障机构的社会保障费。

2207 应交税费

一、本科目核算医院按照国家有关税法规定应当交纳或代扣代缴的各种税费，包括营业税、城市维护建设税、教育费附加、个人所得税、车船使用税、房产税等。

医院应交纳的印花税不需要预提应交税费，直接通过“管理费用”科目核算，不在本科目核算。

二、本科目应当按应交的税费种类设置明细账，进行明细核算。

三、应交税费的主要账务处理如下：

（一）发生营业税、城市维护建设税、教育费附加纳税义务的，按照税法规定计算的应交税费金额，借记“固定资产清理”［出售不动产应交的税费］、“其他支出”等科目，贷记本科目。实际交纳时，借记本科目，贷记“银行存款”等科目。

（二）发生代扣代缴个人所得税纳税义务的，按照税法规定计算应代扣代交的个人所得税，借记“应付职工薪酬”科目，贷记本科目。实际交纳时，借记本科目，贷记“银行存款”等科目。

（三）按税法规定计算的应交房产税、车船使用税等，借记“管理费用”科目，贷记本科目。实际交纳时，借记本科目，贷记“银行存款”等科目。

（四）发生其他纳税义务的，按照应交纳的税金，借记有关科目，贷记本科目。实际交纳时，借记本科目，贷记“银行存款”等科目。

四、本科目期末贷方余额，反映医院尚未交纳的税费。

2209 其他应付款

一、本科目核算医院除应缴款项、应付票据、应付账款、预收医疗款、应付职工薪酬、应付福利费、应付社会保障费、应交税费以外的其他各项应付、暂收款项，如存入保证金等。

二、本科目应当按照应付、暂收款项的类别和单位或个人设置明细账，进行明细核算。

三、其他应付款的主要账务处理如下：

（一）发生的各项应付、暂收款项，借记“银行存款”等科目，贷记本科目。

（二）支付款项时，借记本科目，贷记“银行存款”等科目。

（三）确实无法支付或由其他单位承担的其他应付款，借记本科目，贷记“其他收入”科目。

四、本科目期末贷方余额，反映医院尚未支付的其他应付款项。

2301 预提费用

一、本科目核算医院预先提取的已经发生但尚未支付的费用，如预提的短期借款利息等。

二、本科目应当按照预提费用种类设置明细账，进行明细核算。

三、预提费用的主要账务处理如下：

（一）按规定预提短期借款利息等时，按照预提的金额，借记“管理费用”等科目，贷记本科目。

（二）实际支付款项时，借记本科目，贷记“银行存款”等科目。

四、本科目期末贷方余额，反映医院已预提但尚未支付的各项费用。

2401 长期借款

一、本科目核算医院按规定向银行或其他金融机构借入的偿还期限在1年以上（不含1年）的各项借款及发生的相关利息。

二、本科目应当按贷款单位、具体贷款种类等进行明细核算。

三、长期借款的主要账务处理如下：

（一）借入长期借款时，按照实际借入额，借记“银行存款”科目，贷记本科目。

（二）为购建固定资产发生的专门借款利息，属于工程项目建设期间发生的，计入工程成本，借记“在建工程”科目，贷记本科目；属于工程完工交付使用后发生的，计入管理费用，借记“管理费用”科目，贷记本科目。

其他的长期借款利息应当计入管理费用，借记“管理费用”科目，贷记本科目。

（三）归还长期借款本息时，借记本科目，贷记“银行存款”科目。

四、本科目期末贷方余额，反映医院尚未偿还的长期借款本息。

2402 长期应付款

一、本科目核算医院发生的偿还期限在1年以上（不含1年）的应付款项，如融资租入固定资产的租赁费等。

二、本科目应当按照长期应付款的种类设置明细账，进行明细核算。

三、长期应付款的主要账务处理如下：

（一）发生长期应付款时，借记“固定资产”等科目，贷记本科目。

（二）支付长期应付款时，借记本科目，贷记“银行存款”科目。

四、本科目期末贷方余额，反映医院尚未支付的各种长期应付款。

三、净资产类

3001 事业基金

一、本科目核算医院拥有的非限定用途的净资产，主要包括滚存的结余资金和科教项目结余解除限定后转入的金额等。

二、事业基金的主要账务处理如下：

（一）按规定将科教项目结项后的结余资金转入事业基金时，借记“科教项目结转（余）”科目，贷记本科目。

（二）年末，将当年未分配结余转入事业基金时，借记“结余分配——转入事业基金”科目，贷记本科目。

（三）年末，用事业基金弥补亏损时，借记本科目，贷记“结余分配——事业基金弥补亏损”科目。

三、医院发生需要调整以前年度结余的事项，凡国家另有规定的，从其规定；没有规定的，应通过本科目进行核算，并在会计报表附注中予以说明。

四、本科目期末贷方余额，反映医院非限定用途净资产的金额。

3101 专用基金

一、本科目核算医院按规定设置、提取的具有专门用途的净资产，如职工福利基金、医疗风险基金等。

二、本科目应按照基金类别设置明细账，进行明细核算。

三、专用基金的主要账务处理如下：

（一）按照有关规定提取职工福利基金时，借记“结余分配——提取职工福利基金”科目，贷记本科目（职工福利基金）。

（二）按照有关规定提取医疗风险基金时，借记“医疗业务成本”科目，贷记本科目（医疗风险基金）。

（三）按规定使用专用基金时，借记本科目，贷记“银行存款”等科目。所提取的医疗风险基金不足支付时，按照超出部分的金额，借记“医疗业务成本”科目，贷记“银行存款”等科目。

四、本科目期末贷方余额，反映医院按规定设置、提取的具有专门用途净资产的金额。

3201　待冲基金

一、本科目核算医院使用财政补助、科教项目收入购建固定资产、无形资产或购买药品、卫生材料等物资所形成的，留待计提资产折旧、摊销或领用发出库存物资时予以冲减的基金。

二、本科目应设置“待冲财政基金”和“待冲科教项目基金”两个明细科目，进行明细核算。其中，“待冲财政基金”明细科目核算使用财政补助购建固定资产、无形资产或购买药品、卫生材料等物资所形成的，留待计提资产折旧、摊销或领用发出库存物资时予以冲减的基金；“待冲科教项目基金”明细科目核算使用科教项目收入购入固定资产、无形资产或购买药品、卫生材料等物资所形成的，留待计提资产折旧、摊销或领用发出库存物资时予以冲减的基金。

三、待冲基金应当在使用财政补助、科教项目收入购建固定资产、无形资产或购买药品、卫生材料等物资发生支出时予以确认，并在相关固定资产、无形资产按期计提折旧、摊销或领用发出库存物资时予以冲减。领用发出库存物资一并冲减的待冲基金金额为发出库存物资所对应的待冲基金金额。随相关固定资产、无形资产各期计提折旧、摊销一并冲减的待冲基金金额按照以下公式计算确定：

相关资产计提折旧、摊销时应冲减的待冲基金金额＝相关资产应计提的折旧、摊销额×相关资产入账成本中财政补助资金或科教项目资金所占的比例

相关固定资产、无形资产在提足折旧、摊销前处置、盘亏的，以及相关库存物资在领用发出前发生盘亏、变质、毁损的，应当在将该资产予以冲销的同时，将该资产所对应的尚未冲减完毕的待冲基金一并冲销。

四、待冲基金的主要账务处理如下：

（一）使用财政补助资金为购建固定资产、无形资产或购买药品、卫生材料等库存物资发生支出时，按照实际支出金额，借记“财政项目补助支出”等科目，贷记“财政补助收入”、“零余额账户用款额度”、“银行存款”等科目；同时，借记“在建工程”、“固定资产”、“无形资产”、“库存物资”等科目，贷记“待冲基金——待冲财政基金”科目。

（二）使用科教项目资金为购入固定资产、无形资产或购买药品、卫生材料等库存物资发生支出时，按照实际支出金额，借记“科教项目支出”科目，贷记“银行存款”等科目；同时，借记“固定资产”、“无形资产”、“库存物资”等科目，贷记“待冲基金——待冲科教项目基金”科目。

（三）财政补助、科教项目资金形成的固定资产、无形资产计提折旧、摊销时，按照财政补助、科教项目资金形成的金额部分，借记本科目，按照应提折旧、摊销额中的其余金额部分，借记“医疗业务成本”、“管理费用”等科目，按照应计提的折旧、摊销额，贷记“累计折旧”、“累计摊销”科目。

（四）领用、发出财政补助、科教项目资金形成的库存物资时，按发出物资所对应的待冲基金金额，借记本科目，贷记“库存物资”科目。

（五）处置、盘亏财政补助、科教项目资金形成的固定资产、无形资产，以及财政补助、科教项目资金形成的库存物资发生盘亏、变质、毁损的，应当在进行相关账务处理的同时，按该项资产对应的尚未冲减完毕的待冲基金数额，借记本科目，贷记“固定资产”、“无形资产”、“库存物资”等科目。

五、本科目期末贷方余额，反映医院尚未冲减完毕的待冲基金数额。

3301 财政补助结转（余）

一、本科目核算医院历年滚存的财政补助结转和结余资金，包括基本支出结转、项目支出结转和项目支出结余。

二、本科目应当设置“财政补助结转”、“财政补助结余”两个一级明细科目。

（一）“财政补助结转”明细科目

“财政补助结转”一级明细科目下应设置“基本支出结转”、“项目支出结转”两个二级明细科目。

“基本支出结转”二级明细科目下应按照《政府收支分类科目》中

“支出功能分类科目”的相关科目进行明细核算。

“项目支出结转”二级明细科目下应按照《政府收支分类科目》中“支出功能分类科目”的“医疗卫生”、“科学技术”、“教育”等相关科目以及具体项目进行明细核算。

（二）“财政补助结余”明细科目

“财政补助结余”一级明细科目下应当按照《政府收支分类科目》中“支出功能分类科目”的相关科目进行明细核算。

三、财政补助结转（余）的主要账务处理如下：

（一）期末，将本期财政项目补助收入结转入财政补助结转（余）时，借记“财政补助收入——项目支出”科目，贷记本科目（财政补助结转——项目支出结转）；将本期财政项目补助支出结转入财政补助结转（余）时，借记本科目（财政补助结转——项目支出结转），贷记“财政项目补助支出”科目。

（二）年末，将本年财政基本补助结转转入财政补助结转（余）时，按“财政补助收入——基本支出”明细科目本年发生额减去“医疗业务成本”、“管理费用”科目下“财政基本补助支出”备查簿中登记的本年发生额合计后的金额，借记“本期结余”科目，贷记本科目（财政补助结转——基本支出结转）。

（三）年末，完成上述（一）、（二）结转后，应当对本科目下“财政补助结转——项目支出结转”明细科目下所属各明细项目的执行情况进行分析，按照有关规定将符合财政补助结余资金性质的对应项目的贷方余额转入本科目下“财政补助结余”明细科目。按照各项目结转金额，借记本科目（财政补助结转——项目支出结转——××项目），贷记本科目（财政补助结余）。

（四）按规定向主管部门等上缴财政补助结转和结余资金、注销财政补助结转和结余额度等时，按实际上缴资金数额或注销的资金额度数额，借记本科目，贷记“财政应返还额度”、“零余额账户用款额度”、“银行存款”等科目。

四、本科目期末贷方余额，反映医院财政补助结转和结余资金数额。

3302　科教项目结转（余）

一、本科目核算医院尚未结项的非财政资助科研、教学项目累计所取得收入减去累计发生支出后的，留待下期按原用途继续使用的结转资金，以及医院已经结项但尚未解除限定的的非财政科教项目结余资金。

这里的“项目”，指医院从财政部门以外的部门或单位取得的、具有指定用途、项目完成后需要报送项目资金支出决算和使用效果书面报告的资金所对应的项目。

这里的“累计发生支出”，指使用非财政科研、教学项目收入累计所发生的支出。

二、本科目应设置“科研项目结转（余）”、“教学项目结转（余）”两个明细科目，并按具体项目进行明细核算。

三、科教项目结转（余）的主要账务处理如下：

（一）期末，结转本期科教项目收入，借记“科教项目收入”科目，贷记本科目。

（二）期末，结转本期科教项目支出，借记本科目，贷记“科教项目支出”科目。

（三）科教项目结项后如有结余资金并解除限定可以转入事业基金的，按照结转金额，借记本科目，贷记“事业基金”科目。

四、本科目期末贷方余额，反映医院留待下期按原用途继续使用的非财政科研、教学项目结转资金数额以及尚未解除限定的非财政科研、教学项目结余资金数额。

3401　本期结余

一、本科目核算医院本期除财政项目补助收支、科教项目收支以外的各项收入减去各项费用后的结余。

二、本期结余的主要账务处理如下：

（一）期末，应将除财政项目补助收支、科教项目收支以外的其他各收入、费用类科目的本期发生额结转入本期结余。按照应结转的各收入类科目的本期发生额，借记“医疗收入”、“财政补助收入——基本支出”、“其他收入”科目，贷记本科目；同时，按照应结转的各费用类科目的本期发生额，借记本科目，贷记“医疗业务成本”、“管理费用”、“其他支出”科目。

（二）年末，经过上述（一）结转后，首先，应将本年财政基本补助结转转入财政补助结转（余），按“财政补助收入——基本支出”明细科目本年发生额减去“医疗业务成本”、“管理费用”科目下“财政基本补助支出”备查簿中登记的本年发生额合计后的金额，借记本科目，贷记“财政补助结转（余）——财政补助结转（基本支出结转）”科目。

其次，将扣除财政基本补助结转后本年实现的业务结余（或发生的业务亏损）结转入结余分配。如扣除财政基本补助结转后本科目为贷方余额（即为本年实现的业务结余），借记本科目，贷记“结余分配”科目；如扣除财政基本补助结转后本科目为借方余额（即为本年发生的业务亏损），借记“结余分配”科目，贷记本科目。

三、本科目期末如为贷方余额，反映医院自年初至报告期末累计实现的业务结余；如为借方余额，反映医院自年初至报告期末累计发生的业务亏损。年末结转后，本科目应无余额。

3501　结余分配

一、本科目核算医院当年提取职工福利基金、未分配结余结转事业基金、用事业基金弥补亏损等的情况和结果。

二、本科目应设置“事业基金弥补亏损”、“提取职工福利基金”、“转入事业基金”等明细科目，进行明细核算。

三、结余分配的主要账务处理如下：

（一）年末，将本年扣除财政基本补助结转后实现的业务结余结转入结余分配时，借记“本期结余”科目，贷记本科目；将本年扣除财政基本补助结转后发生的业务亏损结转入结余分配时，借记本科目，贷记“本期结余”科目。

（二）经过上述（一）结转后，本科目为贷方余额的，可以按国家有关规定提取职工福利基金，剩余部分转入事业基金。提取职工福利基金时，借记本科目（提取职工福利基金），贷记“专用基金”科目；将提取职工福利基金后本科目的贷方余额转入事业基金时，借记本科目（转入事业基金），贷记“事业基金”科目。

（三）经过上述（一）结转后，本科目为借方余额的，应由事业基金弥补，不得进行其他分配；事业基金不足以弥补的，为累计未弥补亏损。以事业基金弥补亏损时，借记“事业基金”科目，贷记本科目（事业基金弥补亏损）。

四、年末将未分配结余转入事业基金后，本科目一般应无余额。

本科目年末有借方余额的，表示医院累计未弥补的亏损。

四、收入类

4001 医疗收入

一、本科目核算医院开展医疗服务活动取得的收入，包括门诊收入和住院收入。

二、本科目应设置“门诊收入”、“住院收入”两个一级明细科目。

（一）“门诊收入”一级明细科目

“门诊收入”一级明细科目核算医院为门诊病人提供医疗服务所取得的收入。该一级明细科目下应当设置“挂号收入”、“诊察收入”、“检查收入”、“化验收入”、“治疗收入”、“手术收入”、“卫生材料收入”、“药品收入”、“药事服务费收入”、“其他门诊收入”、“结算差额”等二级明细科目，进行明细核算。其中：

“药品收入”二级明细科目下，应设置“西药”、“中成药”、“中草药”等三级明细科目。

“结算差额”二级明细科目核算医院同医疗保险机构结算时，因医院按照医疗服务项目收费标准计算确认的应收医疗款金额与医疗保险机构实际支付金额不同，而产生的需要调整医院医疗收入的差额（不包括医院因违规治疗等管理不善原因被医疗保险机构拒付所产生的差额）。医院因违规治疗等管理不善原因被医疗保险机构拒付而不能收回的应收医疗款，应按规定确认为坏账损失，不通过本明细科目核算。

（二）“住院收入”一级明细科目

“住院收入”一级明细科目核算医院为住院病人提供医疗服务所取得的收入。该一级明细科目下应当设置“床位收入”、“诊察收入”、“检查收入”、“化验收入”、“治疗收入”、“手术收入”、“护理收入”、“卫生材料收入”、“药品收入”、“药事服务费收入”、“其他住院收入”、“结算差额”等二级明细科目，进行明细核算。其中：

“药品收入”二级明细科目下，应设置“西药”、“中成药”、“中草药”等三级明细科目。

“结算差额”二级明细科目的核算内容同“门诊收入”一级明细科目所属的“结算差额”二级明细科目。

三、医疗收入应当在提供医疗服务（包括发出药品）并收讫价款或取得收款权利时，按照国家规定的医疗服务项目收费标准计算确定的金额确认入账。医院给予病人或其他付费方的折扣不计入医疗收入。

医院同医疗保险机构结算时，医疗保险机构实际支付金额与医院确认的应收医疗款金额之间存在差额的，对于除医院因违规治疗等管理不善原因被医疗保险机构拒付所产生的差额以外的差额，应当调整医疗收入。

四、医疗收入的主要账务处理如下：

（一）实现医疗收入时，按照依据规定的医疗服务项目收费标准

计算确定的金额（不包括医院给予病人或其他付费方的折扣），借记“库存现金”、“银行存款”、“应收在院病人医疗款”、“应收医疗款”等科目，贷记本科目。

（二）同医疗保险机构结算应收医疗款时，按照实际收到的金额，借记“银行存款”科目，按照医院因违规治疗等管理不善原因被医疗保险机构拒付的金额，借记“坏账准备”科目，按照应收医疗保险机构的金额，贷记“应收医疗款”科目，按照借贷方之间的差额，借记或贷记本科目（门诊收入、住院收入——结算差额）。

（三）期末，将本科目余额转入本期结余，借记本科目，贷记“本期结余”科目。

五、期末结转后，本科目应无余额。

4101　财政补助收入

一、本科目核算医院按部门预算隶属关系从同级财政部门取得的各类财政补助。

二、本科目应设置“基本支出”和“项目支出”两个一级明细科目。其中，“基本支出”明细科目核算医院由财政部门拨入的符合国家规定的离退休人员经费、政策性亏损补贴等经常性补助；“项目支出”明细科目核算医院由财政部门拨入的主要用于基本建设和设备购置、重点学科发展、承担政府指定公共卫生任务等的专项补助。

“基本支出”一级明细科目下应按照《政府收支分类科目》中“支出功能分类科目”的相关科目进行明细核算。

“项目支出”一级明细科目下应按照《政府收支分类科目》中“支出功能分类科目”的“医疗卫生”、“科学技术”、“教育”等相关科目以及具体项目进行明细核算。

三、财政补助采用国库集中支付方式下拨时，在财政直接支付方式下，应在收到代理银行转来的《财政直接支付入账通知书》时，按照通知书中

的直接支付入账金额确认财政补助收入；在财政授权支付方式下，应在收到代理银行转来的《授权支付到账通知书》时，按照通知书中的授权支付额度确认财政补助收入。

其他方式下拨的财政补助，应在实际取得补助时确认财政补助收入。

四、财政补助收入的主要账务处理如下：

（一）财政直接支付方式下，按照财政直接支付金额，借记“医疗业务成本”、“财政项目补助支出”等科目，贷记本科目；对于为购建固定资产、无形资产或购买药品等库存物资而由财政直接支付的支出，还应借记“在建工程”、“固定资产”、“无形资产”、“库存物资”等科目，贷记“待冲基金——待冲财政基金”科目。

年度终了，医院根据本年度财政直接支付预算指标数与当年财政直接支付实际支出数的差额，借记“财政应返还额度——财政直接支付”科目，贷记本科目。

（二）财政授权支付方式下，按照财政授权支付到账额度金额，借记“零余额账户用款额度”科目，贷记本科目。

年度终了，医院本年度财政授权支付预算指标数大于零余额账户用款额度下达数的，借记“财政应返还额度——财政授权支付”科目，贷记本科目。

（三）其他方式下，实际收到财政补助收入时，按照实际收到的金额，借记“银行存款”等科目，贷记本科目。

（四）期末，将本科目的贷方余额分别转入本期结余和财政补助结转（余）。按本科目（基本支出）的贷方余额，借记本科目（基本支出），贷记“本期结余”科目；按本科目（项目支出）的贷方余额，借记本科目（项目支出），贷记“财政补助结转（余）——财政补助结转（项目支出结转）”科目。

五、期末结转后，本科目应无余额。

4201　科教项目收入

一、本科目核算医院取得的除财政补助收入外专门用于科研、教学项目的补助收入。

二、本科目应设置“科研项目收入”、“教学项目收入”两个明细科目，并按具体项目进行明细核算。

三、科教项目收入应当在实际收到时，按照实际收到的金额予以确认。

四、科教项目收入的主要账务处理如下：

（一）取得除财政补助收入以外的科研、教学项目资金时，按收到的金额，借记“银行存款”等科目，贷记本科目。

（二）期末，将本科目余额转入科教项目结转（余），借记本科目，贷记“科教项目结转（余）”科目。

五、期末结转后，本科目应无余额。

4301　其他收入

一、本科目核算医院除医疗收入、财政补助收入、科教项目收入以外的其他收入，包括培训收入、食堂收入、银行存款利息收入、租金收入、投资收益、财产物资盘盈收入、捐赠收入、确实无法支付的应付款项等。

二、本科目应当按照其他收入的种类设置明细账，进行明细核算。其中，医院对外投资实现的投资净损益，应单设“投资收益”明细科目进行核算。

三、其他收入的主要账务处理如下：

（一）取得培训收入、食堂收入、银行存款利息收入等时，按照实际收到的金额，借记“库存现金”、“银行存款”等科目，贷记本科目。

（二）固定资产出租收入，在租赁期内各个期间按直线法确认收入。

采用预付租金方式的，收到预付的租金时，借记“银行存款”等科目，贷记“其他应收款”科目；分期确认租金收入时，借记“其他应收款”科目，贷记本科目。

采用后付租金方式的，每期确认租金收入时，借记“其他应收款”科目，贷记本科目。收到租金时，借记“银行存款”等科目，贷记“其他应收款”科目。

采用分期收取租金方式的，每期收取租金时，借记“银行存款”等科目，贷记本科目。

（三）投资收益

1. 短期投资持有期间收到利息等投资收益时，按实际收到的金额，借记“银行存款”等科目，贷记本科目（投资收益）。

出售或到期收回短期债券本息，按实际收到的金额，借记“银行存款”科目，按出售或收回短期投资的成本，贷记“短期投资”科目，按其差额，借记或贷记本科目（投资收益）。

2. 长期股权投资持有期间，被投资单位宣告分派利润时，按照宣告分派的利润中属于医院应享有的份额，借记“其他应收款”科目，贷记本科目（投资收益）。

处置长期股权投资时，按照实际取得的价款，借记“银行存款”等科目，按照所处置长期股权投资的账面余额，贷记“长期投资——股权投资”科目，按照尚未领取的已宣告分派的利润，贷记“其他应收款”科目，按照其差额，借记或贷记本科目（投资收益）。

3. 持有的长期债券投资，应在债券持有期间按照票面价值与票面利率按期计算确认利息收入，如为到期一次还本付息的债券投资，借记“长期投资——债权投资（应收利息）”科目，贷记本科目（投资收益）；如为分期付息、到期还本的债券投资，借记“其他应收款”科目，贷记本科目（投资收益）。

出售长期债权投资或到期收回长期债权投资本息，按照实际收到的金额，借记“银行存款”等科目，按照债券初始投资成本和已计未收利息金额，贷记“长期投资——债权投资（成本、应收利息）”科目［到期一次还本付息债券］，或“长期投资——债权投资”、“其他应收款”科目［分期付息债券］，按照其差额，贷记或借记本科目（投资收益）。

（四）盘盈的库存物资、固定资产等，在经批准处理时，借记“待处理财产损溢”科目，贷记本科目。

（五）接受的捐赠资金，按照实际收到的金额，借记“银行存款”等科目，贷记本科目；接受的实物资产捐赠，按照同类或类似资产的市场价格或有关凭据注明的金额加上相关税费，借记“固定资产”等科目，按发生的相关税费金额，贷记“银行存款”等科目，按其差额，贷记本科目。

（六）确实无法支付的应付款项，按照经批准核销的金额，借记“应付账款”、“其他应付款”科目，贷记本科目。

（七）期末，将本科目余额转入本期结余，借记本科目，贷记“本期结余”科目。

四、期末结转后，本科目应无余额。

五、费用类

5001 医疗业务成本

一、本科目核算医院开展医疗服务及其辅助活动发生的各项费用，包括人员经费、耗用的药品及卫生材料费、固定资产折旧费、无形资产摊销费、提取医疗风险基金和其他费用，不包括财政补助收入和科教项目收入形成的固定资产折旧和无形资产摊销。

医院统一负担的离退休人员经费在“管理费用”科目核算，不在本科目核算。

使用财政基本补助发生的归属于医疗业务成本的支出，在本科目核算；使用财政项目补助发生的支出，在“财政项目补助支出”科目核算，不在本科目核算。

医院开展科研、教学项目使用自筹配套资金发生的支出，以及医院开展的不与本制度规定的特定“项目”相关的医疗辅助科研、教学活动发生的相关人员经费、专用材料费、资产折旧（摊销）费等费用，在本科目核算，不在“财政项目补助支出”、“科教项目支出”科目核算。

二、本科目应设置“人员经费”、“卫生材料费”、“药品费”、“固定资产折旧费”、“无形资产摊销费”、“提取医疗风险基金”、“其他费用”等一级明细科目，并按照各具体科室进行明细核算，归集临床服务、医疗技术、医疗辅助类各科室发生的，能够直接计入各科室或采用一定方法计算后计入各科室的直接成本。

“人员经费”、“其他费用”明细科目下还应参照《政府收支分类科目》中“支出经济分类科目”的相关科目进行明细核算。

医院应当在本科目下设置“财政基本补助支出”备查簿，按《政府收支分类科目》中“支出功能分类科目”以及“支出经济分类科目”的相关科目，对各项归属于医疗业务成本的财政基本补助支出进行登记。

三、医疗业务成本的主要账务处理如下：

（一）为从事医疗活动及其辅助活动人员计提的薪酬、福利费等，借记本科目（人员经费），贷记“应付职工薪酬”、“应付福利费”、“应付社会保障费”等科目。

（二）开展医疗活动及其辅助活动中，内部领用或出售发出的药品、卫生材料等，按其实际成本，借记本科目（卫生材料费、药品费），贷记“库存物资”科目。

（三）开展医疗活动及其辅助活动所使用固定资产、无形资产计提的折旧、摊销，按照财政补助、科教项目资金形成的金额部分，借记“待冲基金”科目，按照应提折旧、摊销额中的其余金额部分，借记本科目（固定资产折旧费、无形资产摊销费），按照应计提的折旧、摊销额，贷记“累计折旧”、“累计摊销”科目。

（四）计提的医疗风险基金，按照计提金额，借记本科目（提取医疗风险基金），贷记“专用基金——医疗风险基金”科目。

（五）开展医疗活动及其辅助活动中发生的其他各项费用，借记本科目（其他费用），贷记“银行存款”、“待摊费用”等科目。

（六）期末，将本科目余额转入本期结余，借记“本期结余”科目，贷记本科目。

四、期末结转后，本科目应无余额。

5101　财政项目补助支出

一、本科目核算医院本期使用财政项目补助（包括当年取得的财政补助和以前年度结转或结余的财政补助）发生的支出。

二、本科目应当按照《政府收支分类科目》中“支出功能分类科目”的“医疗卫生”、“科学技术”、“教育”等相关科目以及具体项目进行明细核算。

三、财政项目补助支出的主要账务处理如下：

（一）财政直接支付方式下，发生财政直接支付的项目补助时，按照支付金额，借记本科目，贷记“财政补助收入”科目；对于为购建固定资产、无形资产或购买药品等物资而由财政直接支付的支出，还应借记“在建工程”、“固定资产”、“无形资产”、“库存物资”等科目，贷记“待冲基金——待冲财政基金”科目。

（二）财政授权支付方式下，使用零余额账户用款额度发生项目补助支付时，按照支付金额，借记本科目，贷记“零余额账户用款额度”科目；对于为购建固定资产、无形资产或购买药品等物资而由财政授权支付的支出，还应借记“在建工程”、“固定资产”、“无形资产”、“库存物资”等科目，贷记“待冲基金——待冲财政基金”科目。

（三）其他方式下，发生财政项目补助支出时，按照实际支付的金额，借记本科目，贷记“银行存款”等科目；对于为购建固定资产、无形资产或购买药品等物资发生的支出，还应借记“在建工程”、“固定资产”、“无形资产”、“库存物资”等科目，贷记“待冲基金——待冲财政基金”科目。

（四）期末，将本科目余额转入财政补助结转（余），借记“财政补助结转（余）——财政补助结转（项目支出结转）”科目，贷记本科目。

四、期末结转后，本科目应无余额。

5201　科教项目支出

一、本科目核算医院使用除财政补助收入以外的科研、教学项目收入开展科研、教学项目活动所发生的各项支出。

二、本科目应设置“科研项目支出”、“教学项目支出”两个明细科目，并按具体项目进行明细核算。

医院还应设置相应的辅助账，登记开展各科研、教学项目所使用自筹配套资金的情况。

三、科教项目支出的主要账务处理如下：

（一）使用科教项目收入发生的各项支出，按实际支出金额，借记本科目，贷记“银行存款”等科目；形成固定资产、无形资产、库存物资的，还应同时借记“固定资产”、“无形资产”、“库存物资”等科目，贷记“待冲基金——待冲科教项目基金”科目。

（二）期末，将本科目余额转入科教项目结转（余），借记“科教项目结转（余）”科目，贷记本科目。

四、期末结转后，本科目应无余额。

5301　管理费用

一、本科目核算医院行政及后勤管理部门为组织、管理医疗、科研、教学业务活动所发生的各项费用，包括医院行政及后勤管理部门发生的人员经费、公用经费、资产折旧（摊销）费等费用，以及医院统一负担的离退休人员经费、坏账损失、银行借款利息支出、银行手续费支出、汇兑损益、聘请中介机构费、印花税、房产税、车船使用税等。

为购建固定资产取得的专门借款，在工程项目建设期间的借款利息应予资本化，不在本科目核算；在工程完工交付使用后发生的专门借款利息，在本科目核算。

使用财政基本补助发生的归属于管理费用的支出，在本科目核算；使用财政项目补助发生的支出，在“财政项目补助支出”科目核算，不在本科目核算。

二、本科目应设置“人员经费”、“固定资产折旧费”、“无形资产摊销费”、“其他费用”等一级明细科目。其中：“人员经费”、“其他费用”明细科目下应参照《政府收支分类科目》中“支出经济分类科目”的相关科目进行明细核算。

医院应当在本科目下设置“财政基本补助支出”备查簿，按《政府收支分类科目》中“支出功能分类科目”以及“支出经济分类科目”的相关科目，对各项归属于管理费用的财政基本补助支出进行登记。

三、管理费用的主要账务处理如下：

（一）为行政及后勤管理部门人员以及离退休人员计提的薪酬、福利费等，借记本科目（人员经费），贷记“应付职工薪酬”、“应付福利费”、“应付社会保障费”等科目。

（二）行政及后勤管理部门所使用固定资产、无形资产计提的折旧、摊销，按照财政补助、科教项目资金形成的金额部分，借记“待冲基金”科目，按照应提折旧、摊销额中的其余金额部分，借记本科目（固定资产折旧费、无形资产摊销费），按照应计提的折旧、摊销额，贷记“累计折旧”、“累计摊销”科目。

（三）提取坏账准备时，借记本科目（其他费用），贷记“坏账准备”科目；冲减坏账准备时，借记“坏账准备”科目，贷记本科目（其他费用）。

（四）发生应计入管理费用的银行借款利息支出时，借记本科目（其他费用），贷记“预提费用”、“银行存款”、“长期借款”等科目。

发生汇兑净收益时，借记“银行存款”、“应付账款”等科目，贷记本科目（其他费用）；发生汇兑净损失时，借记本科目（其他费用），贷记“银行存款”、“应付账款”等科目。

（五）发生其他各项管理费用时，借记本科目（其他费用），贷记“库存现金”、“银行存款”、“库存物资”、“待摊费用”等科目。

（六）期末，将本科目余额转入本期结余，借记“本期结余”科目，贷记本科目。

四、期末结转后，本科目应无余额。

5302 其他支出

一、本科目核算医院本期发生的，无法归属到医疗业务成本、财政项目补助支出、科教项目支出、管理费用中的支出，包括培训支出，食堂提供服务发生的支出，出租固定资产的折旧费，营业税、城市维护建设税、教育费附加等税费，财产物资盘亏或毁损损失，捐赠支出，罚没支出等。

二、本科目应当按照其他支出的种类和项目设置明细账，进行明细核算。

三、其他支出的主要账务处理如下：

（一）为出租固定资产计提的折旧额，按照财政补助、科教项目资金形成的金额部分，借记“待冲基金”科目，按照应提折旧额中的其余金额部分，借记本科目，按照应计提的折旧额，贷记“累计折旧”科目。

（二）盘亏、变质、毁损的财产物资，按照相关待处理财产损溢金额扣除可以收回的保险赔偿和过失人的赔偿等后的金额，借记本科目，按照已收回或应收回的保险赔偿和过失人赔偿等，借记“库存现金”、“银行存款”、“其他应收款”等科目，按照相关待处理财产损溢余额，贷记“待处理财产损溢”科目。

（三）发生营业税、城市维护建设税、教育费附加等纳税义务的，按照税法规定计算的应交税费金额，借记本科目、“固定资产清理”等科目，贷记“应交税费”科目。

（四）发生培训支出、食堂支出、捐赠支出、罚没支出等其他支出，借记本科目，贷记“银行存款”等科目。

（五）期末，将本科目余额转入本期结余，借记“本期结余”科目，贷记本科目。

四、期末结转后，本科目应无余额。

第四部分　会计报表格式

编号	会计报表名称	编制期
会医 01 表	资产负债表	月度、季度、年度
会医 02 表	收入费用总表	月度、季度、年度
会医 02 表附表 01	医疗收入费用明细表	月度、季度、年度
会医 03 表	现金流量表	年度
会医 04 表	财政补助收支情况表	年度

资产负债表

会医 01 表

编制单位：　　　　　　　　____年____月____日　　　　　　　　单位：元

资 产	期末余额	年初余额	负债和净资产	期末余额	年初余额
流动资产：			流动负债：		
货币资金			短期借款		
短期投资			应缴款项		
财政应返还额度			应付票据		
应收在院病人医疗款			应付账款		
应收医疗款			预收医疗款		
其他应收款			应付职工薪酬		
减：坏账准备			应付福利费		
预付账款			应付社会保障费		
存货			应交税费		
待摊费用			其他应付款		
一年内到期的长期债权投资			预提费用		
流动资产合计			一年内到期的长期负债		
非流动资产：			流动负债合计		
长期投资			非流动负债：		
固定资产			长期借款		
固定资产原价			长期应付款		
减：累计折旧			非流动负债合计		
在建工程			负债合计		
固定资产清理			净资产：		
无形资产			事业基金		
无形资产原价			专用基金		
减：累计摊销			待冲基金		
长期待摊费用			财政补助结转（余）		
待处理财产损溢			科教项目结转（余）		
非流动资产合计			本期结余		
			未弥补亏损		
			净资产合计		
资产总计			负债和净资产总计		

收入费用总表

会医 02 表

编制单位：　　　　　　　　　　____年____月　　　　　　　　　　单位：元

项　目	本月数	本年累计数
一、医疗收入		
加：财政基本补助收入		
减：医疗业务成本		
减：管理费用		
二、医疗结余		
加：其他收入		
减：其他支出		
三、本期结余		
减：财政基本补助结转		
四、结转入结余分配		
加：年初未弥补亏损		
加：事业基金弥补亏损		
减：提取职工福利基金		
转入事业基金		
年末未弥补亏损		
五、本期财政项目补助结转（余）：		
财政项目补助收入		
减：财政项目补助支出		
六、本期科教项目结转（余）：		
科教项目收入		
减：科教项目支出		

医疗收入费用明细表

会医 02 表附表 01

编制单位：　　　　　　　　　　　　　＿＿年＿＿月　　　　　　　　　　　　单位：元

项　目	本月数	本年累计数	项　目	本月数	本年累计数
医疗收入			医疗成本		
1. 门诊收入			（一）按性质分类		
其中：挂号收入			1. 人员经费		
诊察收入			2. 卫生材料费		
检查收入			3. 药品费		
化验收入			4. 固定资产折旧费		
治疗收入			5. 无形资产摊销费		
手术收入			6. 提取医疗风险基金		
卫生材料收入			7. 其他费用		
药品收入			（二）按功能分类		
其中：西药收入			1. 医疗业务成本		
中草药收入			其中：临床服务成本		
中成药收入			医疗技术成本		
药事服务费收入			医疗辅助成本		
其他门诊收入			2. 管理费用		
2. 住院收入					
其中：床位收入					
诊察收入					
检查收入					
化验收入					
治疗收入					
手术收入					
护理收入					
卫生材料收入					
药品收入					
其中：西药收入					
中草药收入					
中成药收入					
药事服务费收入					
其他住院收入					

现金流量表

会医 03 表

编制单位：　　　　　　　　　______年度　　　　　　　　单位：元

项　目	行次	金额
一、业务活动产生的现金流量：		
开展医疗服务活动收到的现金		
财政基本支出补助收到的现金		
财政非资本性项目补助收到的现金		
从事科教项目活动收到的除财政补助以外的现金		
收到的其他与业务活动有关的现金		
现金流入小计		
发生人员经费支付的现金		
购买药品支付的现金		
购买卫生材料支付的现金		
使用财政非资本性项目补助支付的现金		
使用科教项目收入支付的现金		
支付的其他与业务活动有关的现金		
现金流出小计		
业务活动产生的现金流量净额		
二、投资活动产生的现金流量：		
收回投资所收到的现金		
取得投资收益所收到的现金		
处置固定资产、无形资产收回的现金净额		
收到的其他与投资活动有关的现金		
现金流入小计		
购建固定资产、无形资产支付的现金		
对外投资支付的现金		
上缴处置固定资产、无形资产收回现金净额支付的现金		
支付的其他与投资活动有关的现金		
现金流出小计		
投资活动产生的现金流量净额		
三、筹资活动产生的现金流量：		
取得财政资本性项目补助收到的现金		
借款收到的现金		
收到的其他与筹资活动有关的现金		
现金流入小计		
偿还借款支付的现金		
偿付利息支付的现金		
支付的其他与筹资活动有关的现金		
现金流出小计		
筹资活动产生的现金流量净额		
四、汇率变动对现金的影响额		
五、现金净增加额		

财政补助收支情况表

会医 04 表

编制单位：　　　　　　　　______年度　　　　　　　　单位：元

项　目	结转本年数	——
一、上年结转		——
（一）财政补助结转		——
1. 基本支出结转		——
2. 项目支出结转		——
其中：医疗卫生项目		——
科学技术项目		——
教育项目		——
（二）财政补助结余		——
项　目	**本年数**	**上年数**
二、本年财政补助收入		
（一）基本支出		
（二）项目支出		
其中：医疗卫生项目		
科学技术项目		
教育项目		
三、本年财政补助支出		
（一）基本支出		
（二）项目支出		
其中：医疗卫生项目		
科学技术项目		
教育项目		
四、财政补助上缴		
（一）财政补助结转上缴		
（二）财政补助结余上缴		
项　目	**结转下年数**	——
五、结转下年		——
（一）财政补助结转		——
1. 基本支出结转		——
2. 项目支出结转		——
其中：医疗卫生项目		——
科学技术项目		——
教育项目		——
（二）财政补助结余		——

第五部分　会计报表编制说明

一、资产负债表编制说明

1．本表反映医院某一会计期末全部资产、负债和净资产的情况。

2．本表“年初余额”栏内各项数字，应当根据上年年末资产负债表“期末余额”栏内数字填列。如果本年度资产负债表规定的各个项目的名称和内容同上年度不相一致，应对上年年末资产负债表各项目的名称和数字按照本年度的规定进行调整，填入本表“年初余额”栏内。

3．本表“期末余额”栏内各项目的内容和填列方法：

（1）“货币资金”项目，反映医院期末库存现金、银行存款、零余额账户用款额度以及其他货币资金的合计数。本项目应当根据“库存现金”、“银行存款”、“零余额账户用款额度”、“其他货币资金”科目的期末余额合计填列。

（2）“短期投资”项目，反映医院期末持有的短期投资的成本金额。本项目应当根据“短期投资”科目的期末余额填列。

（3）“财政应返还额度”项目，反映医院期末财政应返还额度的金额。本项目应当根据“财政应返还额度”科目的期末余额填列。

（4）“应收在院病人医疗款”项目，反映医院期末应收在院病人医疗款的金额。本项目应当根据“应收在院病人医疗款”科目的期末余额填列。

（5）“应收医疗款”项目，反映医院期末应收医疗款的账面余额。本项目应当根据“应收医疗款”科目的期末余额填列。

（6）“其他应收款”项目，反映医院期末其他应收款的账面余额。本项目应当根据“其他应收款”科目的期末余额填列。

（7）“坏账准备”项目，反映医院期末对应收医疗款和其他应收款提取的坏账准备。本项目应当根据“坏账准备”科目的期末贷方余额填列；如果“坏账准备”科目期末为借方余额，则以“－”号填列。

（8）“预付账款”项目，反映医院预付给商品或者服务供应单位等的款项。本项目应当根据“预付账款”科目的期末余额填列。

（9）“存货”项目，反映医院在日常业务活动中持有已备出售给病人用于治疗，或者为了治疗出售仍处在加工（包括自制和委托外单位加工）

过程中的，或者将在提供医疗服务或日常管理中耗用的药品、卫生材料、低值易耗品和其他材料。本项目应当根据“库存物资”、“在加工物资”科目的期末余额合计填列。

(10)“待摊费用”项目，反映医院已经支出，但应当由本期和以后各期分别负担的分摊期在1年以内（含1年）的各项费用。本项目应当根据“待摊费用”科目的期末余额填列。

(11)“一年内到期的长期债权投资”项目，反映医院将在1年内（含1年）到期的长期债权投资。本项目应当根据“长期投资——债权投资”明细科目的期末余额中将在1年内（含1年）到期的长期债权投资余额分析填列。

(12)“流动资产合计”项目，按照“货币资金”、“短期投资”、“财政应返还额度”、“应收在院病人医疗款”、“应收医疗款”、“其他应收款”、“预付账款”、“存货”、“待摊费用”、“一年内到期的长期债权投资”项目金额的合计数减去“坏账准备”项目金额后的金额填列。

(13)“长期投资”项目，反映医院持有时间准备超过1年（不含1年）的各种股权性质的投资，以及在1年内（含1年）不能变现或不准备随时变现的债权性质的投资。本项目应当根据“长期投资”科目期末余额减去其中将于1年内（含1年）到期的长期债权投资余额后的金额填列。

(14)“固定资产”项目，反映医院各项固定资产的净值（账面价值）。本项目应当根据“固定资产”科目期末余额减去“累计折旧”科目期末余额后的金额填列。

本项目下，“固定资产原价”项目，反映医院各项固定资产的原价，根据“固定资产”科目期末余额填列；“累计折旧”项目，反映医院各项固定资产的累计折旧，根据“累计折旧”科目期末余额填列。

(15)“在建工程”项目，反映医院尚未完工交付使用的在建工程发生的实际成本。本项目应当根据“在建工程”科目的期末余额填列。

(16)“固定资产清理”项目，反映医院因出售、报废、毁损等原因转入清理但尚未清理完毕的固定资产的账面价值，以及固定资产清理过程中所发生的清理费用和清理收入等各项金额的差额。本项目应当根据“固定资产清理”科目的期末借方余额填列；如果“固定资产清理”科目期末为贷方余额，则以“-”号填列。

(17)“无形资产”项目，反映医院持有的各项无形资产的账面价值。本项目应当根据“无形资产”科目期末余额减去“累计摊销”科目期末余额后的金额填列。

本项目下，“无形资产原价”项目，反映医院持有的各项无形资产的账面余额，根据“无形资产”科目期末余额填列；“累计摊销”项目，反映医院各项无形资产已计提的累计摊销，根据“累计摊销”科目期末余额填列。

（18）“长期待摊费用”项目，反映医院已经支出但应由本期和以后各期负担的分摊期限在1年以上（不含1年）的各项费用。本项目应当根据“长期待摊费用”科目的期末余额填列。

（19）“待处理财产损溢”项目，反映医院期末尚未处理的各种财产的净损失或净溢余。本项目应当根据“待处理财产损溢”科目的期末借方余额填列；如果“待处理财产损溢”科目期末为贷方余额，则以“-”号填列。在编制年度资产负债表时，本项目金额一般应为“0”。

（20）“非流动资产合计”项目，按照“长期投资”、“固定资产”、“在建工程”、“固定资产清理”、“无形资产”、“长期待摊费用”、“待处理财产损溢”项目金额的合计数填列。

（21）“资产总计”项目，按照“流动资产合计”、“非流动资产合计”项目金额的合计数填列。

（22）“短期借款”项目，反映医院向银行或其他金融机构等借入的、尚未偿还的期限在1年以下（含1年）的各种借款。本项目应当根据“短期借款”科目的期末余额填列。

（23）“应缴款项”项目，反映医院按规定应缴入国库或应上缴行政主管部门的款项。本项目应当根据“应缴款项”科目的期末余额填列。

（24）“应付票据”项目，反映医院期末应付票据的金额。本项目应当根据“应付票据”科目的期末余额填列。

（25）“应付账款”科目，反映医院期末应付未付账款的金额。本项目应当根据“应付账款”科目的期末余额填列。

（26）“预收医疗款”项目，反映医院向住院病人、门诊病人等预收的医疗款项。本项目应当根据“预收医疗款”科目的期末余额填列。

（27）“应付职工薪酬”项目，反映医院按有关规定应付未付给职工的各种薪酬。本项目应当根据“应付职工薪酬”科目的期末余额填列。

（28）“应付福利费”项目，反映医院按有关规定提取、尚未支付的职工福利费金额。本项目应当根据“应付福利费”科目的期末余额填列。

（29）“应付社会保障费”项目，反映医院按有关规定应付未付给社会保障机构的各种社会保障费。本项目应当根据“应付社会保障费”科目的期末余额填列。

(30)“应交税费”项目，反映医院应交未交的各种税费。本项目应当根据“应交税费”科目的期末余额填列。

(31)“其他应付款”项目，反映医院期末其他应付款金额。本项目应当根据“其他应付款”科目的期末余额填列。

(32)“预提费用”项目，反映医院预先提取的已经发生但尚未实际支付的各项费用。本项目应当根据“预提费用”科目的期末余额填列。

(33)“一年内到期的长期负债”项目，反映医院承担的将于1年内（含1年）偿还的长期负债。本项目应当根据“长期借款”、“长期应付款”科目的期末余额中将在1年内（含1年）到期的金额分析填列。

(34)“流动负债合计”项目，按照“短期借款”、“应缴款项”、“应付票据”、“应付账款”、“预收医疗款”、“应付职工薪酬”、“应付福利费”、“应付社会保障费”、“应交税费”、“其他应付款”、“预提费用”、“一年内到期的长期负债”项目金额的合计数填列。

(35)“长期借款”项目，反映医院向银行或其他金融机构借入的期限在1年以上（不含1年）的各种借款本息。本项目应当根据“长期借款”科目的期末余额减去其中将于1年内（含1年）到期的长期借款余额后的金额填列。

(36)“长期应付款”项目，反映医院发生的偿还期限在1年以上（不含1年）的各种应付款项。本项目应当根据“长期应付款”科目的期末余额减去其中将于1年内（含1年）到期的长期应付款余额后的金额填列。

(37)“非流动负债合计”项目，按照“长期借款”、“长期应付款”项目金额的合计数填列。

(38)“负债合计”项目，按照“流动负债合计”、“非流动负债合计”项目金额的合计数填列。

(39)“事业基金”项目，反映医院拥有的非限定用途的净资产，主要包括滚存的结余资金和科教项目结余解除限定后转入的金额等。本项目应当根据“事业基金”科目的期末余额填列。

(40)“专用基金”项目，反映医院按规定设置、提取的具有专门用途的净资产。本项目应当根据“专用基金”科目的期末余额填列。

(41)“待冲基金”项目，反映医院使用财政补助、科教项目收入购建固定资产、无形资产或购买药品等物资所形成的，留待计提资产折旧、摊销或领用发出库存物资时予以冲减的基金。本项目应当根据“待冲基金”科目的期末余额填列。

(42)“财政补助结转（余）”项目，反映医院历年滚存的财政补助结转和结余资金，包括基本支出结转、项目支出结转和项目支出结余。本项目应当根据“财政补助结转（余）”科目的期末余额填列。

(43)“科教项目结转（余）”项目，反映医院尚未结项的非财政资助科研、教学项目累计所取得收入减去累计发生支出后的，留待下期按原用途继续使用的结转资金，以及医院已经结项但尚未解除限定的非财政科研、教学项目结余资金。本项目应当根据“科教项目结转（余）”科目的期末余额填列。

(44)“本期结余”项目，反映医院自年初至报告期末止除财政项目补助收支、科教项目收支以外的各项收入减去各项费用后的累计结余。本项目应当根据“本期结余”科目的期末贷方余额填列；“本期结余”科目期末为借方余额时，以“－”号填列。在编制年度资产负债表时，本项目金额应为“0”。

(45)“未弥补亏损”项目，反映医院累计未弥补的亏损。本项目应当根据“结余分配”科目的期末借方余额，以“－”号填列。

(46)“净资产合计”项目，按照“事业基金”、“专用基金”、“待冲基金”、“财政补助结转（余）”、“科教项目结转（余）”、“本期结余”、“未弥补亏损”项目金额的合计数填列。

(47)“负债和净资产总计”项目，按照“负债合计”、“净资产合计”项目金额的合计数填列。

二、收入费用总表编制说明

1. 本表反映医院在某一会计期间内全部收入、费用及结余的实际情况。

2. 本表“本月数”栏反映各收入、费用及结余项目的本月实际发生数。在编制年度收入费用总表时，应当将本栏改为“上年数”栏，反映各收入、费用及结余项目上一年度的实际发生数。如果本年度收入费用总表规定的各个项目的名称和内容同上年度不一致，应对上年度收入费用总表各项目的名称和数字按照本年度的规定进行调整，填入年度本表中的“上年数”栏。

本表“本年累计数”栏反映各项目自年初起至报告期末止的累计实际

发生数。

3．本表各项目的内容和填列方法：

（1）“医疗收入”项目，反映医院本期开展医疗服务活动取得的收入，包括门诊收入和住院收入。本项目应当根据“医疗收入”科目的贷方发生额减去借方发生额后的金额填列。

（2）“财政基本补助收入”项目，反映医院本期按部门预算隶属关系从同级财政部门取得的基本支出补助。本项目应当根据“财政补助收入——基本支出”明细科目的发生额填列。

（3）“医疗业务成本”项目，反映医院本期开展医疗活动及其辅助活动发生的各项费用。本项目应当根据“医疗业务成本”科目的发生额填列。

（4）“管理费用”项目，反映医院本期行政及后勤管理部门为组织、管理医疗、科研、教学业务活动所发生的各项费用，包括医院行政及后勤管理部门发生的人员经费、公用经费、资产折旧（摊销）费等费用，以及医院统一负担的离退休人员经费、坏账损失、银行借款利息支出、银行手续费支出、汇兑损益、聘请中介机构费、印花税、房产税、车船使用税等。本项目应当根据“管理费用”科目的借方发生额减去贷方发生额后的金额填列。

（5）“医疗结余”项目，反映医院本期医疗收入加上财政基本补助收入，再减去医疗业务成本、管理费用后的结余数额。本项目应根据本表中“医疗收入”项目金额加上“财政基本补助收入”项目金额，再减去“医疗业务成本”项目金额、“管理费用”项目金额后的金额填列；如为负数，以“－”号填列。

（6）“其他收入”项目，反映医院本期除医疗收入、财政补助收入、科教项目收入以外的其他收入总额。本项目应当根据“其他收入”科目的贷方发生额减去借方发生额后的金额填列。

（7）“其他支出”项目，反映医院本期发生的，无法归属到医疗业务成本、财政项目补助支出、科教项目支出、管理费用中的支出总额。本项目应当根据“其他支出”科目的发生额填列。

（8）“本期结余”项目，反映医院本期医疗结余加上其他收入，再减去其他支出后的结余数额。本项目可以根据本表“医疗结余”项目金额加上“其他收入”项目金额，再减去“其他支出”项目金额后的金额填列；如为负数，以“－”号填列。

（9）“财政基本补助结转”、“结转入结余分配”、“年初未弥补亏损”、

“事业基金弥补亏损”、“提取职工福利基金”、“转入事业基金”、“年末未弥补亏损”七个项目，只有在编制年度收入费用总表时才填列。在编制年度收入费用总表时，该七个项目的内容及“本年累计数”栏的填列方法如下：

“财政基本补助结转”项目，反映医院本年财政基本补助收入减去财政基本补助支出后，留待下年继续使用的结转资金数额。本项目可以根据“财政补助收入——基本支出”明细科目本年发生额减去“医疗业务成本”、“管理费用”科目下“财政基本补助支出”备查簿中登记的本年发生额合计后的金额填列。

“结转入结余分配”项目，反映医院当年本期结余减去财政基本补助结转金额后，结转入结余分配的金额。本项目可以根据本表“本期结余”项目金额减去“财政基本补助结转”项目金额后的金额填列；如为负数，以“-”号填列。

“年初未弥补亏损”项目，反映医院截至本年初累计未弥补的亏损。本项目应当根据“结余分配”科目的本年初借方余额，以“-”号填列。

“事业基金弥补亏损”项目，反映医院本年以事业基金弥补亏损的数额。本项目应当根据“结余分配——事业基金弥补亏损”明细科目的本年贷方发生额填列。

“提取职工福利基金”项目，反映医院本年提取职工福利基金的数额。本项目应当根据“结余分配——提取职工福利基金”明细科目的本年借方发生额填列。

“转入事业基金”项目，反映医院本年转入事业基金的未分配结余数额。本项目应当根据“结余分配——转入事业基金”明细科目的本年借方发生额填列。

“年末未弥补亏损”项目，反映医院截至本年末止累计未弥补的亏损。本项目可以根据“结余分配”科目的本年末借方余额，以“-”号填列。

（10）“本期财政项目补助结转（余）”项目，反映医院本期取得的财政项目补助收入减去本期发生的财政项目补助支出后的数额。本项目应当根据“财政补助收入——项目支出”明细科目本期发生额减去“财政项目补助支出”科目的本期发生额后的金额填列。

本项目下：

“财政项目补助收入”项目，反映医院本期取得的财政项目补助收入。本项目应当根据“财政补助收入——项目支出”科目的本期发生额填列。

“财政项目补助支出”项目，反映医院本期发生的财政项目补助支出。本项目应当根据“财政项目补助支出”科目的本期发生额填列。

(11)“本期科教项目结转（余）”项目，反映医院本期取得的非财政科教项目收入减去本期发生的非财政科教项目支出后的数额。本项目应当根据“科教项目收入”科目本期发生额减去“科教项目支出”科目本期发生额后的金额填列。

本项目下：

“科教项目收入”项目，反映医院本期取得的非财政科教项目收入。本项目应当根据“科教项目收入”科目的本期发生额填列。

“科教项目支出”项目，反映医院本期发生的非财政科教项目支出。本项目应当根据“科教项目支出”科目的本期发生额填列。

三、医疗收入费用明细表编制说明

1．本表反映医院在某一会计期间内医疗收入、医疗成本及其所属明细项目的实际情况。

2．本表“本月数”栏反映医疗收入、医疗成本及其所属明细项目的本月实际发生数；在编制年度医疗收入费用明细表时，应当将本栏改为“上年数”栏，反映医疗收入、医疗成本及其所属明细项目上一年度的实际发生数。如果本年度医疗收入费用明细表规定的各个项目的名称和内容同上年度不一致，应对上年度医疗收入费用明细表各项目的名称和数字按照本年度的规定进行调整，填入年度本表中的“上年数”栏。

本表“本年累计数”栏反映各项目自年初起至报告期末止的累计实际发生数。

3．本表各项目的填列方法：

(1)“医疗收入”项目及其所属“门诊收入”、“住院收入”项目，应当根据“医疗收入”科目及其所属“门诊收入”、“住院收入”明细科目的本期贷方发生额减去借方发生额后的金额填列。

“门诊收入”项目所属各明细项目的填列金额应按以下公式计算确定：

本期“门诊收入”项目下某具体收入项目（如“挂号收入”）的填列金额 = “医疗收入——门诊收入”一级明细科目本期贷方发生额减去借方发生额后的金额 × 该一级明细科目所属该具体收入类二级明细科目本期发生额占该一级明细科目所属全部收入类二级明细科目本期发生额总额的比例

本期“住院收入”项目下某具体收入项目（如“床位收入”）的填列金额 = “医疗收入——住院收入”一级明细科目本期贷方发生额减去借方发生额后的金额 × 该一级明细科目所属该具体收入类二级明细科目本期发生额占该一级明细科目所属全部收入类二级明细科目本期发生额总额的比例

（2）“医疗成本”项目，应当根据“医疗业务成本”科目和“管理费用”科目本期发生额合计填列。

本项目下：

“按性质分类”下各明细项目，应当根据“医疗业务成本”和“管理费用”科目各所属对应一级明细科目本期发生额合计填列。

“按功能分类”下各明细项目，应当根据“医疗业务成本”科目及其所属明细科目、“管理费用”科目的本期发生额分析填列。其中：“临床服务成本”指医院临床服务类科室发生的直接成本合计数；“医疗技术成本”指医院医疗技术类科室发生的直接成本合计数；“医疗辅助成本”指医院医疗辅助类科室发生的直接成本合计数。

四、现金流量表编制说明

（一）本表反映医院在某一会计年度内现金流入和流出的信息。

（二）本表所指的现金，是指医院的库存现金以及可以随时用于支付的存款，包括库存现金、可以随时用于支付的银行存款、零余额账户用款额度和其他货币资金。

（三）现金流量表应当按照业务活动产生的现金流量、投资活动产生的现金流量和筹资活动产生的现金流量分别反映。本表所指的现金流量，是指现金的流入和流出。

（四）医院应当采用直接法编制业务活动产生的现金流量。

（五）本表各项目的填列方法：

1．业务活动产生的现金流量

（1）“开展医疗服务活动收到的现金”项目，反映医院开展医疗活动取得的现金净额。本项目可以根据“库存现金”、“银行存款”、“应收在院病人医疗款”、“应收医疗款”、“预收医疗款”、“医疗收入”等科目的记录分析填列。

（2）“财政基本支出补助收到的现金”项目，反映医院接受财政基本支出补助取得的现金。本项目可以根据“零余额账户用款额度”、“财政补助收入”等科目及其所属明细科目的记录分析填列。

（3）“财政非资本性项目补助收到的现金”项目，反映医院接受财政除用于购建固定资产、无形资产以外的项目补助取得的现金。本项目可以根据“银行存款”、“零余额账户用款额度”、“财政补助收入”等科目及其所属明细科目的记录分析填列。

（4）“从事科教项目活动收到的除财政补助以外的现金”项目，反映医院从事科研、教学项目活动取得的除财政补助以外的现金。本项目可以根据“库存现金”、“银行存款”、“科教项目收入”等科目的记录分析填列。

（5）“收到的其他与业务活动有关的现金”项目，反映医院收到的除以上项目之外的与业务活动有关的现金。本项目可以根据“库存现金”、“银行存款”、“其他应收款”、“其他收入”等科目的记录分析填列。

（6）“发生人员经费支付的现金”项目，反映医院为开展各项业务活动发生人员经费支付的现金。本项目可以根据“库存现金”、“银行存款”、“医疗业务成本”、“管理费用”、“应付职工薪酬”、“应付福利费”、“应付社会保障费”等科目的记录分析填列。

（7）“购买药品支付的现金”项目，反映医院购买药品而支付的现金。本项目可以根据“库存现金”、“银行存款”、“应付账款”、“应付票据”、“预付账款”、“医疗业务成本”、“库存物资”等科目的记录分析填列。

（8）“购买卫生材料支付的现金”项目，反映医院购买卫生材料支付的现金。本项目可以根据“库存现金”、“银行存款”、“应付账款”、“应付票据”、“预付账款”、“医疗业务成本”、“库存物资”等科目的记录分析填列。

（9）“使用财政非资本性项目补助支付的现金”项目，反映医院使用除用于购建固定资产、无形资产外的财政项目补助资金发生支出所支付的现金。本项目可以根据“银行存款”、“零余额账户用款额度”、“财政项目补助支出”等科目的记录分析填列。

（10）“使用科教项目收入支付的现金”项目，反映医院使用非财政科研、教学项目收入支付的现金；不包括使用非财政科教项目收入购建固定资产、无形资产所支付的现金。使用非财政科教项目收入购建固定资产、无形资产所支付的现金，在“购建固定资产、无形资产支付的现金”项目反映。本项目可以根据“库存现金”、“银行存款”、“科教项目支出”等科目的记录分析填列。

（11）“支付的其他与业务活动有关的现金”项目，反映医院除上述项目之外支付的与业务活动有关的现金。本项目可以根据“库存现金”、“银行存款”、“其他应付款”、“管理费用”、“其他支出”等科目的记录分析填列。

(12)“业务活动产生的现金流量净额”项目，按照“业务活动产生的现金流量”项下“现金流入小计”项目金额减去“现金流出小计”项目金额后的金额填列；如为负数，以“－”号填列。

2. 投资活动产生的现金流量

(1)“收回投资所收到的现金”项目，反映医院出售、转让或者到期收回长期投资而收到的现金；不包括长期投资收回的利润、利息，以及收回的非现金资产。本项目可以根据“库存现金”、“银行存款”、“长期投资”等科目的记录分析填列。

(2)“取得投资收益所收到的现金”项目，反映医院因对外投资而从被投资单位分回利润收到的现金以及取得的现金利息。本项目可以根据“库存现金”、“银行存款”、“其他应收款”、“其他收入——投资收益”等科目的记录分析填列。

(3)“处置固定资产、无形资产收回的现金净额”项目，反映医院处置固定资产和无形资产所取得的现金，减去为处置这些资产而支付的有关费用之后的净额。由于自然灾害所造成的固定资产等长期资产损失而收到的保险赔款收入，也在本项目反映。本项目可以根据“库存现金”、“银行存款”、“固定资产清理”等科目的记录分析填列。

(4)“收到的其他与投资活动有关的现金”项目，反映医院除上述项目之外收到的与投资活动有关的现金。其他现金流入如果金额较大的，应当单列项目反映。本项目可以根据“库存现金”、“银行存款”等有关科目的记录分析填列。

(5)“购建固定资产、无形资产支付的现金”项目，反映医院购买和建造固定资产，取得无形资产所支付的现金；不包括为购建固定资产而发生的借款利息资本化的部分、融资租入固定资产支付的租赁费。借款利息和融资租入固定资产支付的租赁费，在筹资活动产生的现金流量中反映。本项目可以根据“库存现金”、“银行存款”、“固定资产”、“无形资产”、“在建工程”等科目的记录分析填列。

(6)“对外投资支付的现金”项目，反映医院进行对外投资所支付的现金，包括取得长期股权投资和长期债权投资所支付的现金，以及支付的佣金、手续费等附加费用。本项目可以根据“库存现金”、“银行存款”、

“长期投资”等科目的记录分析填列。

(7)“上缴处置固定资产、无形资产收回现金净额支付的现金”项目，反映医院将处置固定资产、无形资产所收回的现金净额予以上缴所支付的现金。本项目可以根据“库存现金”、“银行存款”、“应缴款项”等科目的记录分析填列。

(8)“支付的其他与投资活动有关的现金”项目，反映医院除上述项目之外支付的与投资活动有关的现金。如果其他现金流出金额较大的，应当单列项目反映。本项目可以根据“库存现金”、“银行存款”等有关科目的记录分析填列。

(9)“投资活动产生的现金流量净额”项目，按照“投资活动产生的现金流量”项下“现金流入小计”项目金额减去“现金流出小计”项目金额后的金额填列；如为负数，以“-”号填列。

3. 筹资活动产生的现金流量

(1)“取得财政资本性项目补助收到的现金”项目，反映医院接受用于购建固定资产、无形资产的财政项目补助取得的现金。本项目可以根据“银行存款”、“零余额账户用款额度”、“财政补助收入”等科目及其所属明细科目的记录分析填列。

(2)“借款收到的现金”项目，反映医院举借各种短期、长期借款所收到的现金。本项目可以根据“库存现金”、“银行存款”、“短期借款”、“长期借款”等科目的记录分析填列。

(3)“收到的其他与筹资活动有关的现金”项目，反映医院除上述项目之外收到的与筹资活动有关的现金。如果其他现金流入金额较大的，应当单列项目反映。本项目可以根据“库存现金”、“银行存款”等有关科目的记录分析填列。

(4)“偿还借款支付的现金”项目，反映医院偿还债务本金所支付的现金。本项目可以根据“库存现金”、“银行存款”、“短期借款”、“长期借款”等科目的记录分析填列。

(5)“偿付利息支付的现金”项目，反映医院实际支付的借款利息等。本项目可以根据“库存现金”、“银行存款”、“长期借款”、“管理费用”、“预提费用”等科目的记录分析填列。

(6)“支付的其他与筹资活动有关的现金”项目，反映医院除上述项目之外支付的与筹资活动有关的现金，如融资租入固定资产所支付的租赁费。本项目可以根据“库存现金”、“银行存款”、“长期应付款”等有关科目的记录分析填列。

（7）“筹资活动产生的现金流量净额”项目，按照“筹资活动产生的现金流量”项下“现金流入小计”项目金额减去“现金流出小计”项目金额后的金额填列；如为负数，以“－”号填列。

4．“汇率变动对现金的影响额”项目，反映医院外币现金流量折算为人民币时，所采用的现金流量发生日的汇率或期初汇率折算的人民币金额与本表“现金净增加额”中外币现金净增加额按期末汇率折算的人民币金额之间的差额。

5．“现金净增加额”项目，反映医院本年度现金变动的金额。本项目应当根据本表“业务活动产生的现金流量净额”、“投资活动产生的现金流量净额”、“筹资活动产生的现金流量净额”和“汇率变动对现金的影响额”项目的金额合计填列。

五、财政补助收支情况表编制说明

（一）本表反映医院某一会计年度内财政补助收支及其结转、结余情况。

（二）本表“上年结转”各项目的内容和填列方法：

“上年结转”项目及其所属各明细项目的“结转本年数”栏，反映医院上一年度结转至本年度使用的财政补助结转和结余资金数额。该栏各项目应根据上年度“财政补助收支情况表”中“结转下年”项目及其所属各明细项目的“结转下年数”栏的数字填列。

（三）本表“本年财政补助收入”各项目的内容和填列方法：

1．“本年财政补助收入”项目及其所属各明细项目的“本年数”栏，反映医院本年度确认的财政补助收入总额、基本支出补助总额、项目支出补助及所属各明细项目支出补助总额。该栏各项目应当根据“财政补助收入”科目及其所属明细科目的本年发生额填列。

2．“本年财政补助收入”项目及其所属各明细项目的“上年数”栏，反映医院上一年度确认的财政补助收入总额、基本支出补助总额、项目支出补助及所属各明细项目支出补助总额。该栏各项目应当根据上一年度“财政补助收支情况表”中“本年财政补助收入”项目及其所属各明细项目的“本年数”栏的数字填列。

（四）本表“本年财政补助支出”各项目的内容和填列方法：

1．“本年财政补助支出”项目及其所属各明细项目的“本年数”栏，反映医院本年度发生的财政补助支出总额、财政补助基本支出总额、财政补助项目支出及其所属各明细项目支出总额。

该栏“本年财政补助支出”项目，应根据该项目所属“基本支出”和“项目支出”两个项目金额的合计数填列。

该栏“基本支出”项目，应当根据“医疗业务成本”、“管理费用”科目下“财政基本补助支出”备查簿登记的本年发生额合计填列。

该栏“项目支出”及其所属各明细项目，应当根据“财政项目补助支出”科目及其所属明细科目的本年发生额填列。

2. “本年财政补助支出”项目及其所属各明细项目的“上年数”栏，反映医院上一年度发生的财政补助支出总额、财政补助基本支出总额、财政补助项目支出及其所属各明细项目支出总额。该栏各项目应当根据上一年度“财政补助收支情况表”中“本年财政补助支出”项目及其所属各明细项目的“本年数”栏的数字填列。

（五）本表“财政补助上缴”各项目的内容和填列方法：

1. “财政补助上缴”项目的“本年数”栏，反映医院本年度按规定上缴的财政补助结转和结余金额。该项目应根据该项目所属“财政补助结转上缴”和“财政补助结余上缴”两个项目金额的合计数填列。

“财政补助上缴”项目的“上年数”栏，反映医院上一年度按规定上缴的财政补助结转和结余金额。该项目应根据上一年度“财政补助收支情况表”中“财政补助上缴”项目的“本年数”栏的数字填列。

2. “财政补助结转上缴”项目的“本年数”栏，反映医院本年度按规定上缴的财政补助结转金额。该项目应根据“财政补助结转（余）——财政补助结转”明细科目的借方发生额分析填列。

“财政补助结转上缴”项目的“上年数”栏，反映医院上一年度按规定上缴的财政补助结转金额。该项目应当根据上一年度“财政补助收支情况表”中“财政补助结转上缴”项目的“本年数”栏的数字填列。

3. “财政补助结余上缴”项目的“本年数”栏，反映医院本年度按规定上缴的财政补助结余金额。该项目应根据“财政补助结转（余）——财政补助结余”明细科目的借方发生额填列。

“财政补助结余上缴”项目的“上年数”栏，反映医院上一年度按规定上缴的财政补助结余金额。该项目应当根据上一年度“财政补助收支情况表”中“财政补助结余上缴”项目的“本年数”栏的数字填列。

（六）本表“结转下年”各项目的内容和填列方法：

1. “结转下年”项目，反映医院结转至下一年度使用的财政补助结转和结余资金数额。该项目应当根据该项目所属“财政补助结转”和“财政补助结余”两个项目金额的合计数填列。

2. “财政补助结转”项目，反映医院结转至下一年度使用的财政补助结转资金。该项目应当根据“财政补助结转（余）——财政补助结转”明细科目的年末余额填列。

“基本支出结转”项目，反映医院结转至下一年度使用的基本支出财政补助。该项目应当根据“财政补助结转（余）——财政补助结转（基本支出结转）”明细科目的年末余额填列。

“项目支出结转”项目，反映医院结转至下一年度使用的财政补助项目结转资金。该项目应当根据“财政补助结转（余）——财政补助结转（项目支出结转）”明细科目的年末余额填列。本项下所属各明细项目，应当根据“财政补助结转（余）——财政补助结转（项目支出结转）”明细科目所属明细科目的年末余额分析填列。

3. “财政补助结余”项目，反映医院结转至下一年度使用的财政补助项目结余资金。该项目应当根据“财政补助结转（余）——财政补助结余”科目的年末余额填列。

第六部分　成本报表参考格式

编　号	成本报表名称	编制期
成本医 01 表	医院各科室直接成本表	月度、年度
成本医 02 表	医院临床服务类科室全成本表	月度、年度
成本医 03 表	医院临床服务类科室全成本构成分析表	月度、年度

医院各科室直接成本表

成本医 01 表

编制单位：　　　　　　年　　　月　　　　　　　　单位：元

成本项目 科室名称	人员经费(1)	卫生材料费(2)	药品费(3)	固定资产折旧(4)	无形资产摊销(5)	提取医疗风险基金(6)	其他费用(7)	合计(8)=(1)+(2)+(3)+(4)+(5)+(6)+(7)
临床服务类科室 1 临床服务类科室 2 … 小计								
医疗技术类科室 1 医疗技术类科室 2 … 小计								
医疗辅助类科室 1 医疗辅助类科室 2 … 小计								
医疗业务成本合计								
管理费用								
本月总计								

说明：

1. 本表反映管理费用和医疗技术、辅助类科室成本分摊至临床服务类科室成本前各科室直接成本情况。

2. 医疗业务成本合计 = 临床服务类科室成本小计 + 医疗技术类科室成本小计 + 医疗辅助类科室成本小计

3. 本月总计 = 医疗业务成本合计 + 管理费用

医院临床服务类科室全成本表

成本医02表

编制单位：　　　　　　　　　　　　____年____月　　　　　　　　　　　　单位：元

成本项目 / 科室名称	人员经费(1)			卫生材料费(2)			药品费（3）			固定资产折旧（4）			无形资产摊销(5)			提取医疗风险基金(6)			其他费用(7)			合计 (8)=(1)+(2)+(3)+(4)+(5)+(6)+(7)		
	直接成本	间接成本	全成本	直接成本	间接成本	全成本	直接成本	间接成本	全成本	直接成本	间接成本	全成本	直接成本	间接成本	全成本	直接成本	间接成本	全成本	直接成本	间接成本	全成本	直接成本	间接成本	全成本
临床服务类科室1 临床服务类科室2 … 小计																								
科室全成本合计																								

说明：

1.本表反映医院根据《医院财务制度》规定的原则和程序，将管理费用、医疗辅助类科室直接成本、医疗技术类科室直接成本逐步分摊转移到临床服务类科室后，各临床服务类科室的全成本情况。即：临床服务类科室全成本包括科室直接成本和分摊转移的间接成本。

2.表中的“直接成本”反映间接成本分摊前各临床服务类科室发生的直接成本金额。

3.表中的“间接成本”反映将管理费用、医疗辅助类科室直接成本、医疗技术类科室直接成本按规定的原则和程序分摊转移至各临床服务类科室的间接成本金额。

医院临床服务类科室全成本构成分析表

成本医 03 表

编制单位：　　　　　　＿＿＿＿年＿＿＿＿月　　　　　　单位：元

科室名称 / 成本项目	内科		…	各临床服务类科室合计	
	金额	%		金额	%
人员经费 卫生材料费 药品费 固定资产折旧 无形资产摊销 提取医疗风险基金 其他费用		(##)		(＊＊)	
科室全成本合计		(100%)			(100%)
科室收入					
收入－成本					
床日成本					
诊次成本					

说明：

本表用于对医院临床服务类科室全成本要素及其结构进行分析与监测。“##”为某一临床服务类科室不同成本项目的构成比，用于分析各临床服务类科室的成本结构，确定各科室内部成本管理的重点成本项目。科室全成本包括临床服务类科室直接成本和分摊转移的间接成本。

例：人员经费%（##）=（某一临床服务类科室人员经费金额/该科室全成本合计）×100% 人员经费金额合计（＊＊）=各临床服务类科室人员经费之和

人员经费合计%=（各临床服务类科室人员经费之和/各临床服务类科室全成本合计）×100%

诊次和床日成本核算是以诊次、床日为核算对象，将科室成本进一步分摊到门急诊人次、住院床日中，计算出诊次成本、床日成本。

基层医疗卫生机构财务制度

JICENG YILIAO WEISHENG JIGOU CAIWU ZHIDU

关于印发《基层医疗卫生机构财务制度》的通知

财社［2010］307号

各省、自治区、直辖市、计划单列市财政厅（局）、卫生厅（局），新疆生产建设兵团财务局、卫生局：

为适应社会主义市场经济和医疗卫生事业发展的需要，加强基层医疗卫生机构财务管理和监督，规范其财务行为，提高资金使用效益，根据《事业单位财务规则》（财政部令第8号）和国家关于深化医药卫生体制改革相关文件及有关法律法规，结合基层医疗卫生机构特点，我们制定了《基层医疗卫生机构财务制度》，现印发给你们，请遵照执行。执行中发现问题，请及时向我们反馈。

附件：基层医疗卫生机构财务制度

财政部 卫生部

二〇一〇年十二月二十八日

第一章　总　则

第一条　为了适应社会主义市场经济和医疗卫生事业发展的需要，加强基层医疗卫生机构财务管理和监督，规范基层医疗卫生机构财务行为，提高资金使用效益，根据国家有关法律法规、《事业单位财务规则》（财政部令第8号）以及国家关于深化医药卫生体制改革的相关规定，结合基层医疗卫生机构特点制定本制度。

第二条　本制度适用于政府举办的独立核算的城市社区卫生服务中心（站）、乡镇卫生院等基层医疗卫生机构。

第三条　政府举办的基层医疗卫生机构（以下简称基层医疗卫生机构）是公益性事业单位，不以营利为目的。

第四条　基层医疗卫生机构财务管理的基本原则是：执行国家有关法律、法规和财务规章制度；坚持厉行节约、勤俭办事业的方针；正确处理社会效益和经济效益的关系，正确处理国家、单位和个人之间的利益关系，保持基层医疗卫生机构的公益性。

第五条　基层医疗卫生机构财务管理的主要任务是：科学合理编制预算，真实反映财务状况；依法取得收入，努力控制支出；建立健全财务管理制度，准确进行经济核算，实施绩效考评，提高资金使用效益；加强国有资产管理，合理配置和有效利用国有资产，维护国有资产权益；对经济活动进行财务控制和监督，定期进行财务分析，防范财务风险。

第六条　基层医疗卫生机构实行“统一领导、集中管理”的财务管理体制，财务活动在基层医疗卫生机构负责人领导下，由财务部门集中管理。

基层医疗卫生机构应根据工作需要，设置财务核算机构或人员；不具备设置条件的，可实行会计委托代理记账。

有条件的地区，可对基层医疗卫生机构实行财务集中核算，具体办法由地方根据实际情况确定。

第二章　单位预算管理

第七条　预算是指基层医疗卫生机构按照国家有关规定，根据事业发展计划和任务编制的年度财务收支计划。

基层医疗卫生机构预算由收入预算和支出预算组成。基层医疗卫生机构所有收支应全部纳入预算管理。

第八条 政府对基层医疗卫生机构实行“核定任务、核定收支、绩效考核补助、超支不补、结余按规定使用”的预算管理办法。

政府在对基层医疗卫生机构严格界定服务功能，明确使用适宜设备、适宜技术和国家基本药物，核定任务和收支的基础上，采取定项定额或绩效考核等方式核定补助，具体项目和标准由地方财政部门会同主管部门根据政府卫生投入政策的有关规定确定。

有条件的地区可探索对基层医疗卫生机构实行收支两条线管理。

第九条 基层医疗卫生机构按照财政部门预算编制的要求，提出预算建议数，经主管部门审核汇总报财政部门核定。基层医疗卫生机构根据财政部门下达的预算控制数编制预算，由主管部门审核汇总报财政部门，财政部门按照规定程序审核批复。

第十条 基层医疗卫生机构编制收支预算必须坚持以收定支、收支平衡、统筹兼顾、保证重点的原则。不得编制赤字预算。

第十一条 经批复后的基层医疗卫生机构预算是保障其履行基本医疗卫生服务职能、衡量有关部门核定工作任务完成情况的重要依据。基层医疗卫生机构要严格执行预算。

财政部门核定的财政补助等资金预算及其他项目预算执行中一般不予调整；如果国家有关政策或事业计划有较大调整，对预算执行影响较大，确需调整时，要按照规定程序提出调整预算建议，经主管部门审核后报财政部门按规定程序予以调整。

第十二条 年度终了，基层医疗卫生机构应按照财政部门决算编审要求，真实、完整、准确、及时编制决算。

基层医疗卫生机构年度决算由主管部门汇总报财政部门审核批复。对财政部门批复调整的事项，基层医疗卫生机构应及时调整。

第十三条 基层医疗卫生机构应当按照财政部门和主管部门的规定实施绩效考核，并按要求报送绩效考核报告。

主管部门每年都要结合核定工作任务完成情况，对基层医疗卫生机构的预算收支执行情况进行绩效考核，分析和评价预算执行效果，并将绩效考核结果作为年终评比考核、实行奖惩的重要依据，财政部门将绩效考核结果作为财政补助预算安排和结算的重要依据。

主管部门和财政部门应及时分析基层医疗卫生机构实际收支与财政核定的收支预算之间的差额及其变动原因，对不合理的超收或少支，应用于抵顶下一年度预算中的财政补助收入；对不合理的欠收或超支，应按本制度的有关规定处理，并追究相关责任人的责任。

第十四条 实行财务集中管理的基层医疗卫生机构，应由财务集中核算机构会同基层医疗卫生机构编报预算决算。

第三章 收入管理

第十五条 收入是指基层医疗卫生机构开展医疗卫生服务及其他活动依法取得的非偿还性资金。

第十六条 基层医疗卫生机构收入包括医疗收入、财政补助收入、上级补助收入和其他收入。

（一）医疗收入，即基层医疗卫生机构在开展医疗卫生服务活动中取得的收入，包括门诊收入、住院收入。

1. 门诊收入是指为门诊病人提供医疗服务所取得的收入，包括挂号收入、诊察收入、检查收入、化验收入、治疗收入、手术收入、卫生材料收入、药品收入、一般诊疗费收入和其他门诊收入等。

2. 住院收入是指为住院病人提供医疗服务所取得的收入，包括床位收入、诊察收入、检查收入、化验收入、治疗收入、手术收入、护理收入、卫生材料收入、药品收入、一般诊疗费收入和其他住院收入等。

（二）财政补助收入，即基层医疗卫生机构从财政部门取得的基本建设补助收入、设备购置补助收入、人员经费补助收入、公共卫生服务补助收入等。

（三）上级补助收入，即基层医疗卫生机构从主管部门和上级单位等取得的非财政补助收入。

（四）其他收入，即上述规定范围以外的各项收入，包括社会捐赠、利息收入等。

第十七条 医疗收入依据政府确定的付费方式和付费标准确认。

第十八条 基层医疗卫生机构要严格执行国家物价政策，建立健全各项收费管理制度。

基层医疗卫生机构门诊、住院收费必须使用省（自治区、直辖市）财政部门统一监制的收费票据，并切实加强管理，严禁使用虚假票据。

第十九条 医疗收入原则上当日发生当日入账，并及时结算。严禁隐瞒、截留、挤占和挪用。现金收入不得坐支。

第四章 支出管理

第二十条 支出是指基层医疗卫生机构开展医疗卫生服务及其他活动发生的资金耗费和损失。

第二十一条 基层医疗卫生机构支出包括医疗卫生支出、财政基建设备补助支出、其他支出和待摊费用：

（一）医疗卫生支出，即基层医疗卫生机构在开展基本医疗服务和公共卫生服务活动中发生的支出，包括医疗支出和公共卫生支出。

1. 医疗支出是指基层医疗卫生机构在开展基本医疗服务活动中发生的支出，包括人员经费、耗用的药品及材料成本、维修费、其他公用经费等。

其中，人员经费包括基本工资、绩效工资、社会保障缴费、离退休费、住房公积金等。其他公用经费包括办公费、印刷费、水费、电费、邮电费、取暖费、物业管理费、差旅费、会议费、培训费等。

2. 公共卫生支出是指基层医疗卫生机构在开展公共卫生服务活动中发生的支出，包括人员经费、耗用的药品及材料成本、维修费、其他公用经费等。

其中，人员经费包括基本工资、绩效工资、社会保障缴费、离退休费、住房公积金等。其他公用经费包括办公费、印刷费、水费、电费、邮电费、取暖费、物业管理费、差旅费、会议费、培训费等。

（二）财政基建设备补助支出，即基层医疗卫生机构利用财政补助收入安排的基本建设支出和设备购置支出。

（三）其他支出，即医疗卫生支出、财政基建设备补助支出以外的支出，包括罚没支出、捐赠支出、财产物资盘亏损失等。

（四）待摊费用，即基层医疗卫生机构为组织、管理医疗活动等所发生的需要摊销的各项费用。期末将待摊费用合理分摊到有关支出。

基本建设项目支出按国家有关规定执行。

第二十二条 基层医疗卫生机构从财政部门和主管部门取得的有指定项目和用途并且要求单独核算的专项资金，应当按照要求定期向财政部门或者主管部门报送专项资金使用情况；项目完成后，应当报送专项资金支出决算和使用效果的书面报告，接受财政部门或者主管部门的检查、验收。

第二十三条 基层医疗卫生机构的支出应当严格执行国家规定的开支范围及标准；国家没有统一规定的，由基层医疗卫生机构规定，报主管部门和财政部门备案。基层医疗卫生机构的规定违反法律和国家政策的，主管部门和财政部门应当责令其改正。

第二十四条 基层医疗卫生机构要加强对支出的管理，不得虚列虚报，不得以计划数和预算数代替。

第二十五条 基层医疗卫生机构应当严格执行政府采购和国家关于药品采购的有关规定。

第五章 收支结余管理

第二十六条 收支结余是指基层医疗卫生机构收入与支出相抵后的余额，包括业务收支结余和财政项目补助收支结转（余）。当期各类收支结余计算公式如下：

业务收支结余 = 医疗收入 + 财政基本支出补助收入 + 上级补助收入 + 其他收入 - 医疗卫生支出 - 其他支出

财政项目补助收支结转（余） = 财政项目支出补助收入 - 财政项目补助支出

第二十七条 基层医疗卫生机构应于年末将业务收支结余扣除限定用途结转下一年度继续使用的资金后，转入结余分配，年末结余为正数的，可按规定提取职工福利基金等专用基金，剩余部分转入事业基金；年末结余为负数的，不得进行分配，应由事业基金弥补，事业基金不足以弥补的，转入未弥补亏损。

国家另有规定的，从其规定。

第二十八条 基层医疗卫生机构应当加强结余资金的管理，按照国家规定正确计算和分配结余。结余资金应按规定纳入单位预算，在编制年度预算和执行中需追加预算时，按照财政部门的规定统筹安排使用。

第六章 资产管理

第二十九条 资产是指基层医疗卫生机构占有或者使用的能以货币计量的经济资源。包括流动资产、固定资产、无形资产等。

严格禁止基层医疗卫生机构对外投资。

第三十条 流动资产是指可以在一年以内（含一年）变现或者耗用的

资产，包括货币资金、应收及预付款项、存货等。

基层医疗卫生机构应当遵守国家有关规定，建立健全货币资金管理制度。应收及预付款项应当及时清理结算，不得长期挂账。对期限超过3年以上，确认无法收回的，要查明原因，分清责任，按规定程序报经批准后核销。

存货是指基层医疗卫生机构为开展业务活动及其他活动储存的低值易耗品、卫生材料、药品和其他材料等。

对存货应当进行定期或者不定期的清查盘点，保证账实相符。对于盘盈、盘亏、变质、毁损等情况，应当及时查明原因，根据管理权限报经批准后及时进行处理。

低值易耗品实物管理采取“定量配置、以旧换新”等管理办法，并建立辅助明细账，对各类物资进行数量、金额管理。低值易耗品报废收回的残余价值，按照国有资产管理有关规定处理。

基层医疗卫生机构自制药品、材料按成本价入库，并建立健全管理制度。

第三十一条 固定资产是指单位价值在1 000元及以上（其中：专用设备单位价值在1 500元及以上）、使用期限在一年以上（不含一年），并在使用过程中基本保持原有物质形态的资产。单位价值虽未达到规定标准，但耐用时间在一年以上（不含一年）的大批同类物资，应作为固定资产管理。

基层医疗卫生机构固定资产分为四类：房屋及建筑物、专业设备、一般设备和其他固定资产。固定资产按实际成本计价。基层医疗卫生机构应结合本单位的具体情况，制定各类固定资产的明细目录。

大型医疗设备等固定资产的购建和租赁，要符合区域卫生规划，经过科学论证，并按国家有关规定报经主管部门会同发展改革部门、财政部门批准。

基层医疗卫生机构应当提高资产使用效率，建立资产共享、共用制度。

第三十二条 在建工程是指基层医疗卫生机构已经发生必要支出，但按规定尚未达到交付使用状态的建设工程。

基层医疗卫生机构除按本制度执行外，还应按国家有关规定，单独建账、单独核算，严格控制工程成本，做好工程概、预算管理，工程完工后应尽快办理工程结算和竣工财务决算，并及时办理资产交付使用手续。

第三十三条 与固定资产有关的更新改造等后续支出，符合固定资产确认条件的，应当记入固定资产；与固定资产有关的修理费用等后续支出，不符合固定资产确认条件的，应当记入当期支出。

第三十四条 基层医疗卫生机构应当对固定资产进行实地盘点。对盘盈、盘亏的固定资产，应当及时查明原因，并根据规定的管理权限，报经批准后及时进行处理。固定资产管理部门要定期与财务部门核对，做到账账相符、账实相符。

第三十五条 无形资产是指不具有实物形态而能为基层医疗卫生机构提供某种权利的资产。包括土地使用权、基层医疗卫生机构购入的单独计价的应用软件及其他财产权利等。

购入的无形资产，按照实际支付的价款计价。

第三十六条 基层医疗卫生机构出售、转让、报废固定资产或者发生固定资产毁损时，应当按照国有资产管理规定处理。

转让无形资产应按有关规定进行资产评估。

第七章　负债管理

第三十七条 负债是指基层医疗卫生机构所承担的能以货币计量、需要以资产或劳务偿还的债务。包括应付账款、预收医疗款、应缴款项、应交税费、应付职工薪酬和应付社会保障费等。

第三十八条 基层医疗卫生机构应当对不同性质的负债分别管理，及时清理并按照规定办理结算，保证各项负债在规定期限内归还。

第三十九条 基层医疗卫生机构不得借入偿还期在一年以上（不含一年）的长期借款，不得发生融资租赁行为。

第四十条 基层医疗卫生机构应加强病人预交金管理。预交金额度应根据病人病情和治疗的需要合理确定。

第八章　净资产管理

第四十一条 净资产是指基层医疗卫生机构资产减去负债后的余额。

第四十二条 净资产包括固定基金、事业基金、专用基金、财政补助结转（余）和未弥补亏损。

（一）固定基金，即基层医疗卫生机构固定资产、在建工程、无形资产形成的资金占用。

（二）事业基金，即基层医疗卫生机构按规定设置的用于弥补亏损的净资产。包括从结余分配转入资金（不包括财政基本支出补助收入）、资产评估增值等。

基层医疗卫生机构应加强对事业基金管理，统筹安排，合理使用。如事业基金滚存较多，在编制预算时应安排一定数量的事业基金。

（三）专用基金，即基层医疗卫生机构按照规定提取、设置的有专门用途的资金。主要包括医疗风险基金、职工福利基金、奖励基金和其他专用基金等。

医疗风险基金是指从医疗卫生支出中计提、专门用于支付基层医疗卫生机构购买医疗风险保险发生的支出或实际发生的医疗事故赔偿的资金。提取的医疗风险基金不得超过当年医疗收入的1%。具体比例可由各省（自治区、直辖市）财政部门会同主管部门根据当地实际情况制定。

职工福利基金是指按业务收支结余的一定比例提取、专门用于职工集体福利设施、集体福利待遇的资金。

基层医疗卫生机构应加强对职工福利基金和医疗风险基金的管理，统筹安排，合理使用。对于职工福利基金和医疗风险基金滚存较多的基层医疗卫生机构，可以适当降低提取比例或者暂停提取。

奖励基金是指执行核定收支等预算管理方式的基层医疗卫生机构，在年度终了对核定任务完成情况进行绩效考核合格后，可按照业务收支结余的一定比例提取的基金，由基层医疗卫生机构结合绩效工资的实施用于职工绩效考核奖励。

其他专用基金是指按照有关规定提取、设置的其他专用资金。

各项基金的提取比例和管理办法，国家有统一规定的，按照统一规定执行；没有统一规定的，由省（自治区、直辖市）主管部门会同同级财政部门确定。专用基金要专款专用，不得擅自改变用途。

（四）财政补助结转（余），即基层医疗卫生机构历年滚存的有限定用途的财政补助资金。

（五）未弥补亏损，即事业基金不足以弥补的亏损。

第九章　财务清算

第四十三条　基层医疗卫生机构发生划转、撤销、合并、分立时，应当进行财务清算。

第四十四条 基层医疗卫生机构财务清算，应当在主管部门和财政部门的监督指导下，对单位的财产、债权、债务等进行全面清理，编制财产目录和债权、债务清单，提出财产作价依据和债权、债务处理办法，做好国有资产的移交、接收、划转和管理工作，并妥善处理各项遗留问题。

第四十五条 基层医疗卫生机构财务清算结束后，经主管部门审核并报财政部门批准，分别按照下列办法处理：

（一）因隶属关系改变，成建制划转的基层医疗卫生机构，其全部资产、债权、债务等无偿移交，并相应划转财政补助经费指标。

（二）撤销的基层医疗卫生机构，全部资产、债权、债务等由主管部门和财政部门核准处理。

（三）合并的基层医疗卫生机构，全部资产、债权、债务等移交接收单位或新组建单位。合并后多余的国有资产由主管部门和财政部门核准处理。

（四）分立的基层医疗卫生机构，资产按照有关规定移交分立后的单位，并相应划转财政补助经费指标。

第十章　财务报告与分析

第四十六条 财务报告是反映基层医疗卫生机构一定时期财务状况和业务开展成果的总括性书面文件。

基层医疗卫生机构应当按月度、季度、年度向主管部门和财政部门报送财务报告。

第四十七条 基层医疗卫生机构报送的年度财务报告包括资产负债表、收入支出总表、业务收支明细表、财政补助收支明细表、基本建设收入支出表、净资产变动表、绩效考核表、有关附表、会计报表附注以及财务情况说明书。

第四十八条 财务情况说明书主要说明基层医疗卫生机构的业务开展情况、预算执行情况、财务收支状况、资产变动情况、基本建设情况、绩效考评情况、对本期或下期财务状况发生重大影响的事项、专项资金的使用情况以及其他需要说明的事项。

第四十九条 基层医疗卫生机构财务分析是财务管理工作的重要组成部分。基层医疗卫生机构应当按照财政部门和主管部门的规定和要求，根据单位财务管理的需要，定期编制财务分析报告。财务分析的内容包括基层医疗卫生机构事业发展和预算执行、资产使用管理、收入、支出和净资产变动以及财务管理情况、存在主要问题和改进措施等。

财务分析指标包括预算收支完成率、人员经费占医疗卫生支出的比率、公用经费占医疗卫生支出的比率、收支结余率、资产负债率、支出构成及次均费用等。

基层医疗卫生机构可以根据本单位特点增加财务分析指标。

第十一章 财务监督

第五十条 基层医疗卫生机构必须接受财政、审计和主管部门的财务监督，并建立严密的内部监督制度。

第五十一条 基层医疗卫生机构财务监督包括预算管理的监督、收支管理的监督、资产使用管理的监督等主要内容。采用事前监督、事中监督和事后监督等监督方式。

第五十二条 基层医疗卫生机构的财会人员有权按《中华人民共和国会计法》及其他有关法律法规行使财务监督权，对违反国家财经法规的行为，提出意见并向主管部门和其他有关部门反映。

第十二章 附 则

第五十三条 基层医疗卫生机构基本建设投资财务管理除按照本制度执行外，还应执行国家基本建设投资方面的财务管理制度。

第五十四条 各省（自治区、直辖市）财政部门和主管部门可依照本制度，结合本地实际情况，制定具体实施办法，并报财政部、卫生部备案。

第五十五条 本制度由财政部、卫生部负责解释。

第五十六条 企业事业组织、社会团体及其他社会组织举办的非营利性基层医疗卫生机构参照本制度执行。

第五十七条 本制度自2011年7月1日起执行。1998年11月17日财政部、卫生部发布的《医院财务制度》（财社字［1998］148号）同时废止。

医疗机构财会人员手册

基层医疗卫生机构会计制度

JICENG YILIAO WEISHENG JIGOU KUAIJI ZHIDU

关于印发《基层医疗卫生机构会计制度》的通知

财会［2010］26号

各省、自治区、直辖市、计划单列市财政厅（局），新疆生产建设兵团财务局：

为了适应社会主义市场经济和医疗卫生事业发展的需要，规范基层医疗卫生机构的会计核算，提高会计信息质量，促进基层医疗卫生机构加强财务管理，根据《中华人民共和国会计法》及国家有关法律法规的规定，结合基层医疗卫生机构特点，我们制定了《基层医疗卫生机构会计制度》，现印发给你们，请遵照执行。执行中有何问题，请及时反馈我部。

附件：基层医疗卫生机构会计制度

财政部

二〇一〇年十二月二十九日

第一部分　总说明

一、为了规范基层医疗卫生机构的会计核算，保证会计信息的真实、完整，根据《中华人民共和国会计法》、事业单位会计准则及国家有关法律法规的规定，制定本制度。

二、本制度适用于中华人民共和国境内由政府举办的独立核算的城市社区卫生服务中心（站）、乡镇卫生院等基层医疗卫生机构。

企业事业单位、社会团体及其他社会组织举办的非营利性基层医疗卫生机构参照执行。

三、基层医疗卫生机构应根据会计业务的需要，设置会计机构，或者在有关机构中设置会计人员并指定会计主管人员；不具备设置条件的，应委托经批准设立从事会计代理记账业务的中介机构代理记账。

有条件的地区，可对基层医疗卫生机构实行财务集中核算，具体办法由地方根据实际情况确定。

四、基层医疗卫生机构会计采用收付实现制基础。

基层医疗卫生机构会计要素包括资产、负债、净资产、收入和支出。

五、基层医疗卫生机构应按照下列规定运用会计科目：

（一）基层医疗卫生机构应按照本制度的规定，设置和使用会计科目。在不影响会计处理和编报会计报表的前提下，可以根据实际情况自行设置本制度规定之外的明细科目，不需用的科目可以不设置。

（二）本制度统一规定会计科目的编号，以便于编制会计凭证、登记账簿、查阅账目，实行会计信息化管理。基层医疗卫生机构不得随意打乱重编。

（三）基层医疗卫生机构在编制会计凭证、登记会计账簿时，应填列会计科目的名称，或者同时填列会计科目的名称和编号，不得只填列科目编号，不填列科目名称。

六、基层医疗卫生机构财务报告是反映基层医疗卫生机构某一特定日期的财务状况和某一会计期间的收支等情况的书面文件。基层医疗卫生机构应按照下列规定编制和提供财务报告：

（一）基层医疗卫生机构财务报告由会计报表、会计报表附注和财务情况说明书组成。

基层医疗卫生机构会计报表包括资产负债表、收入支出总表、净资产变动表以及业务收支明细表、财政补助收支明细表等有关附表。

基层医疗卫生机构会计报表附注至少应包括：重要会计政策、会计估计的说明，会计报表重要项目及其增减变动情况的说明，有助于理解和分析会计报表的需要说明的其他事项。

基层医疗卫生机构财务情况说明书应主要说明基层医疗卫生机构的业务开展情况、预算执行情况、财务收支状况、资产变动情况、基本建设情况及相关报表、绩效考评情况及相关报表、对本期或下期财务状况发生重大影响的事项、专项资金的使用情况以及其他需要说明的事项。

（二）基层医疗卫生机构财务报告分为月度、季度和年度财务报告。

（三）基层医疗卫生机构会计报表应根据登记完整、核对无误的账簿记录和其他有关资料编制，要做到数字真实、计算准确、内容完整、报送及时。

（四）基层医疗卫生机构对外提供的财务报告应由单位负责人和主管会计工作的负责人、会计机构负责人（会计主管人员）签名并盖章。

七、基层医疗卫生机构填制会计凭证、登记会计账簿、内部会计监督与控制、会计档案管理等相关会计基础工作，应按照会计基础工作规范和会计档案管理办法等规定执行。

八、基层医疗卫生机构对基本建设投资的会计核算除按照本制度执行外，还应按照国家有关规定单独建账、单独核算。

九、本制度由财政部负责解释。

十、本制度自 2011 年 7 月 1 日起施行。

第二部分　会计科目名称和编号

序号	编号	会计科目名称
一、资产类		
1	101	库存现金
2	102	银行存款
3	103	零余额账户用款额度
4	104	其他货币资金
5	111	财政应返还额度

续表

序号	编号	会计科目名称
	11101	财政直接支付
	11102	财政授权支付
6	112	应收医疗款
7	114	其他应收款
8	121	库存物资
9	123	待摊支出
10	131	固定资产
11	133	在建工程
12	141	无形资产
二、负债类		
13	201	借入款
14	202	待结算医疗款
15	203	应缴款项
16	206	应付账款
17	207	预收医疗款
18	208	应付职工薪酬
19	210	应付社会保障费
20	211	应交税费
21	221	其他应付款
三、净资产类		
22	301	固定基金
	30101	固定资产占用
	30102	在建工程占用
	30103	无形资产占用
23	302	事业基金
24	303	专用基金
25	304	本期结余
26	305	财政补助结转（余）
	30501	财政基本补助结转
	30502	财政项目补助结转（余）
27	306	其他限定用途结转（余）
28	308	结余分配
	30801	待分配结余

续表

序号	编号	会计科目名称
	30802	提取专用基金
	30803	事业基金弥补亏损
四、收入类		
29	401	医疗收入
	40101	门诊收入
	40102	住院收入
30	402	财政补助收入
31	403	上级补助收入
32	406	其他收入
五、支出类		
33	501	医疗卫生支出
	50101	医疗支出
	50102	公共卫生支出
34	502	财政基建设备补助支出
35	506	其他支出

第三部分　会计科目使用说明

一、资产类

101　库存现金

一、本科目核算基层医疗卫生机构的库存现金。

二、基层医疗卫生机构应严格按照国家有关现金管理的规定收支现金，并按照本制度的规定核算现金的各项收支业务。

三、库存现金的主要账务处理如下：

（一）从银行提取现金时，按照实际提取金额，借记本科目，贷记“银行存款”科目；将现金存入银行时，按照实际存入金额，借记“银行存款”科目，贷记本科目。

（二）从零余额账户中提取现金时，按照实际提取金额，借记本科目，贷记“零余额账户用款额度”科目。

（三）提供基本医疗和公共卫生服务等收到现金时，按照实际收到金额，借记本科目，贷记“待结算医疗款”、“医疗收入”等科目。

（四）垫付职工因出差等原因所需的现金，按照实际借出金额，借记“其他应收款”等科目，贷记本科目。结算时，按照实际收回金额，借记本科目，按照实际报销金额，借记“医疗支出”、“待摊支出”等科目，按照预借金额，贷记“其他应收款”科目。

四、基层医疗卫生机构应设置“现金日记账”，由出纳人员根据收付款凭证，按照业务发生顺序逐笔登记。每日终了，应计算当日的现金收入合计数、现金支出合计数和结余数，并将结余数与实际库存数核对，做到账款相符。

每日核对账款时发现现金溢余或短缺的，应及时查明原因并进行处理。如发现现金溢余，属于应付未付有关人员或单位的部分，借记本科目，贷记“其他应付款”科目；属于无法查明原因的部分，借记本科目，贷记“其他收入”科目。如发现现金短缺，属于应由过失人赔偿的部分，借记“其他应收款”科目，贷记本科目；属于无法查明原因的部分，借记“其他支出”科目，贷记本科目。

五、本科目期末借方余额，反映基层医疗卫生机构实际持有的库存现金。

102　银行存款

一、本科目核算基层医疗卫生机构存入银行等金融机构的各种存款。

基层医疗卫生机构的银行本票存款、银行汇票存款、信用卡存款等在“其他货币资金”科目核算，不在本科目核算。

二、基层医疗卫生机构应严格按照国家有关支付结算办法的规定办理银行存款收支业务，并按照本制度规定核算银行存款的各项收支业务。

三、银行存款的主要账务处理如下：

（一）将款项存入银行时，按照实际存入金额，借记本科目，贷记“库存现金”、“应收医疗款”、“医疗收入”等科目。

（二）提取和支出存款时，按照实际提取和支出金额，借记“库存现金”、“应付账款”、“医疗卫生支出”等科目，贷记本科目。

四、基层医疗卫生机构应按照开户银行、存款种类等设置“银行存款日记账”，由出纳人员根据收付款凭证，按照业务的发生顺序逐笔登记，每日终了结出余额。“银行存款日记账”应定期与“银行对账单”核对，至少每月核对一次。月度终了，账面余额与银行对账单余额之间如有差额，必须逐笔查明原因并进行处理，按照月度编制“银行存款余额调节表”，调节相符。

五、本科目期末借方余额，反映基层医疗卫生机构实际存放银行等金融机构的款项。

103 零余额账户用款额度

一、本科目核算实行国库集中支付的基层医疗卫生机构根据财政部门批复的用款计划收到的、尚未动用的零余额账户用款额度。

二、零余额账户用款额度的主要账务处理如下：

（一）在财政授权支付方式下，收到代理银行盖章的“授权支付到账通知书”时，按照其所列数额，借记本科目，贷记“财政补助收入”科目。

发生支出时，按照实际支出金额，借记“库存物资”、“医疗卫生支出”、“财政基建设备补助支出”等科目，贷记本科目。

（二）从零余额账户提取现金时，按照实际提取金额，借记“库存现金”科目，贷记本科目。

（三）年末，按照代理银行提供的对账单作注销额度时，借记“财政应返还额度——财政授权支付”科目，贷记本科目。下年初，按照代理银行提供的“额度恢复到账通知书”恢复额度时，借记本科目，贷记“财政应返还额度——财政授权支付”科目。

如本年度财政授权支付预算指标数大于零余额账户用款额度下达数，按照两者差额，借记“财政应返还额度——财政授权支付”科目，贷记“财政补助收入”科目。下年度收到财政部门批复的上年末未下达零余额账户用款额度时，按照批复额度，借记本科目，贷记“财政应返还额度——财政授权支付”科目。

三、本科目期末借方余额，反映基层医疗卫生机构尚未支用的零余额账户用款额度。本科目年末应无余额。

104 其他货币资金

一、本科目核算基层医疗卫生机构的银行本票存款、银行汇票存款、信用卡存款等各种其他货币资金。

二、本科目应设置“银行本票存款”、“银行汇票存款”和“信用卡存款”等一级明细科目，进行明细核算。

三、其他货币资金的主要账务处理如下：

（一）向银行办理银行本票存款、银行汇票存款、信用卡存款等业务时，按照实际存入金额，借记本科目，贷记“银行存款”等科目。

（二）使用银行本票存款、银行汇票存款、信用卡存款等其他货币资金支付库存物资等采购款项时，借记“库存物资”等科目，贷记本科目。

四、基层医疗卫生机构应加强对其他货币资金的管理，及时办理结算，对于逾期尚未办理结算的银行汇票、银行本票等，应按照规定及时转回。

五、本科目期末借方余额，反映基层医疗卫生机构实际持有的其他货币资金。

111　财政应返还额度

一、本科目核算实行国库集中支付的基层医疗卫生机构年终应收财政下年度返还的资金额度。

二、本科目应设置“财政直接支付”和“财政授权支付”一级明细科目，进行明细核算。

三、财政应返还额度的主要账务处理如下：

（一）财政直接支付年末结余资金的账务处理。

年末，根据本年度财政直接支付预算指标数与财政直接支付实际支出数的差额，借记本科目（财政直接支付），贷记“财政补助收入”科目。

下年度恢复财政直接支付额度后，发生实际支出时，借记“库存物资”、“医疗卫生支出”、“财政基建设备补助支出”等科目，贷记本科目（财政直接支付）。

（二）财政授权支付年末结余资金的账务处理。

年末，按照代理银行提供的对账单注销额度时，借记本科目（财政授权支付），贷记“零余额账户用款额度”科目。下年初，按照代理银行提供的额度恢复到账通知书恢复额度时，借记“零余额账户用款额度”科目，贷记本科目（财政授权支付）。

如本年度财政授权支付预算指标数大于零余额账户用款额度下达数，按照两者差额，借记本科目（财政授权支付），贷记“财政补助收入”科目。下年度收到财政部门批复的上年末未下达零余额账户用款额度时，按照批复额度，借记“零余额账户用款额度”科目，贷记本科目（财政授权支付）。

四、本科目期末借方余额，反映基层医疗卫生机构应收财政下年度返还的资金额度。

112 应收医疗款

一、本科目核算基层医疗卫生机构因提供基本医疗和公共卫生服务而应向门诊病人、住院病人收取的和与医疗保险机构结算的应收未收医疗款项。

二、本科目应设置“结算欠费”和“应收医疗保险金”一级明细科目。

“结算欠费”一级明细科目按照“门诊病人”和“住院病人”设置明细账，进行明细核算。

“应收医疗保险金”一级明细科目按照医疗保险机构设置明细账，进行明细核算。

三、应收医疗款的主要账务处理如下：

（一）与门诊病人结算医疗款时，应向门诊病人收取的部分，按照门诊病人实际支付或应付未付的医疗款金额，借记“库存现金”、本科目（结算欠费——门诊病人）等科目，应由医疗保险机构负担的部分，按照有关规定计算的应收医疗保险金额，借记本科目（应收医疗保险金），按照有关规定计算确定的门诊病人医疗款金额，贷记“医疗收入”科目（未实行“收支两条线”管理）或“待结算医疗款”科目（实行“收支两条线”管理）。

（二）与住院病人结算医疗款时，如住院病人应付医疗款金额大于其预交金额，按照预收住院病人医疗款金额，借记“预收医疗款”科目，按照实际补付或应付未付金额，借记“库存现金”、本科目（结算欠费——住院病人）等科目，按照有关规定计算的应由医疗保险机构负担的医疗保险金额，借记本科目（应收医疗保险金），按照有关规定计算确定的住院病人医疗款金额，贷记“医疗收入”科目（未实行“收支两条线”管理）或“待结算医疗款”科目（实行“收支两条线”管理）。

如住院病人应付医疗款金额小于其预交金额，按照预收住院病人医疗款金额，借记“预收医疗款”科目，按照有关规定计算的应由医疗保险机构负担的医疗保险金额，借记本科目（应收医疗保险金），按照退还给住院病人医疗款金额，贷记“库存现金”、“银行存款”等科目，按照有关规定计算确定的住院病人医疗款金额，贷记“医疗收入”科目（未实行“收支两条线”管理）或贷记“待结算医疗款”科目（实行“收支两条线”管理）。

（三）收到病人补交的结算欠费时，按照实际收到的金额，借记“库存现金”等科目，贷记本科目（结算欠费）。

（四）与医疗保险机构结算医疗款时，按照实际收到的医疗保险机构结算金额，借记“银行存款”等科目，贷记本科目（应收医疗保险金）。

如医疗保险机构预拨并需结算医疗保险金的，与医疗保险机构结算时，按照医疗保险机构预付金额，借记“预收医疗款”科目，按照医疗保险机构补付或退还医疗保险机构的金额，借记或贷记“银行存款”等科目，按照应收医疗保险机构的金额，贷记本科目（应收医疗保险金）。

（五）与医疗保险机构结算发生结算差额时，对于可由相关过失人赔偿的部分，按照实际赔偿金额，借记“库存现金”、“银行存款”等科目，贷记本科目（应收医疗保险金）；对于由相关过失人赔偿以外的部分，按照规定批准核销的金额，借记“其他支出”科目，贷记本科目（应收医疗保险金）。

四、基层医疗卫生机构应定期或者至少于每年年度终了，对应收医疗款进行全面检查。对于期限超过 3 年以上，确认无法收回的除医保结算差额以外的应收医疗款，应及时查明原因，并根据管理权限在报经批准后核销。核销时，借记“其他支出”科目，贷记本科目。基层医疗卫生机构应设置“坏账核销备查簿”，详细登记已核销应收医疗款坏账的债务人姓名、形成时间、金额、原因等相关信息。

如果已核销的应收医疗款在以后期间又收回的，应按照实际收回的金额，借记“银行存款”等科目，贷记“其他收入”等科目。

五、本科目期末借方余额，反映基层医疗卫生机构应收未收的医疗款项。

114　其他应收款

一、本科目核算基层医疗卫生机构除财政应返还额度、应收医疗款以外的其他各项应收、暂付款项，包括职工预借的差旅费、拨付的备用金、应向职工收取的各种垫付款项等。

二、本科目应按照其他应收款的项目分类以及不同的债务人设置明细账，进行明细核算。

三、其他应收款的主要账务处理如下：

（一）基层医疗卫生机构发生的其他各种应收、暂付款项等各项其他应收款，借记本科目，贷记“银行存款”、“库存现金”等科目；收回或转销各种款项时，借记“库存现金”、“银行存款”或相关支出科目，贷记本科目。

（二）实行定额备用金制度的基层医疗卫生机构，在领用备用金时，按照批准领用的金额，借记本科目（备用金），贷记“银行存款”等科目。定期向财会部门报销已使用的备用金并用现金补足备用金定额时，按照实际报销金额，借记有关支出科目，贷记“银行存款”等科目。

四、基层医疗卫生机构应定期或者至少于每年年度终了，对其他应收款进行全面检查。对于账龄超过 3 年以上，确认无法收回的其他应收款应及时查明原因，并根据管理权限报经批准后核销。核销时，借记“其他支出”科目，贷记本科目。基层医疗卫生机构应设置“坏账核销备查簿”，详细登记已核销其他应收款坏账的形成期限、金额、原因等相关信息。

如果已核销的其他应收款在以后期间又收回的，应按照实际收回的金额，借记“银行存款”科目，贷记“其他收入”等科目。

五、本科目期末借方余额，反映基层医疗卫生机构尚未收回的其他应收款。

121　库存物资

一、本科目核算基层医疗卫生机构为了开展基本医疗和公共卫生服务活动及其他活动储存的药品、卫生材料、低值易耗品和其他材料的实际成本。

二、本科目应按照库存物资的类别，如“药品”、“卫生材料”、“低值易耗品”和“其他材料”等设置一级明细科目，“药品”一级明细科目下应设置“药库”、“药房”两个二级明细科目，并按照西药、中成药、中草药进行明细核算。

本科目明细账下按照品名、规格设置数量金额明细账，库房应设置实物收、发、存数量明细账。

三、库存物资的主要账务处理如下：

（一）库存物资在取得时，应以其成本入账，具体如下：

1. 按照规定集中采购配送的库存物资，其成本按照通过集中采购确定的采购价格（包括配送费用，下同）确定，自行外购的库存物资成本按照实际采购价格及相关直接税费确定。外购或集中采购配送的物资验收入库时，按照确定的成本，借记本科目，贷记“银行存款”、“应付账款”、“零余额账户用款额度”等科目。

2. 接受捐赠的库存物资，其成本比照同类或类似物资的市场价格或有关凭据注明的金额确定。接受捐赠的物资验收入库时，按照确定的成本，借记本科目，贷记“其他收入”科目。

（二）库存物资在发出时，应根据实际情况采用个别计价法、先进先出法或者加权平均法确定发出物资的实际成本。计价方法一经确定，不得随意变更。

1. 开展基本医疗和公共卫生服务等业务活动领用库存物资时，按照其实际成本，借记“医疗卫生支出”、“待摊支出”等科目，贷记本科目。

低值易耗品应于内部领用时摊销，摊销方法可以采用一次摊销或五五摊销。

2. 药房从药库领取药品，按照领取药品的成本，借记本科目（药品——药房），贷记本科目（药品——药库）。药房结转已出售药品的成本时，按照其实际成本，借记“医疗卫生支出”等科目，贷记本科目（药品——药房）。

3. 因其他原因领用或发出库存物资，按照其实际成本，借记“待摊支出”等科目，贷记本科目。

四、基层医疗卫生机构的各种库存物资，应定期进行清查盘点，每年至少盘点一次。对于盘盈、盘亏以及变质、毁损的物资，应及时查明原因，根据管理权限报经批准后及时进行账务处理：

（一）盘盈的库存物资，比照同类或类似物资的市场价格确定的价值，借记本科目，贷记“其他收入”科目。

（二）盘亏、变质、毁损的库存物资，按照库存物资账面余额扣除保险赔偿和过失人赔偿等后的金额，借记“其他支出”科目，按照实际收回的保险赔偿和过失人赔偿等，借记“库存现金”、“银行存款”等科目，按照库存物资的账面余额，贷记“库存物资”科目。

五、本科目期末借方余额，反映基层医疗卫生机构库存物资的实际成本。

123　待摊支出

一、本科目核算基层医疗卫生机构为组织、管理基本医疗和公共卫生服务活动等日常发生且需要分摊至医疗支出和公共卫生支出的各项间接支出。

二、本科目应按照待摊支出的种类设置明细账，进行明细核算。

三、待摊支出的主要账务处理如下：

（一）无法直接确定归属于基本医疗或公共卫生服务的各项水、电、供暖、人员工资等待摊支出，在发生时按照实际支出金额，借记本科目，贷记“库存现金”、“银行存款”、“零余额账户用款额度”、“应付职工薪酬”等科目。

（二）期末，将本科目余额按照职工人数、场地面积等合理可行的分摊标准计算并分摊至医疗支出和公共卫生支出时，按照计算的分摊金额，借记“医疗卫生支出（医疗支出、公共卫生支出）”科目，贷记本科目。

四、本科目期末借方余额，反映基层医疗卫生机构尚未分摊的待摊支出余额。本科目年末应无余额。

131 固定资产

一、本科目核算基层医疗卫生机构固定资产的原价。

固定资产是指基层医疗卫生机构持有的预计使用年限超过 1 年、单位价值在 1 000 元以上（其中，专用设备单位价值在 1 500 元以上）的有形资产。单位价值虽未达到规定标准，但预计使用年限超过 1 年的大批同类物资，应作为固定资产管理。

二、基层医疗卫生机构固定资产主要包括房屋及建筑物、专用设备、一般设备和其他固定资产。

三、基层医疗卫生机构应设置“固定资产登记簿”和“固定资产卡片”，并按照固定资产类别、使用部门等设置明细账，进行明细核算。出租或出借的固定资产，应设置备查簿进行登记。经营租入或借入的固定资产，应设置备查簿进行登记，不在本科目核算。

四、固定资产的主要账务处理如下：

（一）固定资产的取得

1. 外购的固定资产，其成本包括实际支付的买价、相关税费以及使固定资产交付使用前所发生的可直接归属于该项资产的运输费、安装费等。

购入不需要安装的固定资产，借记本科目，贷记“固定基金——固定资产占用”科目；同时，借记“财政基建设备补助支出”、“待摊支出”等科目，贷记“银行存款”、“零余额账户用款额度”、“财政补助收入”等科目。

2. 通过在建工程转入的固定资产，其成本包括该项资产交付使用前所发生的全部必要支出。工程交付使用时，按照工程建造过程中发生的实际支出，借记本科目，贷记“在建工程”科目；同时，借记“固定基金——在建工程占用”科目，贷记“固定基金——固定资产占用”科目。

3. 无偿调入的固定资产，已经进行资产评估的，其成本按照评估值加上相关税费确定；未进行资产评估的，其成本按照在调出单位的原账面价值加上相关税费确定。

无偿调入不需安装的固定资产，按照确定的成本，借记本科目，贷记“固定基金——固定资产占用”科目；按照发生的相关税费，借记“待摊支出”等科目，贷记“银行存款”、“零余额账户用款额度”、“财政补助收入”等科目。

4. 接受捐赠的固定资产，其成本比照同类或类似物资的市场价格或有关凭据注明的金额加上相关税费确定。

接受捐赠的不需安装的固定资产，按照确定的成本，借记本科目，贷记“固定基金——固定资产占用”科目；按照发生的相关税费，借记“待摊支出”等科目，贷记“银行存款”等科目。

（二）与固定资产有关的更新改造等后续支出，应分别按照以下情况进行处理：

1. 为增加固定资产的使用效能或延长其使用寿命而发生的改建、扩建或大型修缮等后续支出，应计入固定资产账面价值，通过“在建工程”科目核算，完工交付使用时转入本科目。

2. 为了维护固定资产的正常使用而发生的修理费等后续支出，应计入当期支出，借记“待摊支出”等科目，贷记“银行存款”、“零余额账户用款额度”、“财政补助收入”等科目。

（三）固定资产以出售、报废、毁损、无偿调出、对外捐赠等方式进行处置时，应分别按照以下情况进行处理：

1. 出售、报废、毁损的固定资产，按照规定报经批准后，按照所处置固定资产的账面价值，借记“固定基金——固定资产占用”科目，贷记本科目。按照取得的价款或者变价收入扣减相关支出后的净额，借记“银行存款”科目，贷记“应缴款项”、“其他收入”科目。

2. 无偿调出、对外捐赠的固定资产，按照发出固定资产的账面价值，借记“固定基金——固定资产占用”科目，贷记本科目。

五、基层医疗卫生机构的固定资产应定期进行清查盘点，每年至少盘点一次。对于盘盈、盘亏的固定资产，应及时查明原因，按照规定报经批准后及时进行账务处理。盘盈的固定资产，应按照同类或类似资产市场价格确定的价值入账；盘亏的固定资产应按照其账面原值核销，对于其可以收回的保险赔偿和过失人赔偿等应记入“应缴款项”、“其他收入”科目。

（一）盘盈的固定资产，经上级主管部门批准同意后，按照同类或类似资产市场价格确定的价值，借记本科目，贷记“固定基金——固定资产占用”科目。

（二）盘亏的固定资产，按照规定报经批准后，借记“固定基金——固定资产占用”科目，贷记本科目，对于可以收回的保险赔偿和过失人赔偿等，在实际取得赔偿款时，借记“库存现金”、“银行存款”科目，贷记“应缴款项”、“其他收入”科目。

六、本科目期末借方余额，反映基层医疗卫生机构期末固定资产的账面余额。

133 在建工程

一、本科目核算基层医疗卫生机构的固定资产购建、改建、扩建、大型修缮及设备安装等工程发生的实际支出。

二、本科目应按照工程项目及施工单位等设置明细账，进行明细核算。

三、在建工程的主要账务处理如下：

（一）将固定资产转入改建、扩建或大型修缮时，应按照固定资产的账面价值，借记本科目（××工程），贷记“固定资产”科目；同时，借记“固定基金——固定资产占用”科目，贷记“固定基金——在建工程占用”科目。

（二）工程采用出包方式的，按照合同规定向施工企业预付工程价款时，按照实际预付工程价款金额，借记本科目（××工程），贷记“银行存款”等科目。

根据工程价款结算账单与施工企业结算工程价款时，如需补付工程价款的，按照应补付工程价款金额，借记本科目（××工程），贷记“银行存款”等科目；如需收回工程价款的，按照实际收回工程价款金额，借记“银行存款”等科目，贷记本科目（××工程）。同时，按照实际发生的工程价款金额，借记“财政基建设备补助支出”、“待摊支出”等科目，贷记“固定基金——在建工程占用”科目。

（三）自行建造固定资产的，按照其实际成本，借记本科目（××工程），贷记“固定基金——在建工程占用”科目；同时，借记“财政基建设备补助支出”等科目，贷记“银行存款”等科目。

（四）购入的需要安装的设备，其实际成本包括实际支付的购买价款及相关税费。按照确定的成本，借记本科目（××设备安装工程），贷记“固定基金——在建工程占用”科目；同时，借记“财政基建设备补助支出”、“待摊支出”等科目，贷记“银行存款”、“零余额账户用款额度”等科目。

无偿调入和接受捐赠的需要安装的设备，其成本比照同类或类似物资的市场价格或有关凭据注明的金额加上相关税费确定。按照确定的成本，借记本科目（××设备安装工程），贷记“固定基金——在建工程占用”科目。

支付安装费用时，按照实际支付金额，借记本科目（××设备安装工程），贷记“固定基金——在建工程占用”科目；同时，借记“财政基建设备补助支出”、“待摊支出”等科目，贷记“银行存款”等科目。

（五）工程完工交付使用时，按照有关规定确定的工程实际支出，借记“固定资产”科目，贷记本科目（××工程）；同时，借记“固定基金——在建工程占用”科目，贷记“固定基金——固定资产占用”科目。

四、本科目期末借方余额，反映基层医疗卫生机构尚未完工的在建工程发生的实际支出。

141　无形资产

一、本科目核算基层医疗卫生机构为开展公共卫生服务和基本医疗服务及其管理活动而持有的、不具有实物形态的资产，包括基层医疗卫生机构单独计价入账的应用软件及土地使用权等。

二、本科目应按照无形资产的类别和项目设置明细账，进行明细核算。

三、无形资产的主要账务处理如下：

（一）购入的无形资产，其实际成本包括实际支付的购买价款及相关税费。按照确定的成本，借记本科目，贷记“固定基金——无形资产占用”科目；同时，借记“财政基建设备补助支出”、“待摊支出”等科目，贷记“银行存款”、“零余额账户用款额度”、“财政补助收入”等科目。

（二）无形资产在处置（包括转让、核销等）时，应分别以下情况处理：

1. 按照规定报经批准核销的无形资产，按照其账面价值，借记“固定基金——无形资产占用”科目，贷记本科目。

2. 按照规定报经批准转让的无形资产，按照实际收到的转让价款金额，借记“银行存款”等科目，按照实际交纳或应交未交的相关税费，贷记“银行存款”、“应交税费”等科目，按照收到的转让价款扣除相关税费后的金额，贷记“应缴款项”、“其他收入”科目；同时，按照无形资产账面价值，借记“固定基金——无形资产占用”科目，贷记本科目。

四、本科目期末借方余额，反映基层医疗卫生机构已入账无形资产的账面余额。

二、负债类

201　借入款

一、本科目核算基层医疗卫生机构向银行等金融机构借入的款项。

二、本科目应按照贷款单位和贷款种类设置明细账，进行明细核算。

三、借入款的主要账务处理如下：

（一）发生借入款时，按照实际借入金额，借记“银行存款”等科目，贷记本科目。

（二）支付借入款利息时，按照实际支付的利息金额，借记“其他支出”等科目，贷记“银行存款”等科目。

（三）归还借入款时，按照实际还款金额，借记本科目，贷记“银行存款”等科目。

四、本科目期末贷方余额，反映基层医疗卫生机构尚未偿还的借入款本金。

202　待结算医疗款

一、本科目核算实行“收支两条线”管理的基层医疗卫生机构的待结算医疗收费。

二、本科目应设置“门诊收费”和“住院收费”一级明细科目。“门诊收费”一级明细科目核算基层医疗卫生机构为门诊病人提供医疗服务发生的待结算医疗收费。该一级明细科目下应按照挂号收费、诊察收费、检查收费、化验收费、治疗收费、手术收费、药品收费、卫材收费、一般诊疗费收费和其他门诊收费等设置二级明细科目，进行明细核算。

“住院收费”一级明细科目核算基层医疗卫生机构为住院病人提供医疗服务发生的待结算医疗收费。该一级明细科目下应按照床位收费、诊察收费、检查收费、化验收费、治疗收费、手术收费、护理收费、药品收费、卫材收费、一般诊疗费收费和其他住院收费等设置二级明细科目，进行明细核算。

上述“药品收费”二级明细科目下按照“西药”、“中成药”、“中草药”进行明细核算。

三、待结算医疗款的主要账务处理如下：

（一）与门诊病人结算医疗款时，应向门诊病人收取的部分，按照门诊病人实际支付或应付未付的医疗款金额，借记“库存现金”、“应收医疗款——结算欠费”等科目，应由医疗保险机构负担的部分，按照有关规定计算的应收医疗保险金额，借记“应收医疗款——应收医疗保险金”科目，按照有关规定计算确定的门诊病人医疗款金额，贷记本科目（门诊收费）。

（二）与住院病人结算医疗款时，如住院病人应付医疗款金额大于其预交金额，按照预收住院病人医疗款金额，借记“预收医疗款”科目，按照实际补付或应付未付金额，借记“库存现金”、“应收医疗款——结算欠费”等科目，按照有关规定计算的应由医疗保险机构负担的医疗保险金额，借记“应收医疗款——应收医疗保险金”科目，按照有关规定计算确定的住院病人医疗款金额，贷记本科目（住院收费）。

如住院病人应付医疗款金额小于其预交金额，按照预收住院病人医疗款金额，借记“预收医疗款”科目，按照有关规定计算的应由医疗保险机构负担的医疗保险金额，借记“应收医疗款——应收医疗保险金”科目，按照退还给住院病人的金额，贷记“库存现金”、“银行存款”等科目，按照有关规定计算确定的住院病人医疗款金额，贷记本科目（住院收费）。

（三）在期末或规定的上缴时间，按照有关规定确定的金额，借记本科目，按照有关规定计算确定的应上缴医疗款金额，贷记“应缴款项”科目，按照有关规定留用的结算医疗款金额，贷记“医疗收入”科目。

四、本科目期末贷方余额，反映基层医疗卫生机构的尚未确定应上缴或留用的医疗收费。

203 应缴款项

一、本科目核算基层医疗卫生机构按照规定应缴入国库和财政专户的款项。

二、本科目应按照“应缴医疗款”、“应缴资产处置收益”等应缴款项类别设置明细账，进行明细核算。

三、应缴款项的主要账务处理如下：

（一）实行“收支两条线”管理的，与病人或医疗保险机构完成医疗款结算后，分别在期末或规定的上缴时间，按照有关规定计算确定的应上缴医疗款金额，借记“待结算医疗款”科目，贷记本科目（应缴医疗款）。

（二）出售、报废、毁损的固定资产，根据有关规定其变价收入需要上缴的，按照实际取得收入（包括变价收入、保险赔偿和过失人赔偿等收入）扣除相关支出后的净额，借记“银行存款”等科目，贷记本科目。

（三）发生其他应缴款项时，借记相关科目，贷记本科目。

（四）根据有关规定上缴款项时，按照实际上缴金额，借记本科目，贷记“银行存款”等科目。

四、本科目期末贷方余额，反映基层医疗卫生机构的应缴未缴款项。

206 应付账款

一、本科目核算基层医疗卫生机构因购买库存物资、固定资产和接受服务供应等应付给供应单位的款项。

二、本科目应按照债权人设置明细账，进行明细核算。

三、应付账款的主要账务处理如下：

1. 因购买库存物资、接受劳务等发生应付账款时，按照应付未付金额，借记“库存物资”等科目，贷记本科目。

因购买固定资产等发生应付账款时，按照应付未付金额，借记“固定资产”等科目，贷记“固定基金——固定资产占用”等科目；同时，借记“财政基建设备补助支出”、“待摊支出”等科目，贷记本科目。

2. 偿付应付账款时，按照实际偿付金额，借记本科目，贷记“银行存款”等科目。

四、本科目期末贷方余额，反映基层医疗卫生机构尚未支付的应付账款。

207 预收医疗款

一、本科目核算基层医疗卫生机构预收的住院病人医疗款和医疗保险机构预付并需结算的医疗保险金。

二、本科目应按照住院病人和预付医疗保险金的医疗保险机构设置明细账，进行明细核算。

三、预收医疗款的主要账务处理如下：

（一）收到住院病人预交医疗款或医疗保险机构预付并需结算的医疗保险金时，按照实际收到的金额，借记“库存现金”、“银行存款”等科目，贷记本科目。

（二）与住院病人结算医疗款时，如住院病人应付医疗款大于其预交金额，按照预收住院病人医疗款金额，借记本科目，按照其实际补付或应付未付金额，借记“库存现金”、“应收医疗款——结算欠费”等科目，按照有关规定计算的应由医疗保险机构负担的医疗保险金额，借记“应收医疗款——应收医疗保险金”科目，按照有关规定计算确定的住院病人医疗款金额，贷记“医疗收入”科目（未实行“收支两条线”管理）或“待结算医疗款”科目（实行“收支两条线”管理）。

如住院病人应付医疗款小于其预交金额，按照预收住院病人医疗款金额，借记本科目，按照有关规定计算的应由医疗保险机构负担的医疗保险金额，借记“应收医疗款——应收医疗保险金”科目，按照退还给住院病人医疗款金额，贷记“库存现金”、“银行存款”等科目，按照有关规定计算确定的住院病人医疗款金额，贷记“医疗收入”科目（未实行“收支两条线”管理）或“待结算医疗款”科目（实行“收支两条线”管理）。

（三）对于医疗保险机构预付并需结算医疗保险金的，相关日常业务应按照上述（一）、（二）规定进行会计处理。与医疗保险机构结算时，按照医疗保险机构预付金额，借记本科目，按照医疗保险机构补付或退还医疗保险机构的金额，借记或贷记“银行存款”等科目，按照应收医疗保险机构的金额，贷记“应收医疗款——应收医疗保险金”科目。

四、本科目期末贷方余额，反映基层医疗卫生机构向住院病人和医疗保险机构预收但尚未结算的款项。

208　应付职工薪酬

一、本科目核算基层医疗卫生机构按照有关规定应付给职工（包括离退休职工）的各种薪酬，包括基本工资、绩效工资等。

二、本科目应按照有关规定设置明细科目，进行明细核算。

三、应付职工薪酬的主要账务处理如下：

（一）计算分配应付职工薪酬时，按照计算的职工薪酬金额，借记“医疗卫生支出”、“待摊支出”等科目，贷记本科目。

（二）从应付职工薪酬中代扣代缴的各种款项（如职工基本养老保险

费、失业保险费、基本医疗保险费、住房公积金、个人所得税等)，借记本科目，贷记“应付社会保障费”、“应交税费”等科目。

（三）采用国库直接支付方式支付职工薪酬的，按照财政国库支付执行机构委托代理银行转来的“财政直接支付入账通知书”和代发工资银行盖章转回的工资发放明细表，借记本科目，贷记“财政补助收入”等科目。

采用国库授权支付方式支付职工薪酬的，借记本科目，贷记“零余额账户用款额度”科目。

采用银行存款等其他方式支付职工薪酬的，借记本科目，贷记“银行存款”等科目。

四、本科目期末贷方余额，反映基层医疗卫生机构应付未付的职工薪酬。

210 应付社会保障费

一、本科目核算基层医疗卫生机构按照有关规定应付给社会保障机构的各种社会保障费。

二、本科目应按照社会保障费类别设置明细账，进行明细核算。

三、应付社会保障费的主要账务处理如下：

（一）从应付职工薪酬中代扣代缴的社会保障费，借记“应付职工薪酬”科目，贷记本科目。

（二）计算确定除从应付职工薪酬中代扣部分外为职工缴纳的社会保障费，借记“医疗卫生支出”等科目，贷记本科目。

（三）采用国库直接支付方式支付社会保障费的，按照财政国库支付执行机构委托代理银行转来的“财政直接支付入账通知书”等，借记本科目，贷记“财政补助收入”科目。

采用国库授权支付方式支付社会保障费的，借记本科目，贷记“零余额账户用款额度”科目。

采用银行存款等支付社会保障费的，借记本科目，贷记“银行存款”等科目。

四、本科目期末贷方余额，反映基层医疗卫生机构应付未付社会保障机构的社会保障费。

211 应交税费

一、本科目核算基层医疗卫生机构按照有关税法规定应交纳或代扣代缴的各种税费。

基层医疗卫生机构应缴纳的印花税直接通过“其他支出”科目核算，不在本科目核算。

二、本科目应按照应交的税费种类设置明细账，进行明细核算。

三、应交税费的主要账务处理如下：

（一）发生代扣代缴个人所得税纳税义务的，按照税法规定计算应代扣代交的个人所得税金额，借记“应付职工薪酬”科目，贷记本科目。交纳个人所得税时，按照实际交纳金额，借记本科目，贷记“银行存款”科目。

（二）发生其他纳税义务的，按照税法规定计算的应交税费金额，借记“其他支出”等科目，贷记本科目。交纳相关税费时，按照实际交纳金额，借记本科目，贷记“银行存款”等科目。

四、本科目期末贷方余额，反映基层医疗卫生机构尚未交纳的税费。

221　其他应付款

一、本科目核算基层医疗卫生机构除应缴款项、应付账款、预收医疗款、应付职工薪酬、应付社会保障费、应交税费以外的其他各项应付、暂收款项等。

二、本科目应按照应付和暂收款项的类别、单位或个人设置明细账，进行明细核算。

三、其他应付款的主要账务处理如下：

（一）发生的各项应付、暂收款项，借记“银行存款”等科目，贷记本科目。

（二）支付款项时，借记本科目，贷记“银行存款”等科目。

（三）确实无法支付或由其他单位承担的其他应付款，借记本科目，贷记“其他收入”科目。

四、本科目期末贷方余额，反映基层医疗卫生机构尚未支付的其他应付款项。

三、净资产类

301　固定基金

一、本科目核算基层医疗卫生机构固定资产、在建工程、无形资产等长期资产所形成的资金占用。

二、本科目应设置“固定资产占用”、“在建工程占用”和“无形资产占用”一级明细科目，进行明细核算。“固定资产占用”一级明细科目核算基层医疗卫生机构购入、调入、建造等方式取得的固定资产所形成的资金占用，以及固定资产出售、报废、毁损等原因减少的资金占用。“在建工程占用”一级明细科目核算基层医疗卫生机构在建工程交付使用前累计占用的资金。

“无形资产占用”一级明细科目核算基层医疗卫生机构购入等方式取得的无形资产所形成的资金占用，以及无形资产出售等原因减少的资金占用。

三、固定基金的主要账务处理如下：

（一）固定基金增加

1．购入、有偿调入固定资产等长期资产时，按照确定的成本，借记“固定资产”等科目，贷记本科目；同时，借记“财政基建设备补助支出”、“待摊支出”等科目，贷记“银行存款”等科目。

2．自行或采用出包方式（代建制）建造固定资产，发生在建工程支出或结算工程价款时，按照实际支出金额，借记“在建工程”科目，贷记本科目（在建工程占用）；同时，借记“财政基建设备补助支出”、“待摊支出”等科目，贷记“银行存款”等科目。

工程交付使用时，借记“固定资产”科目，贷记“在建工程”科目；同时，借记本科目（在建工程占用），贷记本科目（固定资产占用）。

3．无偿调入、接受捐赠取得的固定资产等长期资产，按照确定的成本，借记“固定资产”等科目，贷记本科目。

4．盘盈的固定资产，借记“固定资产”科目，贷记本科目（固定资产占用）。

（二）固定基金减少

1．有偿调出、出售的固定资产等长期资产，按照账面价值，借记本科目，贷记“固定资产”等科目；取得的收入扣减相关支出后的净额，借记“银行存款”等科目，贷记“应缴款项”、“其他收入”科目。

2．毁损、报废的固定资产，按照账面价值，借记本科目（固定资产占用），贷记“固定资产”科目。同时，取得的价款或者变价收入扣减相关支出后的净额，借记“银行存款”科目，贷记“应缴款项”、“其他收入”科目。

3．盘亏的固定资产，按照账面价值，借记本科目（固定资产占用），贷记“固定资产”科目。

四、本科目（固定资产占用）期末贷方余额，反映基层医疗卫生机构的固定资产资金占用金额；本科目（在建工程占用）期末贷方余额，反映基层医疗卫生机构的在建工程资金占用金额；本科目（无形资产占用）期末贷方余额，反映基层医疗卫生机构的无形资产资金占用金额。

302　事业基金

一、本科目核算基层医疗卫生机构按照规定设置的用于弥补亏损的净资产，包括从结余分配转入资金（不包括财政基本支出补助结转结余资金）等。

二、事业基金的主要账务处理如下：

（一）年末，按照有关规定从“结余分配”科目提取专用基金后转入本科目时，借记“结余分配——待分配结余”科目，贷记本科目。

（二）用事业基金弥补亏损时，按照规定批准的弥补亏损金额，借记本科目，贷记“结余分配——事业基金弥补亏损”科目。

三、本科目期末贷方余额，反映基层医疗卫生机构按照规定设置的事业基金金额。

303　专用基金

一、本科目核算基层医疗卫生机构按照有关规定设置、提取的有专门用途的资金，主要包括医疗风险基金、职工福利基金、奖励基金和其他专用基金等。

二、本科目应按照基金类别设置明细账，进行明细核算。

三、专用基金的主要账务处理如下：

（一）期末，提取医疗风险基金时，按照有关规定计算的提取金额，借记“医疗卫生支出——医疗支出（提取医疗风险基金）”科目，贷记本科目（医疗风险基金）。

（二）年末，提取职工福利基金时，按照有关规定计算的提取金额，借记“结余分配——提取专用基金（提取职工福利基金）”科目，贷记本科目（职工福利基金）。

（三）年末，提取奖励基金时，按照有关规定计算的提取金额，借记“结余分配——提取专用基金（提取奖励基金）”科目，贷记本科目（奖励基金）。

（四）年末，提取其他专用基金时，按照有关规定借记“结余分配——提取专用基金（提取其他专用基金）”、“待摊支出”等科目，贷记本科目。

（五）使用专用基金时，按照实际支出金额，借记本科目，贷记“银行存款”等科目。

四、本科目期末贷方余额，反映基层医疗卫生机构按照规定设置、提取的具有专门用途净资产的金额。

304 本期结余

一、本科目核算基层医疗卫生机构当期收入减去支出后的余额。

二、本期结余的主要账务处理如下：

（一）期末，应将各项收入、支出类科目的本期发生额结转入本期结余科目。结转各项收入类科目时，按照各项收入类科目贷方余额，借记“医疗收入”、“财政补助收入”、“上级补助收入”、“其他收入”科目，贷记本科目；结转各项支出类科目时，按照各项支出类科目借方余额，借记本科目，贷记“医疗卫生支出”、“财政基建设备补助支出”、“其他支出”科目。

（二）期末，结转本期收支后，应分析本期结余的构成，将属于财政补助结转（余）和其他限定用途结转（余）的部分结转至相关科目。结转时，按照“财政基本支出备查簿”分析计算的基本支出补助结转（余）金额，借记本科目，贷记“财政补助结转（余）——财政基本补助结转”科目，按照“财政项目支出备查簿”分析计算的项目支出补助结转（余）金额，借记本科目，贷记“财政补助结转（余）——财政项目补助结转（余）”科目，按照“其他限定用途资金备查簿”分析计算的其他限定用途资金结转（余）金额，借记本科目，贷记“其他限定用途结转（余）”科目。

（三）年末，完成上述（一）、（二）账务处理后，将本期结余年末余额转入待分配结余。将“本期结余”科目余额扣除限定用途结转（余）后的金额结转入本科目时，借记本科目，贷记“结余分配——待分配结余”科目；将“本期结余”科目余额扣除限定用途结转（余）后发生的亏损结转入结余分配时，借记“结余分配——待分配结余”科目，贷记本科目。

三、本科目期末贷方余额，反映基层医疗卫生机构自年初至期末止扣除财政补助结转（余）、其他限定用途结转（余）以后的尚未分配的累计结余；本科目期末借方余额，反映基层医疗卫生机构自年初至期末尚未结转的未弥补亏损。本科目年末结转后应无余额。

305 财政补助结转（余）

一、本科目核算基层医疗卫生机构具有限定用途结转继续使用的财政补助结转结余资金，包括基本支出补助结转和项目支出补助结转（余）。

二、本科目应设置“财政基本补助结转”和“财政项目补助结转（余）”一级明细科目，进行明细核算。

三、财政补助结转（余）的主要账务处理如下：

（一）期末，按照“财政基本支出备查簿”分析计算的基本支出补助结转金额，借记“本期结余”科目，贷记本科目（财政基本补助结转），按照“财政项目支出备查簿”分析计算的项目支出补助结转（余）金额，借记“本期结余”科目，贷记本科目（财政项目补助结转（余））。

（二）财政补助项目完成后，按照有关规定报经财政部门批准将本项目财政项目补助结转（余）上缴、调剂至其他项目或补充事业基金等用途的，按照批准金额，借记本科目（财政项目补助结转（余）——本项目），贷记“银行存款”、“零余额账户用款额度”、本科目（财政项目补助结转（余）——其他项目）、“事业基金”等科目。

四、本科目期末贷方余额，反映基层医疗卫生机构的财政补助结余资金数额。

306 其他限定用途结转（余）

一、本科目核算基层医疗卫生机构除财政补助结转（余）以外的结转以后年度继续使用的其他限定用途结转结余资金。

二、本科目应按照其他限定用途资金的具体项目进行明细核算。本科目应设置“其他限定用途资金备查簿”，按照具体项目详细登记其他限定用途资金收支情况，并在期末分析计算其他限定用途结转（余）金额。

三、其他限定用途结转（余）的主要账务处理如下：

（一）期末，按照“其他限定用途资金备查簿”分析计算的其他限定用途资金结转（余）金额，借记“本期结余”科目，贷记本科目。

（二）其他限定用途资金项目完成后，按照规定报经批准将本项目结转（余）上缴、调剂至其他项目或补充事业基金等用途的，按照批准金额，借记本科目（本项目），贷记“银行存款”、本科目（其他项目）、“事业基金”等科目。

四、本科目期末贷方余额，反映基层医疗卫生机构的其他限定用途结转结余资金数额。

308 结余分配

一、本科目核算基层医疗卫生机构当年结余的分配情况和结果。

二、本科目应设置“待分配结余”、“提取专用基金”和“事业基金弥补亏损”一级明细科目，进行明细核算。

“提取专用基金”一级明细科目，按照有关规定设置“提取职工福利基金”、“提取奖励基金”、“提取其他专用基金”等二级明细科目，进行明细核算。

三、结余分配的主要账务处理如下：

（一）年末，将“本期结余”科目余额扣除限定用途结转（余）后的金额结转入本科目时，借记“本期结余”科目，贷记本科目（待分配结余）；将“本期结余”科目余额扣除限定用途结转（余）后发生的亏损结转入结余分配时，借记本科目，贷记“本期结余”科目。

（二）按照有关规定提取职工福利基金、奖励基金等专用基金时，借记本科目（提取专用基金——提取职工福利基金、提取奖励基金等），贷记“专用基金”科目。

（三）提取有关专用基金后，按照待分配结余贷方金额，借记本科目（待分配结余），按照提取专用基金借方金额，贷记本科目（提取专用基金）。

（四）按照有关规定批准将提取专用基金后的待分配结余结转入事业基金时，借记本科目（待分配结余），贷记“事业基金”科目。

（五）报经批准用事业基金弥补亏损时，按照批准金额，借记“事业基金”科目，贷记本科目（事业基金弥补亏损）。

四、年末将待分配结余转入事业基金后，本科目应无余额。本科目年末有借方余额的，反映基层医疗卫生机构的累计未弥补亏损。

四、收入类

401 医疗收入

一、本科目核算基层医疗卫生机构在开展医疗服务活动中取得的收入，包括门诊收入和住院收入。

二、本科目应按照“门诊收入”和“住院收入”设置一级明细科目。

“门诊收入”一级明细科目核算基层医疗卫生机构为门诊病人提供医疗服务所取得的收入。该一级明细科目下应按照挂号收入、诊察收入、检查收入、化验收入、治疗收入、手术收入、药品收入、卫材收入、一般诊疗费收入和其他门诊收入设置二级明细科目，进行明细核算。

“住院收入”一级明细科目核算基层医疗卫生机构为住院病人提供医疗服务所取得的收入。该一级明细科目下应按照床位收入、诊察收入、检查收入、化验收入、治疗收入、手术收入、护理收入、药品收入、卫材收入、一般诊疗费收入和其他住院收入设置二级明细科目，进行明细核算。

上述“药品收入”二级明细科目下按照“西药”、“中成药”、“中草药”进行明细核算。

三、医疗收入的主要账务处理如下：

（一）未实行“收支两条线”管理的基层医疗卫生机构的账务处理。

1. 与门诊病人结算医疗款时，应向门诊病人收取的部分，按照门诊病人实际支付或应付未付的医疗款金额，借记“库存现金”、“应收医疗款——结算欠费”等科目，应由医疗保险机构负担的部分，按照有关规定计算的应收医疗保险金额，借记“应收医疗款——应收医疗保险金”科目，按照有关规定计算确定的门诊病人医疗款金额，贷记本科目（门诊收入）。

2. 与住院病人结算医疗款时，如住院病人应付医疗款金额大于其预交金额，按照预收住院病人医疗款金额，借记“预收医疗款”科目，按照实际补付或应付未付金额，借记“库存现金”、“应收医疗款 ——结算欠费”等科目，按照有关规定计算的应由医疗保险机构负担的医疗保险金额，借记“应收医疗款——应收医疗保险金”科目，按照有关规定计算确定的住院病人医疗款金额，贷记本科目（住院收入）。

如住院病人应付医疗款金额小于其预交金额，按照预收住院病人医疗款金额，借记“预收医疗款”科目，按照有关规定计算的应由医疗保险机构负担的医疗保险金额，借记“应收医疗款——应收医疗保险金”科目，按照退还给住院病人的金额，贷记“库存现金”、“银行存款”等科目，按照有关规定计算确定的住院病人医疗款金额，贷记本科目（住院收入）。

3. 采用医疗保险总额预付且不需结算的，在实际收到医疗保险机构预付的医疗保险金时，按照预付金额，借记“银行存款”科目，贷记本科目。

（二）实行“收支两条线”管理的基层医疗卫生机构的账务处理。

1. 与病人或（和）医疗保险机构结算医疗款时，不确认医疗收入，按照“待结算医疗款”科目有关规定进行处理。

2. 在实际收到财政专户返还医疗款时，按照返还医疗款金额，借记“银行存款”等科目，贷记本科目。

（三）期末，将本科目贷方余额转入本期结余，借记本科目，贷记“本期结余”科目。

四、期末结转后，本科目无余额。

402 财政补助收入

一、本科目核算基层医疗卫生机构从财政部门取得的基本建设补助收入、设备购置补助收入、人员经费补助收入和公共卫生服务补助收入等。

二、本科目应按照“人员经费补助收入”、“公用经费补助收入”、“公共卫生服务补助收入”、“基本建设补助收入”和“设备购置补助收入”等设置明细账，进行明细核算。

三、财政补助收入的主要账务处理如下：

（一）财政直接支付方式下，对于财政直接支付的人员经费、公用经费和财政基建设备补助支出等，应根据财政国库支付执行机构委托代理银行转来的“财政直接支付入账通知书”及原始凭证，借记“医疗卫生支出”、“待摊支出”、“财政基建设备补助支出”等科目，贷记本科目；同时，对于为购建固定资产等由财政直接支付的资本性支出，借记“固定资产”、“在建工程”等科目，贷记“固定基金”科目相关明细科目。

年度终了，根据本年度财政直接支付预算指标数与财政直接支付实际支出数的差额，借记“财政应返还额度——财政直接支付”科目，贷记本科目。

（二）财政授权支付方式下，应根据代理银行盖章的“授权支付到账通知书”与分月用款计划核对后记账，借记“零余额账户用款额度”科目，贷记本科目。

年度终了，对于本年度财政授权支付预算指标数大于零余额账户用款额度下达数的，借记“财政应返还额度——财政授权支付”科目，贷记本科目。

（三）其他方式下，实际收到财政拨款时，按照实际收到的金额，借记“银行存款”等科目，贷记本科目。

（四）期末，应将本科目贷方余额转入本期结余，借记本科目，贷记“本期结余”科目。

四、本科目设置“财政基本支出备查簿”，详细登记使用“人员经费补助收入”和“公用经费补助收入”等支付基本支出情况，包括安排基本支出的日期、事由、金额等资料，并在期末分析计算本期基本支出补助结转。

本科目设置“财政项目支出备查簿”，按照具体项目详细登记使用“公共卫生服务补助收入”、“基本建设补助收入”和“设备购置补助收入”等支付项目支出情况，包括安排项目支出的日期、事由、金额等资料，并在期末分析计算本期项目支出补助结转（余）。

五、期末结转后，本科目应无余额。

403　上级补助收入

一、本科目核算基层医疗卫生机构从主管部门和上级单位等取得的非财政补助收入。

二、本科目应按照上级补助收入项目等设置明细账，进行明细核算。

三、上级补助收入的主要账务处理如下：

（一）收到上级补助收入时，按照实际收到金额，借记“银行存款”等科目，贷记本科目。

（二）期末，将本科目余额转入本期结余，借记本科目，贷记“本期结余”科目。

四、期末结转后，本科目应无余额。

406　其他收入

一、本科目核算基层医疗卫生机构取得的除医疗收入、财政补助收入和上级补助收入以外的各项收入，包括接受社会捐赠、利息收入等。

二、本科目应按照其他收入的种类设置明细科目，进行明细核算。

三、其他收入的主要账务处理如下：

（一）盘盈的库存物资等，在经批准处理时，借记“库存物资”等科目，贷记本科目。

（二）接受的库存物资捐赠，按照同类或类似资产的市场价格或有关凭据注明的金额加上发生的相关费用，借记“库存物资”等科目，按照实际支付的相关费用金额，贷记“银行存款”等科目，按照其差额，贷记本科目。

（三）确实无法支付的应付款项，按照经批准核销的金额，借记“应付账款”、“其他应付款”等科目，贷记本科目。

（四）期末，将本科目余额转入本期结余，借记本科目，贷记“本期结余”科目。

四、期末结转后，本科目应无余额。

五、支出类

501 医疗卫生支出

一、本科目核算基层医疗卫生机构在开展基本医疗和公共卫生服务活动中发生的支出，包括相关人员经费、耗用的药品及材料成本、维修费和其他公用经费等。

二、本科目应设置“医疗支出”和“公共卫生支出”一级明细科目。

“医疗支出”一级明细科目按照“人员经费”、“药品支出”、“卫材支出”、“其他材料支出”、“非财政资本性支出”、“维修费”、“其他公用经费”、“提取医疗风险基金”等进行明细核算。

“公共卫生支出”一级明细科目下按照“人员经费”、“药品支出”、“卫材支出”、“其他材料支出”、“非财政资本性支出”、“维修费”、“其他公用经费”等进行明细核算。

三、医疗卫生支出的主要账务处理如下：

（一）为基层医疗卫生机构人员计提薪酬时，分别按照从事基本医疗和公共卫生服务人员的工资金额，借记本科目（医疗支出、公共卫生支出），贷记“应付职工薪酬”、“应付社会保障费”等科目。

（二）为开展基本医疗和公共卫生服务活动领用卫生材料、药品等库存物资时，如可确定领用的库存物资专门用于基本医疗或公共卫生服务，按照其实际成本，借记本科目（医疗支出、公共卫生支出），贷记“库存物资”科目。

（三）利用财政补助收入以外的资金安排的资本性支出，按照购建固定资产的实际成本，借记“固定资产”、“在建工程”等科目，贷记“固定基金”科目；同时，如可确定购建的固定资产专门用于基本医疗或公共卫生服务，在发生资本性支出时，按照实际支出金额，借记本科目（医疗支出——非财政资本性支出）或本科目（公共卫生支出——非财政资本性支出），贷记“银行存款”等科目。

（四）为应对医疗风险购买商业医疗保险所支付的保险费等支出，在发生时按照实际支出金额，借记本科目，贷记“库存现金”、“银行存款”等科目。

（五）对于无法直接计入基本医疗服务支出和公共卫生服务支出而需进行合理分摊的支出，应先记入“待摊支出”科目。期末，将待摊支出合理分摊至本科目的明细科目时，借记本科目（医疗支出、公共卫生支出），贷记“待摊支出”科目。

（六）期末，将本科目的余额转入本期结余，借记“本期结余”科目，贷记本科目。

四、期末结转后，本科目应无余额。

502 财政基建设备补助支出

一、本科目核算基层医疗卫生机构利用财政补助收入安排的基本建设支出和设备购置支出。

二、本科目应按照基建和设备购置的具体项目设置明细科目，进行明细核算。

三、财政基建设备补助支出的主要账务处理如下：

（一）使用财政补助收入安排相关基建和设备购置按照合同结算时，借记本科目，贷记“银行存款”、“零余额账户用款额度”、“财政补助收入”等科目；同时，借记“固定资产”、“在建工程”科目，贷记“固定基金”科目。

（二）期末将该科目余额转入本期结余，借记“本期结余”科目，贷记本科目。

四、期末结转后，本科目应无余额。

506 其他支出

一、本科目核算基层医疗卫生机构本期发生的，除医疗卫生支出、财政基建设备补助支出以外的其他支出，包括对外捐赠、财产物资盘亏或毁损损失、罚没支出和捐赠支出等。

二、本科目应按照其他支出种类和项目设置明细账，进行明细核算。

三、其他支出的主要账务处理如下：

（一）盘亏、变质、毁损的库存物资，按照账面价值扣除可以收回的保险赔偿和过失人的赔偿等后的金额，借记本科目，按照可以收回的保险赔偿和过失人赔偿等，借记“库存现金”、“银行存款”、“其他应收款”等科目，按照实际成本，贷记“库存物资”等科目。

（二）发生对外捐赠等其他支出，借记本科目，贷记“银行存款”等科目。

（三）期末，将本科目的余额转入本期结余，借记“本期结余”科目，贷记本科目。

四、期末结转后，本科目应无余额。

第四部分　会计报表格式

编　号	会计报表名称	编制期
会基医 01 表	资产负债表	月度、季度、年度
会基医 02 表	收入支出总表	月度、季度、年度
会基医 02 表附表 01	业务收支明细表	月度、季度、年度
会基医 02 表附表 02	财政补助收支明细表	月度、季度、年度
会基医 03 表	净资产变动表	年度

资产负债表

会基医 01 表

编制单位：　　　　　　　　　　____年____月____日　　　　　　　　单位：元

资　产	期末余额	年初余额	负债和净资产	期末余额	年初余额
流动资产：			负债：		
货币资金			借入款		
财政应返还额度			待结算医疗款		
应收医疗款			应缴款项		
其他应收款			应付账款		
库存物资			预收医疗款		
待摊支出			应付职工薪酬		
流动资产合计			应付社会保障费		
非流动资产：			应交税费		
固定资产			其他应付款		
在建工程			负债合计		

续表

资　产	期末余额	年初余额	负债和净资产	期末余额	年初余额
无形资产			净资产：		
非流动资产合计			固定基金		
			事业基金		
			专用基金		
			财政补助结转（余）		
			其他限定用途结转（余）		
			本期结余		
			未弥补亏损		
			净资产合计		
资产总计			负债和净资产总计		

收入支出总表

会基医 02 表

编制单位：　　　　____年____月　　　　单位：元

项　目	本月数	本年累计数
一、收 入		
财政补助收入		
医疗收入		
上级补助收入		
其他收入		
二、支 出		
医疗卫生支出		
其中：医疗支出		
公共卫生支出		
财政基建设备补助支出		
其他支出		
三、本期结余		
减：财政补助结转（余）		
减：其他限定用途结转（余）		
四、结余分配		
加：年初未弥补亏损		
加：事业基金弥补亏损		
年末未弥补亏损		
减：提取专用基金		
其中：提取职工福利基金		
提取奖励基金		
提取其他专用基金		
五、转入事业基金		

业务收支明细表

会基医02 表附表01

编制单位：　　　　　　　　　　____年____月　　　　　　　　　　单位：元

项　目	本月数	本年累计数	项　目	本月数	本年累计数
一、医疗收入			**二、医疗卫生支出**		
1. 门诊收入			1. 医疗支出		
其中：挂号收入			其中：人员经费		
诊察收入			药品支出		
检查收入			材料支出		
药品收入			其中：卫材支出		
其中：西药收入			其他材料支出		
中草药收入			非财政资本性支出		
中成药收入			维修费		
卫材收入			提取医疗风险基金		
一般诊疗费收入			其他公用经费		
治疗收入			合　计		
手术收入			2. 公共卫生支出		
化验收入			其中：人员经费		
其他门诊收入			药品支出		
合　计			材料支出		
2. 住院收入			其中：卫材支出		
其中：床位收入			其他材料支出		
诊察收入			非财政资本性支出		
检查收入			维修费		
药品收入			其他公用经费		
其中：西药收入			合　计		
中草药收入			**总　计**		
中成药收入					
卫材收入					
一般诊疗费收入					
治疗收入					
手术收入					
化验收入					
护理收入					
其他住院收入					
合　计					
总　计					

财政补助收支明细表

会基医02 表附表02

编制单位：　　　　____年____月　　　　单位：元

项 目	本月数	累计数	项 目	本月数	累计数
一、财政补助收入			**二、财政补助支出**		
（一）基本支出补助收入			（一）基本支出		
1. 人员经费补助收入			1. 人员经费		
2. 公用经费补助收入			其中：使用基本公共卫生服务补助收入		
3. 基本公共卫生服务补助收入			2. 公用经费		
合 计			其中：使用基本公共卫生服务补助收入		
			合 计		
（二）项目支出补助收入			（二）项目支出		
1. 基建项目			1. 基建项目		
（1）××项目			（1）××项目		
…			…		
小 计			小 计		
2. 设备购置			2. 设备购置		
（1）××设备			（1）××设备		
…			…		
小 计			小 计		
3. 重大公共卫生服务			3. 重大公共卫生服务		
（1）××项目			（1）××项目		
…			…		
小 计			小 计		
合 计			合 计		
总 计			**总 计**		

净资产变动表

会基医03

编制单位：　　　　　　　　____年度　　　　　　　　单位：元

项目	合计	固定基金				事业基金	专用基金					未弥补亏损	财政补助结转（余）		其他限定用途结转(余)	说明
		小计	固定资产占用	在建工程占用	无形资产占用		小计	医疗风险基金	职工福利基金	奖励基金	其他专用基金		基本支出补助结转	项目支出补助结转（余）		
1. 年初数																
2. 本年增加数																
3. 本年减少数																
4. 年末数																

第五部分　会计报表编制说明

一、资产负债表编制说明

1. 本表反映基层医疗卫生机构某一会计期末全部资产、负债和净资产的情况。

2. 本表“年初余额”栏内各项数字，应根据上年年末资产负债表“期末余额”栏内数字填列。

3. 本表“期末余额”各项目的内容和填列方法：

（1）“货币资金”项目，反映基层医疗卫生机构期末库存现金、银行存款、零余额账户用款额度以及其他货币资金的合计数。本项目应根据“库存现金”、“银行存款”、“零余额账户用款额度”、“其他货币资金”科目的期末借方余额合计填列。

（2）“财政应返还额度”项目，反映基层医疗卫生机构期末财政应返还额度的金额。本项目应根据“财政应返还额度”科目的期末借方余额填列。

（3）“应收医疗款”项目，反映基层医疗卫生机构期末应收医疗款的余额。本项目应根据“应收医疗款”科目的期末借方余额填列。

（4）“其他应收款”项目，反映基层医疗卫生机构期末其他应收款的余额。本项目应根据“其他应收款”科目的借方期末余额填列。

（5）“库存物资”项目，反映基层医疗卫生机构在日常业务活动中持有已备使用、出售或日常管理中耗用的药品、卫生材料、低值易耗品和其他材料。本项目应根据“库存物资”科目的期末借方余额合计填列。

（6）“待摊支出”项目，反映基层医疗卫生机构尚未分摊的待摊支出余额。本项目应根据“待摊支出”科目的期末借方余额填列。在年度资产负债表中，本项目金额应为“0”。

（7）“固定资产”项目，反映基层医疗卫生机构各项固定资产的账面余额。本项目应根据“固定资产”科目期末借方余额填列。

（8）“在建工程”项目，反映基层医疗卫生机构尚未完工的在建工程发生的实际支出。本项目应根据“在建工程”科目的期末借方余额填列。

（9）“无形资产”项目，反映基层医疗卫生机构各项无形资产的账面余额。本项目应根据“无形资产”科目的期末借方余额填列。

（10）“借入款”项目，反映基层医疗卫生机构尚未偿还的借款期在1年以下的借入款项。本项目应根据“借入款”科目的期末贷方余额填列。

（11）“待结算医疗款”项目，反映基层医疗卫生机构期末尚未确定的应上缴或留用的医疗收费。本项目应根据“待结算医疗款”科目的期末贷方余额填列。

（12）“应缴款项”项目，反映基层医疗卫生机构按照收支两条线管理规定应缴入国库或财政专户的款项。本项目应根据“应缴款项”科目的期末贷方余额填列。

（13）“应付账款”项目，反映基层医疗卫生机构期末应付未付账款的金额。本项目应根据“应付账款”科目的期末贷方余额填列。

（14）“预收医疗款”项目，反映基层医疗卫生机构向住院病人、社会医疗保险机构等预收的医疗款项。本项目应根据“预收医疗款”科目的期末贷方余额填列。

（15）“应付职工薪酬”项目，反映基层医疗卫生机构按照有关规定应付未付给职工的各种薪酬。本项目应根据“应付职工薪酬”科目的期末贷方余额填列。

（16）“应付社会保障费”项目，反映基层医疗卫生机构按照有关规定应付未付给社会保障机构的各种社会保障费。本项目应根据“应付社会保障费”科目的期末贷方余额填列。

（17）“应交税费”项目，反映基层医疗卫生机构应交未交的各种税费。本项目应根据“应交税费”科目的期末贷方余额填列。

（18）“其他应付款”项目，反映基层医疗卫生机构期末应付未付的其他款项金额。本项目应根据“其他应付款”科目的期末贷方余额填列。

（19）“固定基金”项目，反映基层医疗卫生机构的固定资产、在建工程等长期资产所形成的资金占用数额。本项目应根据“固定基金”科目的期末贷方余额填列。

（20）“事业基金”项目，反映基层医疗卫生机构按照规定设置的用于弥补亏损的净资产。本项目应根据“事业基金”科目的期末贷方余额填列。

（21）“专用基金”项目，反映基层医疗卫生机构按照规定设置、提取的具有专门用途的净资产。本项目应根据“专用基金”科目的期末贷方余额填列。

（22）“财政补助结转（余）”项目，反映基层医疗卫生机构累计的具有限定用途结转以后年度继续使用的财政补助结转结余资金。本项目应根据“财政补助结转（余）”科目的期末贷方余额填列。

（23）“其他限定用途结转（余）”项目，反映基层医疗卫生机构累计的除财政补助结余以外的结转以后年度继续使用的其他限定用途结转结余资金。本项目应根据“其他限定用途结转（余）”科目的期末贷方余额填列。

（24）“本期结余”项目，反映基层医疗卫生机构自年初至期末止扣除财政补助结转（余）、其他限定用途结转（余）以后的累计结余。本项目应根据“本期结余”科目的期末贷方余额填列；“本期结余”科目期末为借方余额时，以“－”号填列。在年度资产负债表中，本项目金额应为“0”。

（25）“未弥补亏损”项目，反映基层医疗卫生机构累计未弥补的亏损。本项目应根据“结余分配”科目的期末借方余额以“－”号填列。

二、收入支出总表编制说明

1．本表反映基层医疗卫生机构在某一会计期间内全部收入、支出的实际情况。

2．本表“本月数”栏反映各收入、支出项目的本月实际发生数；在编制年度财务报告时，应将本栏改为“上年数”栏，反映各收入、支出项目上一年度的实际发生数。

本表“本年累计数”栏反映各项目自年初起至报告期末止的累计实际发生数。

3．本表各项目的内容和填列方法：

（1）“财政补助收入”项目，反映基层医疗卫生机构从财政部门取得的基本支出补助和项目支出补助。本项目应根据“财政补助收入”科目贷方发生额填列。

（2）“医疗收入”项目，反映基层医疗卫生机构在开展医疗卫生服务活动中取得的收入。本项目应根据“医疗收入”科目贷方发生额填列。

（3）“上级补助收入”项目，反映基层医疗卫生机构从主管部门和上级单位取得的非财政补助收入。本项目应根据“上级补助收入”科目贷方发生额填列。

（4）“其他收入”项目，反映基层医疗卫生机构除财政补助收入、医疗收入以外的其他收入总额。本项目应根据“其他收入”科目贷方发生额填列。

（5）“医疗卫生支出”项目，反映基层医疗卫生机构开展基本医疗服务和公共卫生服务活动中发生的各项支出。本项目应根据“医疗卫生支出”科目借方发生额填列。

（6）“财政基建设备补助支出”项目，反映基层医疗卫生机构利用财政补助收入安排的各项基建工程和设备购置支出。本项目应根据“财政基建设备补助支出”科目借方发生额填列。

（7）“其他支出”项目，反映基层医疗卫生机构除医疗卫生支出、财政基建设备补助支出以外的其他支出总额。本项目应根据“其他支出”科目借方发生额填列。

（8）“本期结余”项目，反映基层医疗卫生机构全部收入减去全部支出后的余额。本项目根据本表中各收入项目合计金额减去各支出项目合计金额后的金额填列；如为负数，以“-”号填列。

（9）“财政补助结转（余）”项目，反映基层医疗卫生机构本期财政补助收入减去财政补助支出后的余额。本项目根据“财政补助结转（余）”科目贷方发生额填列。

（10）“其他限定用途结转（余）”项目，反映其他限定用途资金收入减去其他限定用途资金支出后的余额。本项目根据“其他限定用途结转（余）”科目贷方发生额填列。

（11）“结余分配”、“年初未弥补亏损”、“事业基金弥补亏损”、“年末未弥补亏损”、“提取专用基金”和“转入事业基金”项目，只在年度收入支出总表中填列。编制年度收入支出总表时，上述项目的内容及“本年累计数”栏的填列方法如下：

“结余分配”项目，反映基层医疗卫生机构本期结余减去财政补助结转（余）和其他限定用途结转（余）后结转入结余分配的金额。本项目根据本表中“本期结余”项目金额减去“财政补助结转（余）”项目和“其他限定用途结转（余）”项目金额后的金额填列；如为负数，以“-”号填列。

“年初未弥补亏损”项目，反映基层医疗卫生机构截至本年初累计未弥补的亏损。本项目应当根据“结余分配”科目的本年初借方余额以“-”号填列。

“事业基金弥补亏损”项目，反映基层医疗卫生机构经批准用事业基金弥补亏损的金额。本项目根据“结余分配——事业基金弥补亏损”科目贷方发生额填列。

“年末未弥补亏损”项目，反映基层医疗卫生机构截至本年末止累计未弥补的亏损。本项目应当根据“结余分配”科目的本年末借方余额以“-”号填列。

“提取专用基金”项目，反映基层医疗卫生机构按照规定需要计提的专用基金数额。本项目根据“结余分配——提取专用基金”科目借方发生额填列。

“转入事业基金”项目，反映基层医疗卫生机构转入事业基金的结余数额。本项目根据“结余分配”科目借方发生额分析填列。

三、业务收入支出明细表编制说明

1. 本表反映基层医疗卫生机构在某一会计期间内医疗收入和医疗卫生支出及其所属明细项目的实际情况。

2. 本表“本月数”栏反映医疗收入、医疗卫生支出及其所属明细项目的本月实际发生数；在编制年度财务报告时，应将本栏改为“上年数”栏，反映医疗收入、医疗卫生支出及其所属明细项目上一年度的实际发生数。

本表“本年累计数”栏反映各项目自年初起至报告期末止的累计实际发生数。

3. 本表中医疗收入、医疗卫生支出及其所属各明细项目，应根据“医疗收入”、“医疗卫生支出”所属明细科目的发生额分析填列。

四、财政补助收支明细表编制说明

1. 本表反映基层医疗卫生机构在某一会计期间内财政补助收支及其所属明细项目的实际情况。

2. 本表“本月数”栏反映基层医疗卫生机构财政补助收支及其所属明细项目的本月实际发生数。在编制年度财务报告时，应将本栏改为“上年数”栏，反映财政补助收支及其所属明细项目本年度的实际发生数。

本表“累计数”栏反映各项目自年初起至报告期末止的累计实际发生数。

3. 本表中财政补助收支及其所属各明细项目，应根据“财政基本支出备查簿”和“财政项目支出备查簿”的本年财政基本和项目收支明细项目金额分析填列。

五、净资产变动表编制说明

1. 本表反映基层医疗卫生机构在某一会计年度内净资产各项目及其所属明细项目的增减变动情况。

2. 本表“年初数”栏反映固定基金、事业基金、专用基金、未弥补亏损、财政补助结转（余）、其他限定用途结转（余）及其所属明细项目的年初数。

本表“本年增加数”栏反映固定基金、事业基金、专用基金、未弥补亏损和财政补助结转（余）、其他限定用途结转（余）及其所属明细项目在年度财务报告期间的增加数额。

本表“本年减少数”栏反映固定基金、事业基金、专用基金、未弥补亏损和财政补助结转（余）、其他限定用途结转（余）及其所属明细项目在年度财务报告期间的减少数额。

本表“年末数”栏反映净资产各项目年初数通过增加数和减少数调整后的年末数额。

3. 本表中净资产各项目及其所属各明细项目的“年初数”应根据上年末本表对应项目“年末数”填列。

本表中净资产各项目及其所属各明细项目的“本年增加数”和“本年减少数”应根据相关科目及其所属明细科目的发生额分析填列。其中，“未弥补亏损”项目应根据“结余分配”借方发生额以“－”号分析填列。

本表中净资产各项目及其所属各明细项目的“年末数”应根据相关科目及其所属明细科目的年末余额分析填列。其中，“未弥补亏损”项目应根据“结余分配”年末借方余额以“－”号分析填列。

医院财务报表审计指引

YIYUAN CAIWUBAOBIAO SHENJI ZHIYIN

关于印发《医院财务报表审计指引》的通知

会协［2011］3号

各省、自治区、直辖市注册会计师协会：

为了指导注册会计师执行医院财务报表审计业务，明确工作要求，提高执业质量，我会起草了《医院财务报表审计指引》，现予印发，自2011年7月1日施行。执行中有何问题，请及时反馈我会。

附件：医院财务报表审计指引

中国注册会计师协会

二〇一一年一月十四日

第一章 总 则

一、制定目的与依据

为了规范注册会计师执行医院财务报表（也称会计报表）审计业务，明确工作要求，保证执业质量，根据中国注册会计师审计准则（以下简称审计准则）、事业单位会计准则、《医院会计制度》及国家其他有关法律法规，制定本指引。

二、相关定义

本指引中所称医院，是指中华人民共和国境内各级各类独立核算的公立医院（以下简称医院），包括综合医院、中医院、专科医院、门诊部（所）、疗养院等，不包括城市社区卫生服务中心（站）、乡镇卫生院等基层医疗卫生机构。

医院财务报表包括资产负债表、收入费用总表、现金流量表、财政补助收支情况表以及有关附表。医院财务报表附注是为便于财务报表使用者理解财务报表的内容而对财务报表的编制基础、编制依据、编制原则和方法及主要项目等所作的解释。此外，财务情况说明书也是重要补充。财务情况说明书主要说明医院业务开展、预算执行情况、资产利用与负债管理情况、成本核算及内部控制情况、绩效考评情况以及需要说明的其他事项。

三、合理保证

注册会计师需要按照审计准则和本指引的规定，对被审计医院财务报表整体是否不存在由于舞弊或错误导致的重大错报获取合理保证，以作为发表审计意见的基础。

当注册会计师按照审计准则和本指引的规定执行医院财务报表审计业务，并获取充分、适当的审计证据将审计风险降至可接受的低水平时，就对被审计医院财务报表不存在重大错报获取了合理保证。

四、职业怀疑

在计划和实施医院财务报表审计工作时，注册会计师需要保持职业怀疑态度，充分考虑可能存在的导致被审计医院财务报表发生重大错报的情形，并以质疑的思维方式评价所获取审计证据的有效性，对相互矛盾的审计证据、引起对作为审计证据的文件记录和询问的答复的可靠性产生怀疑的信息、表明可能存在舞弊的情况、表明需要实施除审计准则规定外的其他审计程序的情形保持警觉。

五、沟通

按照审计准则和本指引的相关规定，注册会计师还可能就审计中出现的事项，与被审计医院管理层和治理层进行沟通。

六、审计目标

注册会计师执行医院财务报表审计的总体目标是：

（一）对财务报表整体是否不存在由于舞弊或错误导致的重大错报获取合理保证，使得注册会计师能够对被审计医院财务报表是否在所有重大方面按照事业单位会计准则、《医院会计制度》以及国家其他有关法律法规的规定编制发表审计意见。

（二）按照审计准则和本指引的规定，根据审计结果对财务报表出具审计报告，并与管理层和治理层沟通。

在任何情况下，如果不能获取合理保证，并且在审计报告中发表保留意见也不足以实现向财务报表预期使用者报告的目的，注册会计师需要按照审计准则和本指引的规定出具无法表示意见的审计报告，或者在法律法规允许的情况下终止审计业务或解除业务约定。

七、职业道德要求

注册会计师执行医院财务报表审计业务，需要遵守中国注册会计师职业道德守则，遵循诚信、客观和公正原则，在审计工作中保持独立性，获取和保持专业胜任能力，保持应有的关注，并对执业过程中获知的涉密信息保密，维护职业声誉、树立良好职业形象。

八、总体要求

注册会计师需要了解被审计医院的基本情况，考虑自身独立性和专业胜任能力，在初步评估风险的基础上，确定是否接受业务委托。

在承接业务时，注册会计师需要确定审计的前提条件是否存在，并在此基础上与被审计医院就财务报表审计的目标和范围、被审计医院管理层的责任、注册会计师的责任、审计收费、审计报告的预期形式和内容等达成一致意见并签订审计业务约定书。

执行医院财务报表审计业务时，注册会计师需要实施风险评估程序，识别和评估财务报表重大错报风险。风险评估程序本身并不足以为发表审计意见提供充分、适当的审计证据，注册会计师还需要在实施风险评估程序的基础上设计和实施进一步审计程序，包括实施控制测试（必要时或决定测试时）和实质性程序，获取充分、适当的审计证据，得出合理的审计结论，作为形成审计意见的基础。

九、适用范围

本指引适用于注册会计师执行医院财务报表审计业务。

本指引着重规范医院财务报表审计业务的特殊方面，对于医院财务报表审计业务涉及的事项而本指引未予规范的，注册会计师需要遵守相关审计准则的规定。

注册会计师在对企业事业单位、社会团体及其他社会组织举办的非营利性医院进行审计时，可根据实际需要参照本指引。

第二章　初步业务活动

一、初步业务活动的目的

（一）初步业务活动的基本要求

开展初步业务活动的目的是帮助注册会计师制定审计计划，确保在计划审计工作时达到下列要求：

1. 注册会计师具备执行业务所需的独立性和专业胜任能力。

2. 不存在因被审计医院管理层诚信问题而可能影响注册会计师承接该项业务意愿的情况。

3. 注册会计师与被审计医院之间不存在对业务约定条款的误解。

（二）开展初步业务活动需要考虑的特殊事项

1. 与被审计医院管理层和治理层讨论有关财务报表审计的重大问题，包括这些重大问题对总体审计策略和具体审计计划的影响。

2. 分派了解医院行业特点、熟悉相关政策、具有专业胜任能力的人员；针对预见到的特别风险，分派具有适当经验、专业胜任能力较强的人员。

3. 根据会计师事务所接受医院财务报表审计委托的质量控制制度实施的其他审计程序。

4. 被审计医院最近一个会计年度接受审计的情况。

二、初步业务活动的内容

（一）实施相应的质量控制程序

无论是首次接受审计委托还是连续审计，注册会计师都需要在审计业务开始时实施相应的质量控制程序。在首次接受审计委托时，注册会计师需要执行针对建立客户关系和承接具体审计业务的质量控制程序；而在连续审计时，注册会计师需要执行针对保持客户关系和承接具体审计业务的质量控制程序。

在首次接受审计委托或连续审计时，注册会计师需要考虑下列事项：

1. 被审计医院关键管理人员和治理层是否诚信。

注册会计师需要与被审计医院管理层和治理层直接沟通。必要时，与被审计医院的行业主管部门（或举办单位）或其他有关部门的人员进行沟通，或查阅相关资料，分析判断被审计医院关键管理人员和治理层的诚信情况。

注册会计师对被审计医院管理层和治理层诚信的考虑可能需要贯穿审计业务的全过程。例如，在现场审计过程中，如果注册会计师发现财务报表存在舞弊，因而对管理层、治理层的诚信产生了重大疑虑，则需要针对这一新情况，考虑在必要时重新实施相应的质量控制程序，以决定是否继续保持该项业务及客户关系。

2. 项目组是否具备专业胜任能力及必要的时间和资源。

医院财务报表审计要求注册会计师除了需要具备财务、会计、审计方面的知识与经验外，还需要熟悉我国医疗卫生行业的相关政策、发展状况以及医院的运营与管理特征等。在评价专业胜任能力时，注册会计师需要考虑是否已具备这些专业知识与经验。在考虑建立或保持客户关系并接受业务委托时，注册会计师还需要考虑能否提供必要的时间和资源，以满足执行该项审计业务的需要。

（二）评价遵守相关职业道德要求的情况

评价遵守相关职业道德要求的情况也是一项非常重要的初步业务活动。职业道德守则和质量控制准则对包括诚信、独立性、客观和公正、专业胜任能力和应有的关注、保密、良好职业行为在内的有关职业道德问题提出了要求，注册会计师需要按照其规定执行。

（三）就业务约定条款与被审计医院达成一致意见

在作出接受或保持客户关系及接受业务委托的决策后，注册会计师需要按照审计准则和本指引的规定，在审计业务开始前与被审计医院就审计业务约定条款达成一致意见，以避免双方对审计业务的理解产生分歧。

三、审计业务约定书

（一）审计的前提条件

被审计医院管理层和治理层认可与财务报表相关的责任，是注册会计师执行审计工作的前提，构成注册会计师按照审计准则和本指引的规定执行审计工作的基础。为了确定审计的前提条件是否存在，注册会计师需要：

1．确定管理层是否按照事业单位会计准则、《医院会计制度》以及国家其他有关法律法规的规定编制财务报表。

2．就管理层认可并理解其责任与管理层达成一致意见。

如果审计的前提条件不存在，注册会计师需要就此与管理层沟通，并采取妥善措施加以处理。

（二）审计业务约定书的内容

1．审计业务约定书的具体内容可能因被审计医院的不同而存在差异，但需要包括下列主要方面：

（1）财务报表审计的目标和范围。

（2）被审计医院管理层的责任。

（3）注册会计师的责任。

（4）财务报表的编制基础。

（5）拟出具的审计报告的预期形式和内容，以及在特定情况下对出具的审计报告可能不同于预期形式和内容的说明。

2．注册会计师可以考虑在审计业务约定书中增加下列条款：

（1）详细说明审计工作的范围，包括提及适用的法律法规、审计准则，以及中国注册会计师协会发布的职业道德守则和其他公告。

（2）对审计业务结果的其他沟通形式。

（3）说明由于审计和内部控制的固有限制，即使审计工作按照审计准则和本指引的规定得到恰当的计划和执行，仍不可避免地存在某些重大错报未被发现的风险。

（4）计划和执行审计工作的安排，包括审计项目组的构成。

（5）管理层确认将提供书面声明。

（6）管理层同意向注册会计师及时提供财务报表草稿和其他所有附带信息，以使注册会计师能够按照预定的时间表完成审计工作。

（7）管理层同意告知注册会计师在审计报告日至财务报表报出日之间注意到的可能影响财务报表的事实。

（8）收费的计算基础和收费安排。

（9）管理层确认收到审计业务约定书并同意其中的条款。

3. 如果情况需要，审计业务约定书也可列明下列内容：

（1）在某些方面对利用其他注册会计师和专家工作的安排。

（2）对审计涉及的内部审计人员和被审计医院其他员工工作的安排。

（3）在首次审计的情况下，与前任注册会计师（如适用）沟通的安排。

（4）说明对注册会计师责任可能存在的限制。

（5）注册会计师与被审计医院之间需要达成进一步协议的事项。

（6）向其他机构或人员提供审计工作底稿的义务。

第三章　计划审计工作

计划审计工作包括针对审计业务制定总体审计策略和具体审计计划。

一、总体审计策略

注册会计师需要制定总体审计策略，以确定审计工作的范围、时间安排和方向，并指导具体审计计划的制定。

（一）审计范围

注册会计师需要根据被审计医院采用的事业单位会计准则、《医院会计制度》及国家其他有关法律法规、医疗卫生行业的报告要求以及被审计医院组成部分的分布等情况，确定审计范围。在确定审计范围时，注册会计师需要考虑下列事项：

1. 被审计医院财务报表是否按照事业单位会计准则、《医院会计制度》及国家其他有关法律法规的规定编制。

2. 医疗卫生行业的报告要求。如医疗卫生行业的主管部门（或举办单位）和财政部门提出的报告要求。

3. 预期的审计工作涵盖范围，包括被审计医院组成部分的数量及所在地点。

4. 由组成部分注册会计师审计组成部分的范围。

5. 拟审计的运营分部的性质，包括是否需要具备专门知识。

6. 外币交易的会计处理。

7. 内部审计工作的可获得性及注册会计师拟信赖内部审计工作的程度。

8. 被审计医院使用服务机构的情况，以及注册会计师如何取得有关服务机构内部控制设计和运行有效性的审计证据。

9. 对利用以前审计工作中获取的审计证据的预期，如获取的与风险评估程序和控制测试相关的审计证据。

10. 信息技术对审计程序的影响，包括数据的可获得性和对使用计算机辅助审计技术的预期。

11. 将审计工作与中期财务信息审阅的预期涵盖范围和时间安排进行协调，并考虑中期审阅所获取的信息对审计工作的影响。

12. 与被审计医院人员的时间协调和相关数据的可获得性。

（二）审计时间

总体审计策略的制定需要明确审计业务的报告目标，以计划审计的时间安排，包括审计工作的时间、提交审计报告的时间以及预期与管理层和治理层沟通的重要日期等。

为计划报告目标、时间安排和沟通性质，注册会计师需要考虑下列事项：

1. 被审计医院对外报告的时间表，包括中间阶段和最终阶段。

2. 与管理层和治理层、被审计医院行业主管部门（或举办单位）、财政部门举行会谈，讨论审计工作的性质、时间安排和范围。

3. 与管理层和治理层、被审计医院行业主管部门（或举办单位）、财政部门讨论注册会计师拟出具的报告的类型和时间安排以及沟通的其他事项（口头或书面沟通），包括审计报告、管理建议书和向治理层通报的其他事项。

4. 与管理层讨论就整个审计业务中对审计工作的进展需要进行的沟通。

5. 与组成部分注册会计师沟通拟出具的报告的类型和时间安排，以及与组成部分审计相关的其他事项。

6. 项目组成员之间沟通的性质和时间安排，包括项目组会议的性质和时间安排，以及复核已执行工作的时间安排。

7. 是否需要和第三方进行其他沟通，包括与审计相关的法定或约定的报告责任。

（三）审计方向

总体审计策略的制定需要考虑影响审计业务的重要因素以及从初步业务活动和从其他业务获得的经验，以确定项目组工作方向，包括确定适当的重要性水平，初步识别可能存在较高的重大错报风险的领域，初步识别重要的组成部分和账户余额，评价是否需要针对内部控制的有效性获取审计证据，识别被审计医院、医疗卫生行业、财务报表要求及其他相关方面最近发生的重大变化等。

在确定审计方向时，注册会计师需要考虑下列事项：

1. 重要性。

在制定总体审计策略时，注册会计师需要确定财务报表整体的重要性。根据被审计医院的特定情况，如果存在一个或多个特定类别的交易、账户余额或披露，其发生的错报金额虽然低于财务报表整体的重要性，但合理预期可能影响财务报表使用者依据财务报表作出的经济决策，注册会计师还需要确定适用于这类交易、账户余额或披露的一个或多个重要性水平。

在确定重要性时，注册会计师可能还需要考虑下列事项：

（1）按照《中国注册会计师审计准则第 1401 号——对集团财务报表审计的特殊考虑》的规定，为组成部分确定重要性并就此与组成部分注册会计师进行沟通。

（2）初步识别重要组成部分和重要的交易、账户余额和披露。

考虑到医院属于非营利性组织，注册会计师可以使用费用总额、收入总额或资产总额作为重要性水平确定的基准。

2. 初步识别的可能存在较高重大错报风险的领域。

3. 评估的财务报表层次的重大错报风险对指导、监督和复核的影响。

4. 就项目组成员在收集和评价审计证据过程中保持质疑的思维方式和职业怀疑的必要性，向项目组成员强调所采用的方式。

5. 以前审计中对内部控制运行有效性评价的结果，包括识别出的缺陷的性质和应对措施。

6. 与会计师事务所内部向被审计医院提供其他服务的人员讨论可能对审计产生影响的事项。

7. 有关管理层对设计、执行和维护内部控制重视程度的证据，包括有关这些内部控制得以适当记录的证据。

8. 交易量规模，以确定注册会计师信赖内部控制是否使审计工作更有效率。

9. 被审计医院全体人员对内部控制对于业务有效运行的重要性的认识。

10. 影响被审计医院业务的重大发展变化，包括信息技术和业务流程的变化，关键管理人员变化以及医院的重组。

11. 重大的行业发展情况，如行业法规和报告要求的变化。

12. 财务报表编制基础的重大变化，如被审计医院采用新的事业单位会计准则和《医院会计制度》。

13. 其他相关重大变化，如影响被审计医院的法律环境的变化。

（四）审计资源调配

1. 项目组成员（在必要时包括项目质量控制复核人员）的选择以及对项目组成员审计工作的分派，包括向可能存在较高重大错报风险的领域分派具备适当经验的人员。

2. 项目预算，包括为可能存在较高重大错报风险的领域预留适当的工作时间。

二、具体审计计划

注册会计师需要为审计工作制定具体审计计划。具体审计计划比总体审计策略更加详细，其内容包括为获取充分、适当的审计证据以将审计风险降至可接受的低水平，项目组成员拟实施的审计程序的性质、时间安排和范围。具体审计计划包括计划实施的风险评估程序、在认定层次计划实施的进一步审计程序和计划实施的其他审计程序。

（一）计划实施的风险评估程序

注册会计师需要根据《中国注册会计师审计准则第 1211 号——通过了解被审计单位及其环境识别和评估重大错报风险》和其他审计准则的规定，计划实施的风险评估程序的性质、时间安排和范围。

（二）计划实施的进一步审计程序

注册会计师需要根据《中国注册会计师审计准则第1231号——针对评估的重大错报风险采取的应对措施》的规定，计划实施的进一步审计程序的性质、时间安排和范围。

（三）计划实施的其他审计程序

注册会计师需要根据审计准则的规定，针对审计业务计划需要实施的其他审计程序。计划实施的其他审计程序可以包括上述计划进一步审计程序中没有涵盖的、根据审计准则的要求注册会计师需要执行的既定审计程序（如阅读含有已审计财务报表的文件中的其他信息，与被审计医院律师直接沟通）。

需要提醒的是，随着审计工作的推进，对审计程序的计划会逐步深入，并贯穿于整个审计过程。例如，计划风险评估程序在审计过程的较早阶段进行，而计划进一步审计程序的性质、时间安排和范围，取决于风险评估程序的结果。此外，注册会计师可能先执行与某些类别的交易、账户余额和披露相关的进一步审计程序，再计划其他所有的进一步审计程序。

第四章　风险评估

了解被审计医院及其环境（包括内部控制），评估重大错报风险是注册会计师实施进一步审计程序的基础。注册会计师需要有针对性地实施询问被审计医院管理层以及内部其他人员、分析程序、观察和检查等风险评估程序，为识别和评估财务报表层次和认定层次的重大错报风险提供基础。但是，风险评估程序本身并不能为形成审计意见提供充分、适当的审计证据。本章重点规范了解被审计医院及其环境和评估重大错报风险，第五章规范了解被审计医院内部控制。

一、了解被审计医院及其环境

（一）行业状况、法律环境和监管环境以及其他外部因素

1．行业状况。

（1）市场与竞争，包括市场需求、服务能力和价格竞争。

了解被审计医院周边医疗市场的资源配置状况（如医院的数量、布局、等级），地区经济发展趋势，以及市民医疗消费需求发展情况，明确周边医

疗卫生资源分布是否合理，被审计医院的医疗服务关键指标值与行业指标值相比是否存在较大差异，并影响被审计医院的医疗服务水平。

医疗卫生行业的关键指标和统计数据主要包括，卫生资源总量（如卫生机构总数、医疗机构床位数、卫生人力总量、卫生总费用等）、医疗服务状况（如门诊服务、住院服务、病床使用等）、病人医药费用（如门诊和住院病人人均医药费用）、疾病控制与公共卫生（如传染病报告发病和死亡）以及卫生监督（如医疗服务、采供血和传染病防治监督）等。

（2）医疗服务的季节性和周期性。

了解被审计医院医疗服务的种类，以及相关病种的暴发是否具有一定的季节性和周期性等特点。

（3）医疗服务的技术水平。

了解被审计医院医疗服务的总体技术状况，以及医疗科研成果的应用、先进诊疗技术的实施和专业技术人才的引进对总体技术水平的影响。同时了解同行业其他医院的相关信息。

（4）能源供应与成本。

了解被审计医院开展日常医疗服务时所需能源的供应及其成本。

在了解被审计医院的行业状况时，注册会计师还需要注意医院的行业性质及其监管环境所导致的特定重大错报风险。例如，由于所处行业的特殊性，医院是不以营利为目的的公益性事业单位，国家对其有较为严格的预决算规范和监督，注册会计师需要考虑被审计医院是否存在虚列支出、隐瞒或错误列报人员薪酬福利等特定重大错报风险。

2. 法律环境及监管环境。

（1）会计原则和国家法律法规的规定。

了解被审计医院是否遵循事业单位会计准则和《医院会计制度》，以及国家其他有关法律法规的相关规定。

（2）医疗卫生行业的法规框架与监管。

了解被审计医院所处的医疗卫生行业的法律法规框架。了解行业主管部门（或举办单位）所制订的相关监管制度，包括行业主管部门（或举办单位）直接开展的定期和不定期的监管活动。

（3）税收政策。

了解作为不以盈利为目的的公益性事业单位所处的税收环境，特别是了解适用的税种及相关税率情况。

（4）对被审计医院开展医疗服务产生影响的政府相关政策。

了解目前国家开展的医疗卫生体制改革动因、方式、步骤、政策等具体情况以及对被审计医院开展医疗服务产生的影响。如初步建立国家基本药品制度将改变以往以药养医的格局，对被审计医院药品采用、选择、核算、考核、监督产生的重大影响。

（5）影响行业和被审计医院医疗服务的环保要求。

了解国家对医院提出的环保要求。如对医疗垃圾的处理是否遵循《中华人民共和国固体废物污染环境防治法》、《医疗废物管理条例》和国家环保总局的相关规定，是否存在因环保未达标而影响提供正常医疗服务的情况。

（二）被审计医院的性质

1．组织结构。

（1）部门设置与分布。例如，被审计医院是否在多个地区拥有分院或拥有多个科室等。

（2）各部门职能及其业务流程。

（3）管理组织机构设置是否合理，是否建立院、科两级管理责任制，是否能够满足管理工作需要，三级医院是否按规定设置总会计师。一般来说，较为复杂的组织结构通常较有可能产生导致重大错报风险的问题。

（4）是否有完整的规章制度和岗位职责。

（5）是否建立了科学的决策机制，“三重一大”（即重大问题决策、重要干部任免、重大项目投资决策、大额资金使用）事项是否经集体决策并按规定程序报批。

2．所有权结构。

了解被审计医院的所有权结构与主要所有者，识别被审计医院吸收社会资本的情况，分析他们之间的关系是否会对财务报表的合法性、公允性产生影响。

3．业务活动。

（1）被审计医院各项收入的来源，提供的所有医疗服务项目的名称、收费标准以及价格水平。

（2）被审计医院临床检查、诊断和治疗的开展情况。

（3）联盟、合营与外包情况。如是否存在加盟、合营分院，科室对外承包等情况。

（4）被审计医院的地区分布与行业细分情况。如是否在全国、全省范围内设有分支机构，是否为专科医院或由不同分院提供不同的医疗服务。

（5）被审计医院是否存在自制药品的情况，其主要生产设施、仓库和办公室的地理位置；医院科室楼层分布情况以及药品等存货存放地点和数量。

（6）了解被审计医院的关键客户及货物和服务的重要供应商，劳动用工安排（包括是否存在工会合同、退休金和其他退休福利或激励性奖金安排以及与劳动用工事项相关的政府法规）。如部队医院可能只对某些军种或人员提供医疗服务，这些特定人员可能是其关键客户；被审计医院的某些化验可能交由外部专业化验机构开展，该外部专业化验机构有可能是医院的重要供应商。

（7）承担医疗卫生科研与教学的有关情况。

（8）关联方交易。

（9）药品使用、大型医疗设备的配置和使用、卫生材料及植（介）入类医疗器械等的控制和管理。

（10）是否能够承担突发事件紧急医疗救援任务，是否有突发事件（突发公共卫生事件、灾害事故等）应急预案并组织演练，是否能够及时、妥善处理突发事件。

（11）国家重大公共卫生服务项目的开展情况。如为 15 岁以下人群补种乙肝疫苗。

（12）医疗事故发生件数、等级、责任程度，以及重大医疗过失行为和医疗事故报告率。

（13）医患关系及医疗纠纷情况。

在了解上述内容时，注册会计师需要考虑是否利用医疗卫生及信息技术等行业有关专家的工作。

4. 投资与投资活动。

（1）近期拟实施或已实施的并购活动或资产处置。

（2）证券投资与委托贷款的处置。

（3）资本性投资活动。如固定资产（尤其是大型医疗设备的购置）和无形资产的采购等。

（4）其他投资。

注册会计师还需要关注被审计医院的投资活动是否符合《医院财务制度》的相关规定，是否仅限于以货币资金购买国家债券或以实物、无形资产等开展投资活动。

5. 筹资与筹资活动。

(1) 主要子公司和联营企业(无论是否处于合并范围内)。

(2) 债务结构和相关条款，包括资产负债表外融资和租赁安排。

(3) 实际受益方及关联方。

6. 信息化建设。

(1) 是否以医院管理为重点，大力推进医院信息化建设，构建信息网络平台。是否能够利用网络信息技术，开展与其他医疗卫生机构的合作。

(2) 信息系统是否符合《医院信息系统基本功能规范》，并满足医院管理和临床工作需要。其中，对固定资产是否采取了电子信息化管理，定期与财务部门核对，做到账账相符、账卡相符、账实相符。

(3) 信息系统运行是否稳定、安全和高效，是否可连续、系统、准确收集、整理、分析和反馈医院管理和医疗质量控制等需要的信息，是否能够与其他医疗机构、卫生行政部门及相关部门实现信息共享。

(4) 是否严格执行保密制度，实行信息系统操作权限分级管理，保障网络安全，保护患者隐私。

7. 财务报表。

(1) 会计政策和行业特定惯例，包括特定行业的重要活动(如医院的研究与开发活动)。

(2) 收入确认的特殊性及其惯例。

(3) 公允价值会计核算。

(4) 外币资产、负债与交易。

(5) 异常或复杂交易(包括在有争议或新兴领域的交易)的会计处理。

注册会计师在了解被审计医院的性质时，还需要注意其以前期间发生的重大变化可能导致或改变重大错报风险。

(三) 对会计政策的选择与运用

注册会计师需要了解被审计医院对会计政策的选择和运用是否符合事业单位会计准则、《医院会计制度》以及国家其他有关法律法规的规定，是否符合被审计医院的具体情况。在了解被审计医院对会计政策的选择和运用是否适当时，注册会计师需要关注下列事项：

1. 医院会计制度的总体特点。

医院是公益性事业单位，其会计核算反映了国库集中支付和财政收支分类等财政内容，与我国现行财政体制紧密相关。从会计科目的设置上看，

“零余额账户用款额度”、“财政应返还额度”、“应缴款项”，主要用于核算实行国库集中支付的医院收到或需上缴的款项，并且设置了“财政直接支付”和“财政授权支付”两个明细科目，以反映这两种支付方式下的医院财政收支情况。“事业基金”核算医院拥有的非限定用途的净资产，主要包括滚存的结余资金和科教项目结余解除限定后转入的金额等；“专用基金”核算医院按规定设置、提取的具有专门用途的净资产；“待冲基金”核算医院使用财政补助、科教项目收入购建固定资产、无形资产或购买药品、卫生材料等物资所形成的，留待计提资产折旧、摊销或领用发出库存物资时予以冲减的基金；“财政补助收入”核算按部门预算隶属关系从同级财政部门取得的各类财政补助；“科教项目收入”核算医院取得的除财政补助收入外专门用于科研、教学项目的补助收入。

2. 重要项目的会计政策和行业惯例。

医院会计制度中某些交易和事项的会计处理具有一定特点，例如，药品采用实际采购价格确定，医院购进库存物资单独发生的运杂费，能够直接计入医疗业务成本的，计入医疗业务成本，不能直接计入医疗业务成本的，计入管理费用；低值易耗品领用实行一次性摊销，个别价值较高或领用报废相对集中的可采用五五摊销法；对长期股权投资只采用成本法核算；在发生固定资产、无形资产出售、转让、报废、毁损等情况时，如果按规定上缴时，应贷记应缴款项。

除会计政策以外，可能还存在一些行业惯例，注册会计师需要熟悉这些行业惯例。当医院采用与行业惯例不同的会计处理方法时，注册会计师需要了解其原因，并考虑采用与行业惯例不同的会计处理方法是否适当。

3. 会计政策的变更。

注册会计师需要了解被审计医院本期会计政策的选用与前期相比是否发生重大变化，包括对本期新发生的交易或事项选用的会计政策，对前期不重大而本期重大的交易或事项选用的会计政策等。

如果被审计医院变更了重要的会计政策，注册会计师需要考虑变更的原因及其适当性，即考虑：会计政策的变更是否是法律法规或者事业单位会计准则、《医院会计制度》要求的变更；会计政策变更是否能够提供更可靠、更相关的会计信息。除此之外，注册会计师还需要关注会计政策的变更是否得到充分披露。

（四）目标、战略以及相关业务风险

1. 被审计医院是否准确把握国家的宏观政策取向，并结合最新医药卫生体制改革的总体要求，制订了相应的总体规划；被审计医院近期的工作思路和工作目标。

2. 医院是否了解自身的核心竞争力，是否有一套与发展战略相适应的战略规划。

3. 被审计医院的外部环境（机遇与风险）和内部情况（优势和劣势）。注册会计师可以对有关人员、设备、技术力量、服务能力、工作量等方面的历年数据进行加工、分析，了解被审计医院面临的业务风险。例如，是否存在研究开发新式医疗手段失败的风险，是否存在业务扩大导致内部管理欠缺的风险，是否存在会计人员未能正确理解新《医院会计制度》的风险，是否存在行业监管机构进一步加强监管的风险，是否存在现金流量及融资方面的风险，是否存在信息系统瘫痪的风险等。

（五）被审计医院财务业绩的衡量和评价

被审计医院内部或外部的业绩衡量和评价可能对管理层产生压力，促使其采取措施改善财务业绩或歪曲财务报表。注册会计师需要了解被审计医院财务业绩的衡量和评价情况，考虑这种压力是否可能导致管理层采取行动，以至于增加财务报表发生重大错报的风险。在了解被审计医院财务业绩衡量和评价情况时，注册会计师需要关注下列信息：

1. 是否有专门的机构（如薪酬与绩效管理委员会）和人员负责财务业绩的衡量与评价。

2. 是否建立了完善的财务业绩的衡量和评价体系，衡量和评价体系包含的财务分析指标是否全面、完整。

医院财务分析指标一般包括：

（1）预算管理指标。如预算执行率、财政专项拨款执行率。

（2）结余和风险管理指标。如业务收支结余率、资产负债率、流动比率。

（3）资产运营指标。如总资产周转率、应收医疗款周转天数、存货周转率。

（4）成本管理指标。如每门诊人次收入、每门诊人次支出及门诊收入成本率，每出院人次收入、每出院人次支出及住院收入成本率，百元收入药品、卫生材料消耗。

（5）收支结构指标。如人员经费支出比率、公用经费支出比率、管理费用率、药品、卫生材料支出率、药品收入占医疗收入比重。

（6）发展能力指标。如总资产增长率、净资产增长率、固定资产净值率。

3. 本期财务分析指标与上期财务分析指标的比较分析。

4. 是否制定了相应的年度预算，并将预算执行结果、成本控制目标实现情况和业务工作效率等一并作为内部业务综合考核的重要内容。

5. 以服务质量及岗位工作量为主的综合绩效考核和岗位绩效工资制度的实施情况，并与分配激励制度、人力资源管理制度相联系。

6. 与竞争对手的业绩比较。

二、评估重大错报风险

注册会计师需要在了解被审计医院及其环境的整个过程中，结合对财务报表中各类交易、账户余额和披露的考虑，识别和评估财务报表的重大错报风险，包括识别和评估财务报表层次和认定层次的重大错报风险，确定需要特别考虑的重大错报风险和仅通过实质性程序无法应对的重大错报风险，以及对风险评估的结果作出修正。

（一）识别和评估重大错报风险的程序

1. 在了解被审计医院及其环境（包括与风险相关的控制）的整个过程中，结合对财务报表中各类交易、账户余额和披露的考虑，识别风险。

2. 评估识别出的风险，并评价其是否更广泛地与财务报表整体相关，进而潜在地影响多项认定。

3. 结合对拟测试的相关控制的考虑，将识别出的风险与认定层次可能发生错报的领域相联系。

4. 考虑发生错报的可能性（包括发生多项错报的可能性），以及潜在错报的重大程度是否足以导致重大错报。

（二）可能表明被审计医院存在重大错报风险的事项和情况

1. 医药卫生体制改革使医院运营所处的行业环境、政策环境发生变化。

2. 受到相关法律法规和主管卫生部门的严格监管。

3. 医疗事故的发生导致运营失败。

4. 开发新的医药产品或提供新的医疗服务。

5. 建立新的医院分支机构。

6. 发生重大重组、并购或其他非经常性事项。

7. 缺乏具备胜任能力的会计人员。

8. 关键人员变动。

9. 内部控制薄弱，内部控制制度不健全，执行不到位。

10. 存在未决诉讼和预计负债。

11. 违规使用财政拨付资金。

12. 会计政策和会计估计发生重大变化。

13. 以往存在重大错报或期末出现重大会计调整。

14. 发生重大、异常或超出正常运营过程的交易（如期末发生大量收入）。

15. 会计计量、计算过程过于复杂。

16. 事项或交易在计量时存在重大不确定性（包括会计估计）。

17. 管理层过多地干预会计处理或按其特定意图记录的交易（如债务重组、资产出售）。

18. 对数据的收集和处理在采用信息系统的背景下仍进行很多人工干预。

19. 采用新的与财务报表有关的重大信息技术系统。

20. 其他事项和情况。

注册会计师需要充分关注可能表明被审计医院存在错报风险的上述事项和情况，并考虑由于上述事项和情况导致的风险是否重大，以及该风险导致财务报表发生重大错报的可能性。

（三）识别与评估重大错报风险

在对重大错报风险进行识别和评估后，注册会计师需要确定，识别的重大错报风险是与特定的某类交易、账户余额和披露的认定相关，还是与财务报表整体广泛相关。

1. 识别与评估的财务报表层次的重大错报风险。

某些重大错报风险可能与财务报表整体广泛相关，进而影响多项认定。例如，医药卫生体制改革使被审计医院运营所处的行业环境发生变化。通过实行药品购销差别加价、设立药事服务费等多种方式逐步改革或取消药品加成政策，同时采取适当调整医疗服务价格、增加政府投入、改革支付方式等措施完善被审计医院补偿机制。这些改革会对被审计医院的药品采购、医疗收入、财政补助等多个方面产生影响，并可能导致重大错报的发生。又如，管理层缺乏诚信或承受异常的压力可能引发舞弊风险，这些风险与财务报表整体广泛相关。

财务报表层次的重大错报风险可能源于薄弱的控制环境。薄弱的控制环境带来的风险可能对财务报表产生广泛影响。例如，被审计医院管理层对内部控制的重要性缺乏认识，没有建立完善的制度和程序；被审计医院信息系统的运行状况直接决定财务信息的质量，但信息系统的运行缺乏有效的维护。注册会计师对此需要采取总体应对措施。

2. 识别与评估的认定层次的重大错报风险。

某些重大错报风险可能与特定的交易、账户余额和披露的认定相关。例如，医疗收入没有按照权责发生制的要求确认，住院医疗费在预收医疗款科目挂账，在住院病人办理出院手续结算医疗费时，才确认医疗收入，导致医疗收入的完整性存在重大错报风险。住院部护士站在领用药品和卫生材料时，这些药品和卫生材料就被确认为医疗业务成本，然而这些药品和卫生材料的耗用期限并不确定，医疗业务成本没有分期确认，甚至会存在多领药品和卫生材料，侵占被审计医院资产的情况，导致医疗业务成本存在重大错报风险。固定资产管理不到位，如固定资产入账不及时，或存在未入账的固定资产（如被审计医院在购置设备或药品时，供应商赠予的固定资产未入账，或者在执行科研项目时采购了科研用固定资产而作为费用核销），致使被审计医院存在账外资产。

错报还可能由舞弊导致，注册会计师在风险评估过程中还需关注舞弊风险。例如，除自收自支的资金外，被审计医院还可获得财政资金补助，因此，被审计医院可能存在收入、支出舞弊和预算舞弊的风险，以获取更多的财政补助；被审计医院还可能存在违规设立银行账号隐匿资金，下属部门、科室或人员违规收费，管理者违规侵占或挪用资金等。

由于内部控制有助于防止或发现并纠正认定层次的重大错报，在评估重大错报风险时，注册会计师需要将所了解的内部控制与特定认定相联系。在评估重大错报发生的可能性时，除了考虑可能的风险外，还要考虑控制对风险的抵消和遏制作用。有效的内部控制会减少错报发生的可能性，而控制不当或缺乏控制，错报就会由可能变成现实。例如，由于被审计医院缺乏必要的审批和稽核，相关控制存在缺陷，致使收入入账不完整，退费处理不规范；药品和医疗器械采购环节的控制存在缺陷，如采购的授权与审批权限设置不合理，缺乏有效的制约，存在违规采购，收取供应商回扣的情况；固定资产管理权限不清，资产购置、使用和处置的授权与审批权限的设计不合理或执行无效，资产安全存在隐患。

（四）需要特别考虑的重大错报风险

注册会计师需要运用职业判断，确定识别的风险哪些是需要特别考虑的重大错报风险。在确定哪些风险是特别风险时，注册会计师需要在考虑识别出的控制对相关风险的抵消效果前，根据风险的性质、潜在错报的重要程度和发生的可能性，判断风险是否属于特别风险。

在确定风险的性质时，注册会计师需要考虑下列事项：

1. 风险是否属于舞弊风险。

2. 风险是否与医药卫生体制改革、会计制度和其他方面的重大变化有关。

3. 交易的复杂程度。

4. 风险是否涉及重大的关联方交易。

5. 财务信息计量的主观程度，特别是计量结果是否具有高度的不确定性。

6. 风险是否涉及异常或超出正常运营过程的重大交易。

对特别风险，注册会计师需要评价相关控制的设计情况，并确定其是否已经得到执行。由于与重大非常规交易或判断事项相关的风险很少受到日常控制的约束，管理层可能采取其他措施应对此类风险，注册会计师需要了解被审计医院是否针对该特别风险设计和实施了控制。例如，作出会计估计所依据的假设是否由管理层或专家进行复核，是否建立作出会计估计的内部程序，重大会计估计结果是否经适当机构批准等；管理层在收到重大诉讼事项的通知时采取的措施，包括这类事项是否提交适当的专家处理、是否对该事项的潜在影响作出评估、是否确定该事项在财务报表中的披露问题以及如何确定等。如果管理层未能实施控制以恰当应对特别风险，注册会计师应当认为内部控制存在重大缺陷，并考虑其对风险评估的影响。在此情况下，注册会计师需要就此类事项与治理层沟通。

（五）仅通过实质性程序无法应对的重大错报风险

作为风险评估的一部分，如果认为仅从实质性程序中无法获取充分、适当的审计证据，将认定层次的重大错报风险降至可接受的低水平，注册会计师需要评价被审计医院针对这些风险设计的控制，并确定其执行情况。

在被审计医院对日常交易采用高度自动化处理的情况下，审计证据可能仅以电子形式存在，其充分性和适当性通常取决于自动化信息系统相关控制的有效性，注册会计师需要考虑仅通过实施实质性程序无法获取充分、适当审计证据的可能性。例如，被审计医院使用符合行业主管部门要求的管理软件，医疗处方和诊疗服务以及患者缴费情况均通过该软件管理，该信息系统的运行状况将直接决定财务信息的质量。在这种情况下，如果认为仅通过实施实质性程序不能获取充分、适当的审计证据，注册会计师需要考虑依赖的相关控制的有效性，并对其进行了解、评估和测试。

（六）对风险评估的修正

注册会计师对认定层次重大错报风险的评估需要以获取的审计证据为基础，并可能随着不断获取审计证据而作出相应的变化。例如，注册会计师对重大错报风险的评估可能基于预期控制运行有效这一判断，即相关控制可以防止或发现并纠正认定层次的重大错报。但在测试控制运行的有效性时，注册会计师获取的审计证据可能表明相关控制在被审计期间并未有效运行。同样，在实施实质性程序后，注册会计师可能发现错报的金额和频率比在风险评估时预计的金额和频率要高。因此，如果通过实施进一步审计程序获取的审计证据与初始评估获取的审计证据相矛盾，注册会计师需要修正风险评估结果，并相应修改原计划实施的进一步审计程序。

第五章　了解内部控制

内部控制是被审计医院为了合理保证财务报表的可靠性、运营的效率和效果以及对法律法规的遵守，由管理层和其他人员设计和执行的政策和程序。了解被审计医院的内部控制是识别和评估重大错报风险、设计和实施进一步审计程序的基础。

一、内部控制要素

内部控制包括控制环境、风险评估过程、与财务报表相关的信息系统（包括相关业务流程）与沟通、控制活动和对控制的监督五要素。

在了解内部控制时，注册会计师需要运用职业判断，考虑一项控制单独或连同其他控制是否与评估重大错报风险以及针对评估的风险设计和实施的进一步审计程序相关。在运用职业判断时，注册会计师需要考虑确定的重要性水平、相关风险的重要程度、被审计医院的规模和等级、被审计医院的业务性质，包括组织结构和所有制性质、被审计医院运营的多样性和复杂性、适用的法律法规、内部控制的情况和适用的要素、作为内部控制组成部分的系统（包括利用服务机构）的性质和复杂性、一项特定控制（单独或连同其他控制）是否以及如何防止或发现并纠正重大错报等因素。

在了解内部控制时，注册会计师需要考虑内部控制的人工和自动化成分的特征及其影响。一般而言，信息技术对被审计医院内部控制的作用在于使被审计医院能够在处理大量的交易或数据时，一贯运用事先确定的业务规则，并进行复杂运算；提高信息的及时性、可获得性及准确性；促进对信息的深入分析；提高对被审计医院的运营业绩及其政策和程序执行情况进行监督的能力；降低控制被规避的风险；通过对应用程序系统、数据库系统和操作系统执行安全控制，提高不兼容职务分离的有效性。但信息技术也可能对被审计医院内部控制产生特定风险，这些风险包括：所依赖的系统或程序不能正确处理数据，或处理了不正确的数据，或两种情况并存；未经授权访问数据，可能导致数据的毁损或对数据不恰当的修改，包括记录未经授权或不存在的交易，或不正确地记录了交易。多个用户同时访问同一数据库可能会造成特定风险；信息技术人员可能获得超越其职责范围的数据访问权限，因此破坏了系统应有的职责分工；未经授权改变主文档的数据；未经授权改变系统或程序；未能对系统或程序作出必要的修改；不恰当的人为干预；可能丢失数据或不能访问所需要的数据。

有时，在处理一些需要主观判断或酌情处理的情形时，内部控制的人工成分可能更为适当。如存在大额、异常或偶发的交易；存在难以界定、预计或预测的错误的情况；针对变化的情况，需要对现有的自动化控制进行人工干预；监督自动化控制的有效性等。

（一）控制环境

在评价控制环境的设计时，注册会计师需要考虑构成控制环境的下列要素，以及这些要素如何被纳入被审计医院的业务流程：

1. 对诚信和道德价值观念的沟通与落实。

控制的有效性受负责创建、管理和监控内部控制的人员的诚信和道德价值观的影响。被审计医院的道德行为规范，以及这些规范如何在被审计医院内部得到沟通和落实，决定了是否能产生诚信和道德的行为。例如，被审计医院是否规定工作人员不得从供应商那里获得回扣和礼品；不得参加供应商提供的免费旅游等活动；工作人员不得收取患者医药费之外的礼品或礼金；对违反有关政策和规范的行为是否采取适当的惩罚措施等。

2. 对医疗能力和医疗资质的重视。

胜任能力是指具备完成某一职位的工作所应有的知识和技能。被审计医院是否对其自身的医疗能力和医疗资质引起足够的重视。例如，是否在卫生部门许可范围内执业；是否具有与经许可的医疗服务范围相适应的医疗设备和执业医师；是否将科室外包给不具有医疗能力和资质的人员等。

3．治理层的参与程度。

控制意识在很大程度上受治理层的影响。被审计医院的行为守则、其他法律法规或在为治理层制定的指引中是否明确规定了治理层的职责，如监督内部举报不恰当行为的程序和用于复核内部控制有效性的程序的设计是否合理且有效执行。再如，治理层是否对举报医生收受红包进行认真调查，并对查实事项严肃处理。

4．管理层的理念和运营风格。

管理层的理念和运营风格包括管理层对内部控制以及对具体控制实施环境的重视程度、管理层对承担和控制运营风险的偏好、管理层对财务报表的重视程度等。例如，被审计医院管理层是否会选择特殊的会计处理以提高员工福利和薪酬待遇。

5．组织结构。

建立相关的组织结构包括考虑职权和责任的关键领域，以及适当的报告层级。例如，被审计医院是否建立较为完善的各科室和后勤支持部门；员工是否清晰地知道各级管理结构与层次；是否建立药事管理委员会（组）等专门机构。

6．职权与责任的分配。

职权与责任的分配可能包括与适当的运营惯例、关键员工的知识和经验、履行职责时提供的资源相关的政策。此外，还可能包括一些政策及交流活动，用于保证所有员工均了解医院目标、相互之间的工作联系以及个人的工作对实现目标的作用，认识到如何以及对什么承担责任。

7．人力资源政策与实务。

人力资源政策与实务通常能显示与被审计医院控制意识相关的重要事项。例如，被审计医院是否对各岗位录用人员有明确的录用标准；是否强调对在职医生及相关人员开展专业培训；是否建立考核机制以使员工能得到正常晋升和更大的发展空间。

在确定构成控制环境的要素是否得到执行时，注册会计师需要考虑采用询问被审计医院内部人员、观察、检查和穿行测试等风险评估程序，以获取充分、适当的审计证据。

（二）风险评估过程

被审计医院在运营活动中会面临各种各样的风险。这些风险都对其生存和竞争能力产生影响。很多风险并不为被审计医院所控制，但管理层需要确定可以承受的风险水平，识别风险并采取相应的应对措施。可能产生风险的事项和情形包括：监管和运营环境的变化、新员工的加入、新信息系统的使用或对原系统进行升级、业务快速发展、新式医疗技术的运用、新式医疗方法和新药品的应用、开设分支机构、实施新会计政策等。

在评价被审计医院风险评估过程的设计和执行时，注册会计师需要确定管理层如何识别与财务报表相关的运营风险，如何估计该风险的重要性，如何评估风险发生的可能性，以及如何采取措施管理这些风险。

如果被审计医院已建立风险评估过程，注册会计师需要了解风险评估过程及其结果。如果识别出管理层未能识别出的重大错报风险，注册会计师需要评价是否存在潜在风险，即注册会计师预期被审计医院风险评估过程应当识别出的风险。如果存在这种潜在风险，注册会计师需要了解风险评估过程未能识别出的原因，并评价风险评估过程是否适合具体情况，或者确定与风险评估过程相关的内部控制是否存在值得关注的内部控制缺陷。

如果被审计医院未建立风险评估过程，或具有非正式的风险评估过程，注册会计师需要与管理层讨论是否识别出与财务报表目标相关的运营风险以及如何应对这些风险。注册会计师需要评价缺少记录的风险评估过程是否适合具体情况，或确定是否表明存在值得关注的内部控制缺陷。

（三）与财务报表相关的信息系统（包括相关业务流程）与沟通

信息系统与沟通是收集与交换被审计医院执行、管理和控制运营活动所需信息的过程。其中，医院信息管理系统是整个医院信息系统与沟通的重要组成部分，其主要功能是对病人医疗信息、财务核算信息、行政管理信息和管理决策信息等进行收集、存贮、处理、提取和通讯。由于我国医疗卫生行业宏观环境的变化，医院的运营特点、内部管理模式和复杂程度等方面千差万别，因此，被审计医院所采用的医院信息管理系统的功能和特点也不尽相同。

信息系统生成信息的质量直接影响到管理层对运营活动作出正确决策和编制可靠财务报表的能力。注册会计师需要从下列方面了解与财务报表相关的信息系统：

1. 识别与记录所有的有效交易。

2. 以充分详细的方式及时地描述交易，以便在财务报表中对交易作出恰当分类。

3. 以在财务报表中正确记录交易的货币价值的方式计量交易的价值。

4. 确定交易发生的期间，以便将交易计入恰当的会计期间。

5. 在财务报表中恰当列报交易及相关披露。

在了解与财务报表相关的信息系统时，注册会计师需要特别关注管理层凌驾于账户记录控制之上，或规避控制行为而产生的重大错报风险，并考虑被审计医院如何纠正不正确的交易记录。当被审计医院运用信息技术进行数据的传递时，发生的篡改可能不会留下痕迹或证据，注册会计师还需要了解不正确的交易记录是如何解决的，管理层对员工利用信息系统的自身缺陷实施的不当行为是如何应对的。

注册会计师还需要了解被审计医院如何沟通与财务报表相关的人员的角色和职责以及与财务报表相关的重大事项。

（四）控制活动

审计准则和本指引并不要求了解与财务报表中每类重大交易、账户余额和披露或与其每项认定相关的所有控制活动。但注册会计师仍需对与财务报表相关的控制活动进行了解。在了解控制活动时，注册会计师需要重点考虑一项控制活动单独或连同其他控制活动是否能够以及如何防止或发现并纠正各类交易、账户余额和披露存在的重大错报。

在了解和评估一般控制活动时，注册会计师考虑的主要因素可能包括：

1. 被审计医院的主要运营活动是否均有必要的控制政策和程序。

2. 管理层对预算、运营结果和其他方面是否都有清晰的目标，在被审计医院内部，是否对这些目标加以清晰地记录和沟通，并且积极地对其进行监控。

3. 是否存在计划和报告系统，以识别与运营目标的差异，并向适当层级的管理层报告该差异。

4. 是否由适当层级的管理层对差异进行调查，并及时采取适当的纠正措施。

5. 不同人员的职责在何种程度上相分离，以降低舞弊和不当行为发生的风险。

6. 会计系统中的数据是否与实物资产定期核对。

7. 是否建立了适当的保护措施，以防止未经授权接触文件、记录和资产。

8. 是否存在信息安全职能部门负责监控信息安全的政策和程序。

鉴于信息技术已广泛应用于医院日常业务工作中，在了解被审计医院控制活动时，注册会计师需要了解被审计医院如何应对信息技术导致的风险。

（五）对控制的监督

注册会计师需要了解被审计医院对与财务报表相关的内部控制的监督活动，并了解如何采取纠正措施；还需要了解被审计医院对控制的持续监督活动和专门的评价活动。持续的监督活动通常贯穿于被审计医院的日常运营活动与常规管理工作中。

用于监督活动的信息大多由被审计医院的信息系统产生，这些信息可能会存在错报，从而导致管理层从监督活动中得出错误的结论。因此，注册会计师需要了解与被审计医院监督活动相关的信息来源，以及管理层认为信息具有可靠性的依据。如果拟利用被审计医院监督活动使用的信息（包括内部审计报告），注册会计师需要考虑该信息是否具有可靠的基础，是否足以实现审计目标。

为更好地提高审计效率和效果，在被审计医院设有内部审计的情况下，注册会计师需要通过了解内部审计的性质以及内部审计如何适合被审计医院的组织结构、内部审计已实施或拟实施的活动等信息，以确定内部审计是否可能与审计相关。

监督活动可能包括利用与外部有关机构或人员沟通所获取的信息，这些外部信息可能显示内部控制存在的问题或需要改进的领域。例如，患者通过付款来间接表示其接受医院的发票金额，或者对发票金额提出异议。此外，监管机构可能会对影响内部控制运行的问题与医院进行沟通。例如，行业主管部门（或举办单位）、财政部门、审计部门针对医院检查所作的沟通。在执行监督活动时，管理层也可能考虑与注册会计师就内部控制进行沟通。

二、了解和评价业务层面的内部控制活动和信息系统

本指引以医院采购与付款、销售与收款、生产与仓储以及固定资产等循环中最常见的业务流程为主线，以示例的形式说明注册会计师如何了解和评价医院业务流程层面的内部控制活动和信息系统。

需要说明的是，不同医院的具体业务流程可能不尽相同，本指引不可能涵盖实际工作中的所有情况。在执行医院财务报表审计业务时，注册会计师需要结合被审计医院的具体业务情况，对业务流程作出相应的调整和取舍。

（一）了解业务流程的主要步骤

1. 采购与付款循环。

通常所说的医院采购包括对药品、卫生材料、低值易耗品、其他材料等物资的采购。其中，药品采购是医院最主要、最频繁的采购活动，是医院能否有效提供各类医疗服务的核心采购。因此，本指引以药品采购与付款的业务流程为例来说明如何了解和评价与此相关的内部控制活动。药品采购与付款的业务流程通常包括下列主要活动：

（1）药品采购与付款业务流程。

①提出采购申请。

②区分采购类型。

③选择供应商。

④商议合同条款。

⑤药事管理委员会（组）批准。

⑥发出采购订单。

⑦验收入库。

⑧收到采购发票。

⑨复核采购发票的准确性。

⑩支付款项。

⑪生成采购明细账。

⑫汇总采购明细账并过入总账。

（2）退货、折扣与折让的业务流程。

①提出退货、折扣与折让的请求。

②退还药品或得到折扣与折让。

③编制退货、折扣与折让的表单。

④记录退货、折扣与折让。

⑤更新应付账款账户。

（3）维护供应商档案的业务流程。

①提交变更申请。

②审核和批准。

③更新供应商档案。

2. 销售与收款循环。

收入通常被确定为存在较高重大错报风险的重要账户。医院的收入是指医院开展医疗服务及其他活动依法取得的非偿还性资金。一般可以划分为医疗收入、财政补助收入、科教项目收入和其他收入。其中，医疗收入对应的各类医疗服务是医院业务工作的主体和中心环节，具有明显的行业特点，且属于重要业务流程和重要交易类别。医疗收入一般可以分为门诊收入（下设挂号收入、诊察收入、检查收入、化验收入、治疗收入、手术收入、卫生材料收入、药品收入、药事服务费收入、其他门诊收入、结算差额等二级明细）和住院收入（下设床位收入、诊察收入、检查收入、化验收入、治疗收入、手术收入、护理收入、卫生材料收入、药品收入、药事服务费收入、其他住院收入、结算差额等二级明细）。在一些特殊情况下，医疗退费的处理也可能是重要的交易类别。因此，本指引以医疗收入的业务流程为例来说明如何了解和评价与此相关的内部控制活动。医疗收入的业务流程通常包括下列主要活动：

（1）门诊挂号的业务流程。

①收到挂号申请。

②区分是否是医保患者。

③输入挂号系统。

④收妥挂号费用或得到特殊授权。

⑤递交挂号收据。

⑥生成挂号明细账。

⑦汇总明细账至总账。

⑧定期核对库存收据。

⑨定期与各科室进行核对。

（2）门诊收费的业务流程。

①接诊医生开具检查治疗申请单或药品处方。

②收到付费申请。

③核对收费项目及金额。

④区分是否是医保患者。

⑤收妥费用或得到特殊授权。

⑥递交缴款凭证。

⑦生成收费明细账。

⑧汇总明细账至总账。

⑨定期核对库存收据。

⑩定期与各科室进行核对。

（3）住院收入的业务流程。

①收到住院申请。

②收妥预收医疗款或得到特殊授权。

③生成当日费用清单。

④核对预收医疗款使用情况。

⑤补缴预收医疗款。

⑥收到出院申请。

⑦生成住院期间费用清单。

⑧区分是否系医保患者。

⑨收妥费用或得到特殊授权。

⑩递交缴款凭证或进行催讨。

⑪生成明细账。

⑫汇总明细账至总账。

⑬定期核对库存收据。

⑭定期与住院部进行核对。

(4) 退费的业务流程。

①收到退费申请。

②责任人签署退费意见。

③核对退费内容及手续。

④区分是否系医保患者。

⑤收妥退费原始单据。

⑥退还款项并请患者确认。

⑦生成收费明细账。

⑧汇总明细账至总账。

⑨定期核对库存收据。

⑩定期与各科室进行核对。

3. 生产与仓储循环。

通常所说的医院生产活动是指自制药品、卫生材料的制造过程，医院仓储活动是指对药品、医疗器材、卫生材料等存货的存放和保管的过程。生产与仓储循环一般与医院的运营活动密切相关，特别是在某些专科医院（如骨科医院、肿瘤医院、肝病医院等）是注册会计师需要了解和评价的重要内部控制领域。生产与仓储业务流程通常包括下列主要活动：

(1) 入库。

①办妥验收入库手续。

②财务登记入账。

(2) 移库。

①库房移出登记。

②库房移入登记。

（3）出库。

①销售出库。

②医院内部领用出库。

③自制药品生产领用原材料。

④汇总出库统计表，登记入账。

（4）退库。

①销售退回。

②领用退回。

③汇总退库统计表，登记入账。

（5）自制药品生产。

①生产领用原材料。

②组织生产。

③辅助生产成本的归集和分摊。

④产成品的成本核算和结转。

⑤产成品验收入库。

（6）库存盘点。

①编制盘点计划。

②组织实施盘点。

③查找差异原因。

④确认盘点报告。

⑤进行账务处理。

（7）成本核算。

①确定外购物资成本。

②确定自行加工或委托加工完成的物资成本。

③确定接受捐赠的物资成本。

④确定药房从库房领出物资成本。

⑤确定药房销售物资的销售成本。

⑥确定自行加工或委托加工发出物资成本。

⑦确定对外捐赠或用于免费救治发出物资成本。

⑧确定医院在开展医疗活动中内部领用物资成本。

⑨以科室、诊次和床日（或医疗服务项目、病种）为核算对象进行归集。

⑩以科室、诊次和床日（或医疗服务项目、病种）为核算对象进行分摊。

4．固定资产循环。

固定资产是指医院持有的预计使用年限在1年以上（不含1年）、单位价值在规定标准以上、在使用过程中基本保持原有物质形态的有形资产。单位价值虽未达到规定标准，但预计使用年限在1年以上（不含1年）的大批同类物资，应作为固定资产管理。医院固定资产包括房屋及建筑物、专用设备、一般设备和其他固定资产。其中，专业设备为医院的主要运营资产，与医院提供医疗服务的能力密切相关。

对于应用软件，如果其构成相关硬件不可缺少的组成部分，应当将该软件价值包括在所属硬件价值中，一并作为固定资产进行核算；如果其不构成相关硬件不可缺少的组成部分，应当将该软件作为无形资产核算。医院的图书，作为医院较为特殊的资产，参照固定资产进行管理，但不计提折旧。

固定资产循环业务流程通常包括下列主要活动：

（1）立项与预算管理。

①实施可行性论证。

②编制购置预算。

③审批购置预算。

（2）日常购置。

①填写采购单。

②复核、批准采购单。

③组织采购。

④安装、建造。

（3）记录。

①组织验收结算。

②办理验收转固手续。

③移交资产。

④登记入账。

（4）折旧计提。

①计提折旧。

②复核折旧。

③账务处理。

(5) 后续支出。

①提出修理改造申请。

②批准修理改造申请。

③组织实施修理改造。

④组织验收结算。

⑤登记入账。

(6) 盘点与核对。

①编制盘点计划。

②组织实施盘点。

③查找差异原因。

④确认盘点报告。

⑤进行账务处理。

(7) 资产处置。

①提交处置申请。

②批准处置申请。

③实施资产处置。

④进行账务处理。

了解医院业务流程的程序包括检查被审计医院相关控制手册和其他书面指引，询问各科室及职能部门的相关人员，观察业务操作流程等。例如，注册会计师可以询问收费人员，了解收费通知的处理和开票的具体流程；可以询问药房人员，了解药品发货的具体流程；也可以询问会计人员，了解有关账务处理的具体流程。注册会计师还需要考虑具体业务流程在医院内部各科室之间是如何被衔接。如单据的流转和核对，信息系统的信息传递次序以及各科室人员的职责分工等。

注册会计师可以通过文字叙述、流程图等方式记录上述业务流程。

(二) 确定错报可能发生的环节

注册会计师需要结合了解的结果，确定被审计医院需要在哪些环节设置控制，以防止或发现并纠正业务流程中的错报，即确定错报可能发生的环节。本指引以表格的形式列举了与采购与付款、销售与收款、生产与仓储以及固定资产等循环相关的业务流程中错报可能发生的环节，以说明注册会计师如何确定被审计医院的控制目标是否得到实现。

1．采购与付款循环。

“采购与付款循环错报可能发生的环节”示例表

“采购与付款循环错报可能发生的环节”示例	认定
（1）采购与付款	
①采购交易	
怎样确保只有与该药品相关科室才能提出采购申请？	存货：存在 应付账款：存在
怎样确保特殊药品的采购只能由特定科室提出申请？	存货：存在 应付账款：存在
怎样确保采购申请已得到有效处理？	存货：完整性 应付账款：完整性
怎样确保基本药品供应商必须选择省级政府集中招标的中标厂家及配送商？	存货：存在 应付账款：存在
怎样确保自主采购药品的供应商及产品必须符合国家有关规定？	存货：存在 应付账款：存在
怎样确保只有经过批准的采购订单才能发给供应商？	应付账款：存在
怎样确保已记录的采购订单内容准确？	应付账款：计价和分摊
②记录应付账款	
怎样确保已记录的采购药品已收到？	存货：存在、权利和义务 应付账款：存在、权利和义务
怎样确保已记录的采购交易数量正确？	存货：计价和分摊 应付账款：计价和分摊
怎样确保已记录的采购交易计价正确？	存货：计价和分摊 应付账款：计价和分摊
怎样确保与采购相关的义务已记录至应付账款？	应付账款：完整性
怎样确保采购交易记录于正确的期间？	存货：存在、完整性 应付账款：存在、完整性

续表

“采购与付款循环错报可能发生的环节”示例	认定
③付款	
怎样确保仅对授权的应付账款办理支付？	应付账款：完整性
怎样确保准确记录付款？	应付账款：计价和分摊
怎样确保付款已记录？	应付账款：存在
怎样确保付款记录于正确的期间？	应付账款：存在、完整性
（2）退货、折扣与折让	
怎样确保退货、折扣与折让申请已得到有效处理？	存货：完整性 应付账款：完整性
怎样确保已记录的退货、折扣与折让为真实？	存货：存在 应付账款：存在
怎样确保已发生的退货、折扣与折让已准确记录？	存货：计价和分摊 应付账款：计价和分摊
怎样确保已发生的退货、折扣与折让已记录？	存货：存在 应付账款：存在
怎样确保已发生的退货、折扣与折让记录于正确期间？	存货：存在、完整性 应付账款：存在、完整性
（3）维护供应商档案	
怎样确保对供应商档案的变更为真实和有效？	应付账款：存在、完整性
怎样确保供应商档案变更已进行恰当处理？	应付账款：完整性
怎样确保对供应商档案变更为准确？	应付账款：计价和分摊
怎样确保对供应商档案变更已于适当期间进行处理？	应付账款：权利和义务、存在、完整性
怎样确保供应商档案数据及时更新？	应付账款：权利和义务、存在、完整性

2．销售与收款循环。

“销售与收款循环错报可能发生的环节”示例表

“销售与收款循环错报可能发生的环节”示例	认定
（1）门诊收入	
①门诊挂号	
怎样确保挂号申请已得到有效处理？	医疗收入：完整性
怎样确保已记录的挂号内容准确？	医疗收入：准确性、分类
怎样确保挂号价格经过适当批准？	医疗收入：准确性
怎样确保所有收入已及时登记入账？	医疗收入：完整性、截止
怎样确保已记录的挂号对应服务已提供？	医疗收入：发生
怎样确保提供的服务记录于正确的期间？	医疗收入：截止 应收医疗款：存在、完整性
②门诊收费	
怎样确保已记录的收费通知内容准确？	医疗收入：准确性、分类
怎样确保收费通知已得到有效处理？	医疗收入：完整性
怎样确保收费价格经过适当批准？	医疗收入：准确性
怎样确保服务次数或药品数量已核对？	医疗收入：准确性
怎样确保提供医保患者的服务或药品符合医保政策？	医疗收入：发生 应收医疗款：权利和义务
怎样确保所有收入已及时登记入账？	医疗收入：完整性、截止 应收医疗款：完整性
怎样确保收费由收费人员办理？	医疗收入：完整性 应收医疗款：完整性
怎样确保已记录的服务或药品已提供？	医疗收入：发生
怎样确保提供的服务或药品记录于正确的期间？	医疗收入：截止 应收医疗款：存在、完整性
怎样确保收费人员每日定时向财务上交款项？	医疗收入：发生

续表

“销售与收款循环错报可能发生的环节”示例	认定
怎样确保财务定期将门诊收入与收费人员的交款情况进行核对？	医疗收入：发生、截止
怎样确保收据连续编号并定期与收款情况予以核对？	医疗收入：发生
怎样确保对提供的服务或销售的药品进行恰当的分类？	医疗收入：分类
（2）住院收入	
怎样确保住院申请已得到有效处理？	医疗收入：完整性
怎样确保预收医疗款经过适当批准？	预收医疗款：计价和分摊
怎样确保预收医疗款已收妥？	预收医疗款：存在、权利和义务
怎样确保责任人已核准未收妥预收医疗款的住院申请？	预收医疗款：计价和分摊
怎样确保提供的服务或药品未超过预收医疗款余额或信用额度？	医疗收入：发生
怎样确保责任人已核准提供超过预收医疗款余额或信用额度的服务或药品？	预收医疗款：计价和分摊 医疗收入：发生 应收在院病人医疗款：计价和分摊
怎样确保提供的服务或药品记录于正确的期间？	医疗收入：截止 应收在院病人医疗款：存在、完整性
怎样确保日常已记录的服务或药品已提供？	应收在院病人医疗款：存在、权利和义务 医疗收入：发生
怎样确保已记录的销售计价准确？	应收在院病人医疗款：计价和分摊 医疗收入：准确性、分类

续表

“销售与收款循环错报可能发生的环节”示例	认定
怎样确保出院申请已得到有效处理？	医疗收入：截止
怎样确保已记录的收费通知内容准确？	医疗收入：准确性、分类
怎样确保收费通知已得到有效处理？	应收在院病人医疗款：完整性 医疗收入：完整性
怎样确保收费价格经过适当批准？	医疗收入：准确性
怎样确保服务次数或药品数量已核对？	医疗收入：准确性
怎么确保提供医保患者的服务或药品符合医保政策？	医疗收入：发生 应收在院病人医疗款：权利和义务
怎样确保所有收入已及时登记入账？	医疗收入：完整性、截止 应收在院病人医疗款：完整性
怎样确保收费由收费人员办理？	医疗收入：完整性 应收在院病人医疗款：完整性
怎样确保已记录的服务或药品已提供？	应收在院病人医疗款：存在、权利和义务 医疗收入：发生
怎样确保收费人员每日定时向财务上交款项？	医疗收入：发生
怎样确保财务定期将住院收入与收费人员的交款情况进行核对？	医疗收入：发生、截止
怎样确保收据连续编号并定期与收款情况予以核对？	医疗收入：发生
怎样确保对提供的服务或销售的药品进行恰当的分类？	医疗收入：分类
(3) 退费	
怎样确保退费申请已得到有效处理？	医疗收入：完整性
怎样确保已记录的退费为真实发生？	应收医疗款：完整性 应收在院病人医疗款：完整性 医疗收入：完整性

续表

“销售与收款循环错报可能发生的环节”示例	认定
怎样确保退费对应的服务尚未发生、药品尚未提供或已退回？	医疗收入：发生
怎样确保退费经过适当批准？	医疗收入：准确性
怎样确保所退服务次数和药品数量和单价已经过核对？	医疗收入：准确性 预收医疗款：计价和分摊
怎样确保所退款项已经患者确认？	医疗收入：发生、准确性
怎样确保已发生的退费记录于正确期间？	应收医疗款：存在、完整性 应收在院病人医疗款：存在、完整性 医疗收入：截止
怎样确保收费人员定期向财务申报退费款项？	医疗收入：发生
怎样确保财务定期将退费与收费人员的申报进行核对？	医疗收入：发生、截止
怎样确保退费单据连续编号并定期与退款情况予以核对？	医疗收入：发生
怎样确保对退费对应的服务、药品进行恰当地分类？	医疗收入：分类

3．生产与仓储循环。

“生产与仓储循环错报可能发生的环节”示例表

“生产与仓储循环错报可能发生的环节”示例	认定
（1）验收与入库	
怎样确保所有的入库单经过签字确认？	存货：存在
怎样确保所有的入库单记载事项与采购单核对一致？	存货：存在
怎样确保采购发票与采购合同核对一致？	存货：计价和分摊
怎样确保所有的入库单登记入账？	存货：完整性
（2）移库	
怎样确保所有的移库行为经过批准？	存货：存在

续表

“生产与仓储循环错报可能发生的环节”示例	认定
怎样确保所有的移库行为通过库存台账记载？	存货：列报
怎样确保移出和移入的仓库在同一会计期间内登记台账？	存货：存在
（3）出库	
怎样确保销售药品已收费后再出库？	存货：存在 医疗业务成本：发生
怎样确保卫生材料等领用出库时，领用单已经批准？	存货：存在 医疗业务成本：发生
怎样确保自制药品领料时，领料单经过批准？	存货：存在
怎样确保所有的出库记录被完整的统计，并有适当的复核？	存货：完整性
怎样确保所有的出库记录被计入正确的会计期间？	存货：完整性、存在 医疗业务成本：截止
（4）退库	
怎样确保所有的退库经过审批？	存货：存在
怎样确保所有的退库办理退库手续，并计入库存台账和财务账？	存货：完整性
怎样确保所有的退库已计入正确的会计期间？	存货：存在、完整性
（5）自制药品的生产	
怎样确保生产计划已经过批准？	存货：存在
怎样确保所有的领料是按照生产计划进行的？	存货：存在
怎样确保成本的归集和分摊过程经过适当的复核？	存货：计价和分摊
（6）库存盘点	
怎样确保盘点计划被所有参加盘点的人员所熟知？	存货：存在
怎样确保盘点时一些对盘点产生影响的特殊事项被充分考虑并采取了相应的应对措施？	存货：存在

续表

“生产与仓储循环错报可能发生的环节”示例	认定
怎样确保所有的物品被纳入盘点范围？	存货：完整性、存在
怎样确保盘点结果经过适当的复核？	存货：存在
怎样确保盘点报告经过必要的批准？	存货：存在
怎样确保对盘点差异的处理计入正确的会计期间？	存货：存在、完整性
(7) 成本核算	
怎样确保外购药品的入账数量、金额准确？	存货：计价和分摊
怎样确保自行加工或委托加工完成的药品入账数量、金额准确？	存货：计价和分摊
怎样确保接受捐赠的药品数量、金额准确？	存货：计价和分摊
怎样确保药房从药库领取药品的数量、金额准确？	存货：计价和分摊
怎样确保药房卖出药品的数量、金额准确？	存货：计价和分摊 医疗业务成本：准确性、发生
怎样确保自行加工或委托加工发出的药品数量、金额准确？	存货：计价和分摊
怎样确保对外捐赠或用于免费救治发出药品的数量、金额准确？	存货：计价和分摊 医疗业务成本：准确性、发生
怎样确保医院开展医疗活动中内部领用药品的数量、金额准确？	存货：计价和分摊 医疗业务成本：准确性、发生
怎样确保所有成本得到有效归集？	医疗业务成本：完整性
怎样确保所归集的成本是真实的？	存货：存在 医疗业务成本：发生
怎样确保归集成本得到了合理分摊？	医疗业务成本：准确性

4．固定资产循环。

“固定资产循环错报可能发生的环节”示例表

“固定资产循环错报可能发生的环节”示例	认定
（1）立项与预算管理	
怎样确保只有经管理层核准的固定资产投资预算才能执行？	固定资产：存在
怎样确保采购申请符合预算的范围？	固定资产：存在
怎样确保预算外购置固定资产经过适当批准？	固定资产：存在
怎样确保所有固定资产购置行为有效执行了分级审批？	固定资产：存在
（2）日常购置	
怎样确保固定资产购置合同由不同的人员复核、审批？	固定资产：存在
怎样确保固定资产请购与付款被不同的人员审批和执行？	固定资产：存在
（3）记录	
怎样确保固定资产能及时办理验收手续？	固定资产：完整性
怎样确保验收后的固定资产能及时入账？	固定资产：完整性
怎样确保固定资产交接给指定的资产保管人？	固定资产：存在
怎样确保固定资产保管人明确自己的职责和工作分工？	固定资产：存在
怎样确保固定资产已全部进行了正确的账务处理？	固定资产：完整性
（4）折旧计提	
怎样确保应计提折旧的固定资产计提了折旧？	累计折旧：完整性、计价和分摊
怎样确保折旧方法正确并保持了一贯性？	累计折旧：计价和分摊
（5）后续支出	
怎样确保固定资产的修理改造经过适当的批准？	固定资产：存在

续表

“固定资产循环错报可能发生的环节”示例	认定
怎样确保所有的紧急修理事项经过授权批准或事后批准?	固定资产：存在
怎样确保对资本性支出与费用性支出进行明确的划分?	固定资产：计价和分摊
怎样确保修理改造成本及时入账?	固定资产：完整性、计价和分摊
(6) 盘点与核对	
怎样确保盘点计划被所有参加盘点的人员所熟知?	固定资产：存在
怎样确保盘点时一些对盘点产生影响的特殊事项被充分考虑并采取了相应的应对措施?	固定资产：存在
怎样确保所有的固定资产被纳入盘点范围?	固定资产：完整性、存在
怎样确保盘点结果经过适当的复核?	固定资产：存在
怎样确保盘点报告经过必要的批准?	固定资产：存在
怎样确保对盘点差异的处理计入正确的会计期间?	固定资产：存在、完整性
(7) 资产处置	
怎样确保所有的处置行为经过批准?	固定资产：存在
怎样确保所有的处置能及时入账?	固定资产：完整性
怎样确保所有的固定资产内部调拨能在固定资产登记簿中记录?	固定资产：完整性

值得注意的是，一方面，某项控制目标可能涉及几项控制，注册会计师需要重点考虑某项控制活动单独或连同其他控制活动，是否能够防止或发现并纠正重大错报。另一方面，某些控制可能涉及多项控制目标。因此，在实务工作中，为提高审计效率，注册会计师需要考虑了解和识别能针对多项控制目标的控制。

（三）了解和识别相关控制

注册会计师需要根据被审计医院的实际情况，通过询问、观察、检查、穿行测试等审计程序，了解和识别相关控制，并对其结果形成审计工作记录，包括记录控制由谁执行以及如何执行。

在了解和识别内部控制时，注册会计师需要将重点放在能够发现并纠正错误的关键控制，并且对控制的描述需要说明控制活动与财务报表之间的逻辑关系。

（四）执行穿行测试

注册会计师需要针对不同业务循环中的具体业务流程，选择一笔或几笔交易进行穿行测试，以追踪交易在财务报表信息系统中的处理过程，并考虑之前对相关控制的了解是否正确和完整，确定相关控制是否得到执行。

在执行穿行测试时，注册会计师需要询问执行业务流程和控制的相关人员，并根据需要检查有关单据和文件，询问其对已发现错报的处理。需要注意的是，如果不打算信赖控制，注册会计师仍需要执行穿行测试，以确定之前对业务流程及可能发生错报环节的了解是否准确和完整。注册会计师还需要按照《中国注册会计师审计准则第 1211 号——通过了解被审计单位及其环境识别和评估重大错报风险》的相关规定，对相关控制设计是否合理和得到执行进行评价，以确定进一步审计程序。

第六章　进一步审计程序

注册会计师需要针对根据审计准则和本指引评估的财务报表层次重大错报风险，设计和实施总体应对措施。总体应对措施可能包括：

1. 向项目组强调保持职业怀疑的必要性。

2. 指派更有经验或具有特殊技能的审计人员（如指派熟悉医院日常运营流程的人员），或利用专家的工作。

3. 提供更多的督导。

4. 在选择拟实施的进一步审计程序时融入更多的不可预见的因素。

5. 对拟实施审计程序的性质、时间安排或范围作出总体修改，如在期末而非期中实施实质性程序，或修改审计程序的性质以获取更具说服力的审计证据。

注册会计师评估的财务报表层次重大错报风险以及采取的总体应对措施，对拟实施进一步审计程序的总体审计方案具有重大影响。总体审计方案包括实质性方案和综合性方案。实质性方案是指注册会计师实施的进一步审计程序以实质性程序为主；综合性方案是指注册会计师在实施进一步审计程序时，将控制测试与实质性程序结合使用。

一、控制测试

(一) 一般要求

在评估认定层次重大错报风险时，预期控制的运行是有效的，或者仅实施实质性程序不能够提供认定层次充分、适当的审计证据时，注册会计师需要设计和实施控制测试，针对相关控制运行的有效性，获取充分、适当的审计证据。注册会计师只对那些设计合理，能够防止、发现并纠正认定层次重大错报的内部控制进行测试以验证其运行是否有效。这种测试主要是出于成本效益的考虑。

为评价控制设计和确定控制是否得到执行而实施的某些风险评估程序并非专为控制测试而设计，但可能提供有关控制运行有效性的审计证据，注册会计师需要考虑这些审计证据是否足以实现控制测试的目的。注册会计师可以考虑在评价控制设计和获取其得到执行的审计证据的同时测试控制运行有效性，以提高审计效率。

需要说明的是，被审计医院在所审计期间内可能存在由于医疗技术的更新、组织结构的变更以及更换信息系统等原因，从而导致在不同时期使用了不同的控制。如果被审计医院在所审计期间内的不同时期使用了不同的控制，注册会计师需要考虑不同时期控制运行的有效性。

1. 控制测试的性质。

注册会计师不仅需要考虑与认定直接相关的控制，而且还需要考虑这些控制所依赖的与认定间接相关的控制，以获取支持控制运行有效性的审计证据。

对于一项自动化的应用控制，由于信息技术处理过程的内在一贯性，注册会计师可以利用该项控制得以执行的审计证据和信息技术一般控制（特别是对系统变动的控制）运行有效性的审计证据，作为支持该项控制在相关期间运行有效性的重要审计证据。

控制测试的目的是评价控制是否有效运行；细节测试的目的是发现认定层次的重大错报。尽管两者目的不同，但注册会计师可以考虑针对同一交易同时实施控制测试和细节测试，以实现双重目的。如果拟实施双重目的的测试，注册会计师需要仔细设计和评价测试程序。例如，注册会计师可以通过检查某笔交易的发票这项程序既实现确定其是否经过适当的授权同时实现获取关于该交易的发生、准确性等认定的审计证据的目的。

2．控制测试的时间。

注册会计师需要根据控制测试的目的确定控制测试的时间，并确定拟信赖的相关控制的时点或期间。对特定时点的控制进行测试，注册会计师仅得到该时点控制运行有效性的审计证据；对某一期间的控制进行测试，注册会计师可获取控制在该期间有效运行的审计证据。

注册会计师在期中实施控制测试具有积极的作用。需要说明的是，即使注册会计师已获取有关控制在期中运行有效性的审计证据，仍然需要考虑如何能够将控制在期中运行有效性的审计证据合理延伸至期末。如果已获取有关控制在期中运行有效性的审计证据，注册会计师需要：

（1）获取这些控制在剩余期间发生重大变化的审计证据；

（2）确定针对剩余期间还需获取的补充审计证据。

通过测试剩余期间控制的运行有效性或测试被审计医院对控制的监督，注册会计师可以获取补充审计证据。但某些审计程序只能在期末或期后实施，例如，核对财务报表与会计记录；检查财务报表编制过程中作出的会计调整；为应对被审计医院可能在期末签订不适当的合同的风险，或交易在期末可能尚未完成的风险而实施的审计程序等。

内部控制中的诸多要素对于被审计医院往往是相对稳定的（相对于具体的交易、账户余额和披露），因此，注册会计师在本期审计时还是可以适当考虑利用以前审计获取的有关控制运行有效性的审计证据；但同时，内部控制在不同期间也有可能发生重大变化，注册会计师在利用以前审计获取的有关控制运行有效性的审计证据时需要格外慎重。

3．控制测试的范围。

注册会计师需要设计控制测试，以获取控制在整个拟信赖的期间有效运行的充分、适当的审计证据。注册会计师在确定控制测试范围时，一般需要考虑下列因素：

（1）在整个拟信赖的期间，被审计医院执行控制的频率。控制执行的频率越高，控制测试的范围越大。

（2）在所审计期间，注册会计师拟信赖控制运行有效性的时间长度。拟信赖控制运行有效性的时间长度不同，在该时间长度内发生的控制活动次数也不同。注册会计师需要根据拟信赖控制的时间长度确定控制测试的范围。拟信赖期间越长，控制测试的范围越大。

（3）控制的预期偏差。预期偏差可以用控制未得到执行的预期次数占控制需要得到执行次数的比率加以衡量。控制的预期偏差率越高，需要实施控制测试的范围越大。如果控制的预期偏差率过高，针对某一认定实施控制测试可能是无效的。

（4）拟获取的有关认定层次控制运行有效性的审计证据的相关性和可靠性。对审计证据的相关性和可靠性要求越高，控制测试的范围越大。

（5）通过测试与认定相关的其他控制获取的审计证据的范围。针对同一认定，可能存在不同的控制。当针对其他控制获取审计证据的充分性和适当性较高时，测试该控制的范围可适当缩小。

（6）在风险评估时拟信赖控制运行有效性的程度，并依据对控制的信赖程度相应减少实质性程序。注册会计师在风险评估时对控制运行有效性的拟信赖程度越高，需要实施控制测试的范围越大。

（二）控制测试的程序

注册会计师对内部控制的测试涵盖内部控制的五个要素，这里重点说明与采购与付款、销售与收款、生产与仓储以及固定资产等循环相关的控制活动和信息系统的测试，其他流程和要素的测试需要遵循《中国注册会计师审计准则第1231号——针对评估的重大错报风险采取的应对措施》。

下面以示例的形式说明与医院上述各循环相关常用的控制测试。需要注意的是，由于被审计医院的情况千差万别，以下示例并不能涵盖所有情况，在执行审计业务时，注册会计师需要结合被审计医院实际情况，作出相应的调整和取舍。

1. 采购与付款循环。

控制目标	认定	常用的控制活动	常用的控制测试
（1）采购与付款			
①采购交易			
只有与该药品相关科室才能提出采购申请	存货：存在 应付账款：存在	信息系统不接受与申请科室无关的药品采购申请	观察申请过程，必要时重新执行
特殊药品的采购只能由特定科室提出申请	存货：存在 应付账款：存在	信息系统只接受特定科室提出的特定药品采购申请	观察申请过程，必要时重新执行

续表

控制目标	认定	常用的控制活动	常用的控制测试
采购申请已得到有效处理	存货：完整性 应付账款：完整性	采购申请连续编号并被核对	检查采购订单是否连续编号并经核对
		信息系统不接受对采购申请编号修改的请求	观察采购申请递交过程，必要时重新执行
基本药品供应商必须选择省级政府集中招标的中标厂家及配送商	存货：存在 应付账款：存在	由不负责区分采购类型的人员将采购药品与支持性文件（如国家基本药品目录）进行核对	观察核对过程；检查有关核对记录；必要时重新执行
		由不负责选择供应商的人员将采购药品与支持性文件（如省级政府集中招标的中标厂家及配送商目录）进行核对	观察核对过程，必要时重新执行；检查有关核对记录
		信息系统不接受基本药品供应商为省级政府集中招标的中标厂家及配送商以外的供应商的申请	询问具体操作人员；观察核对过程，必要时重新执行
自主采购药品的供应商及产品必须符合国家有关规定	存货：存在 应付账款：存在	由不负责区分采购类型的人员将采购药品与支持性文件（如国家基本药品目录）进行核对	观察核对过程；检查有关核对记录；必要时重新执行
		由不负责选择供应商的人员核对有关供应商资质、产品相关证明性文件及医院药事管理委员会（组）批准	观察核对过程；检查有关核对记录
		信息系统不接受未经医院药事管理委员会（组）批准的厂家及配送商的申请	询问具体操作人员；观察核对过程，必要时重新执行

续表

控制目标	认定	常用的控制活动	常用的控制测试
只有经过批准的采购订单才能发给供应商	应付账款：存在	所有采购订单需医院药事管理委员会（组）（授权）批准，并适当记录	检查采购申请是否经过适当的批准
已记录的采购订单内容准确	应付账款：计价和分摊	比较采购订单与支持性文件（如请购单）是否相符	检查有关核对记录
②记录应付账款			
已记录的采购药品已收到	存货：存在、权利和义务 应付账款：存在、权利和义务	比较采购发票与验收单是否相符，对不符事项进行调查及处理	检查有关授权批准文件、验收记录和有关核对记录
		信息系统不接受没有采购订单的货物验收入库，对有采购订单的货物验收入库并相应贷记应付账款	观察验收过程，必要时重新执行
已记录的采购交易数量正确	存货：计价和分摊 应付账款：计价和分摊	核对采购数量是否与医院药事管理委员会（组）批准数量相符	检查采购数量和核对记录
已记录的采购交易计价正确	存货：计价和分摊 应付账款：计价和分摊	核对基本药品采购价格是否与省级政府集中招标的中标价格相符	检查有关采购价格和核对记录
		核对自主采购价格是否与医院药事管理委员会（组）批准价格相符	检查有关采购价格和核对记录
		信息系统不接受采购价格超过省级政府集中招标的中标价格或医院药事管理委员会（组）批准的价格	观察支付过程；检查批准记录；必要时重新执行
		定期与供应商对账，如有差异应及时进行调查和处理	检查定期核对记录、回函档案及其差异处理

续表

控制目标	认定	常用的控制活动	常用的控制测试
与采购相关的义务已记录至应付账款	应付账款：完整性	定期与供应商对账，如有差异应及时进行调查和处理	检查定期核对记录、回函档案及其差异处理
采购交易记录于正确的期间	存货：存在、完整性 应付账款：存在、完整性	定期与供应商对账，如有差异及时进行调查和处理	检查定期核对记录、回函档案及其差异处理
		及时、准确地进行结账处理	检查资产负债表日前后已采购事项，以确保其完整并记录于正确的期间
③付款			
仅对授权的应付账款办理支付	应付账款：完整性	责任人在批准付款前复核支持性文件，并在付款后注销相关文件	观察批准过程；检查批准记录和注销记录
准确记录付款	应付账款：计价和分摊	责任人在核准付款前复核支持性文件。在签发支票后注销相关文件	观察批准过程；检查批准记录和注销记录
付款已记录	应付账款：存在	定期对现金进行盘点，并编制现金余额调节表	检查现金余额调节表和有关核对记录
		定期将银行存款日记账中的付款记录与银行对账单进行核对，并编制银行存款余额调节表	检查银行存款余额调节表和有关核对记录

续表

控制目标	认定	常用的控制活动	常用的控制测试
付款记录于正确的期间	应付账款：存在、完整性	定期对现金进行盘点，并编制现金余额调节表	检查现金余额调节表和有关核对记录
		定期将银行存款日记账中的付款记录与银行对账单进行核对，并编制银行存款余额调节表	检查银行存款余额调节表和有关核对记录
（2）退货、折扣与折让			
退货、折扣与折让申请已得到有效处理	存货：完整性 应付账款：完整性	退货、折扣与折让申请连续编号并已被核对	检查退货、折扣与折让申请是否连续编号并经核对
		信息系统不接受对退货、折扣与折让申请编号修改的请求	观察退货、折扣与折让申请开具过程，必要时重新执行
已记录的退货、折扣与折让为真实	存货：存在 应付账款：存在	制定专门退货、折扣与折让的政策和程序，并监督其执行	询问具体操作人员，检查相关文件资料和批准记录
已发生的退货、折扣与折让已准确记录	存货：计价和分摊 应付账款：计价和分摊	复核并批准对存货和应付账款的调整	检查退货、折扣与折让的会计处理是否经过授权批准
已发生的退货、折扣与折让已记录	存货：存在 应付账款：存在	定期与供应商对账，如有差异应及时进行调查和处理	观察是否寄发对账单，并检查供应商回函档案
已发生的退货、折扣与折让记录于正确期间	存货：存在、完整性 应付账款：存在、完整性	及时、准确地进行结账处理	检查资产负债表日前后发生的退货、折扣与折让，以确保相关事项记录于正确期间

续表

控制目标	认定	常用的控制活动	常用的控制测试
（3）维护供应商档案			
对供应商档案的变更为真实和有效	应付账款：存在、完整性	核对供应商档案变更记录和原始授权文件，确定已正确处理	检查有关核对记录和授权批准文件
		核对基本药品供应商是省级政府集中招标的中标厂家及配送商	观察核对过程；检查核对记录
		核对自主采购供应商是医院药事管理委员会（组）批准的厂家及配送商	观察核对过程；检查核对记录
对供应商档案的变更已进行恰当处理	应付账款：完整性	供应商档案变更申请连续编号并被核对	观察变更过程；检查变更申请是否连续编号并经核对
对供应商档案的变更为准确	应付账款：计价和分摊	核对供应商档案变更记录和原始授权文件，确定已正确处理	观察变更过程；检查变更申请是否经过适当授权批准并经核对
对供应商档案的变更已于适当期间进行处理	应付账款：权利和义务、存在、完整性	供应商档案变更申请连续编号并被核对	观察变更过程；检查变更申请是否连续编号并经核对
确保供应商档案数据及时更新	应付账款：权利和义务、存在、完整性	责任人定期复核供应商档案的正确性并确保其及时更新	询问具体责任人变更流程；检查定期复核记录

2. 销售与收款循环。

控制目标	认定	常用的控制活动	常用的控制测试
(1) 门诊收入			
①门诊挂号			
挂号申请已得到有效处理	医疗收入：完整性	挂号收据连续编号并被核对	检查挂号收据是否连续编号并经核对
		信息系统不接受对挂号收据编号修改的申请	观察挂号收据开具过程，必要时重新执行
已记录的挂号内容准确	医疗收入：准确性、分类	出具收据前确认门诊科室	观察确认过程
挂号价格经过适当批准	医疗收入：准确性	挂号价格的确定经过适当的授权批准	检查挂号价格是否经过适当的授权批准；检查挂号价格是否与授权批准价格一致
		信息系统不接受非预设的挂号价格	观察挂号价格选择界面；检查收费预设金额，必要时重新执行
所有收入已及时登记入账	医疗收入：完整性、截止	总账与辅助账根据挂号系统自动更新	观察或重新执行
		挂号收据连续编号并被核对	检查挂号收据是否连续编号并经核对
已记录的挂号对应服务已提供	医疗收入：发生	挂号收据连续编号并被核对且与门诊科室的挂号收据存根进行定期核对	检查挂号收据是否连续编号并经核对；检查有关核对记录
		信息系统记录下诊断情况	观察记录过程，检查信息系统操作数量

续表

控制目标	认定	常用的控制活动	常用的控制测试
提供的服务记录于正确的期间	医疗收入：截止 应收医疗款：存在、完整性	挂号收据连续编号并被核对且与门诊科室的挂号收据存根进行定期核对	检查挂号收据是否连续编号并经核对；检查有关核对记录
		信息系统不接受挂号和门诊日期不一致的情况	重新执行以验证信息系统是否不接受挂号和门诊日期不一致的情况
		及时、准确地进行结账处理	检查资产负债表日前后服务的提供，以确保收入记录于正确的期间
②门诊收费			
已记录的收费通知内容准确	医疗收入：准确性、分类	由收费人员比较收费通知与支持性文件是否相符	询问收费人员，观察比较过程
		信息系统不接受非预设收费项目	观察收费通知开具过程，必要时重新执行
		信息系统不接受门诊科室无权开具的收费项目	观察收费通知开具过程，必要时重新执行
		信息系统不接受无法提供的服务或药品的收费项目	观察收费通知开具过程，必要时重新执行
收费通知已得到有效处理	医疗收入：完整性	收费通知连续编号并被核对	检查收费通知是否连续编号并经核对
		信息系统不接受对收费通知编号修改的申请	观察收费通知开具过程，必要时重新执行

续表

控制目标	认定	常用的控制活动	常用的控制测试
收费价格经过适当批准	医疗收入：准确性	收费价格的确定经过适当的授权批准	检查收费价格是否经过适当的授权批准；检查收费价格是否与授权批准价格一致
		信息系统不接受未经特殊授权的收费价格的修改	检查授权性文件；观察收费通知开具过程，必要时重新执行
为医保患者提供的服务或药品符合医保政策	医疗收入：发生 应收医疗款：权利和义务	信息系统不接受非医保目录清单	观察处方开具过程，必要时重新执行
		信息系统不接受与患者性别、年龄、病种不相符合的处方	观察处方开具过程，必要时重新执行
服务次数或药品数量已核对	医疗收入：准确性	信息系统不接受无法提供的服务或药品的收费项目	观察收费通知开具过程，必要时重新执行
所有收入已及时登记入账	医疗收入：完整性、截止 应收医疗款：完整性	总账与辅助账根据门诊收费系统自动更新	观察或重新执行
		收据连续编号并被核对	检查收据是否连续编号并经核对
		定期与基本医疗保险基金对账，如有差异应及时进行调查和处理	检查定期核对记录、回函档案及其差异处理
收费由收费人员办理	医疗收入：完整性 应收医疗款：完整性	收费统一由收费人员办理	检查相关规定；观察收费具体情况

续表

控制目标	认定	常用的控制活动	常用的控制测试
已记录的服务或药品已提供	医疗收入：发生	收据连续编号并已被核对且与相关科室进行定期核对	检查收据是否连续编号并经核对；检查有关核对记录
		信息系统记录下治疗情况	观察记录过程，检查信息系统记录
提供的服务或药品记录于正确的期间	医疗收入：截止 应收医疗款：存在、完整性	收据连续编号并被核对且与相关科室进行定期核对	检查收据是否连续编号并经核对；检查有关核对记录
		及时、准确地进行结账处理	检查资产负债表日前后服务和药品的提供，以确保门诊收入记录于正确的期间
收费人员每日定时向财务上交款项	医疗收入：发生	收费人员下班时必须将当日所收款项上交于财务	检查相关规定；观察上交过程
财务定期将门诊收入与收费人员的交款情况进行核对	医疗收入：发生、截止	财务定期将信息系统自动记录门诊收入与收费人员上交款项进行核对	检查核对记录
收据连续编号并定期与收款情况予以核对	医疗收入：发生	财务定期将收款情况与连续编号的门诊收据进行核对	检查核对记录

续表

控制目标	认定	常用的控制活动	常用的控制测试
对提供的服务或药品进行恰当的分类	医疗收入：分类	建有区分不同服务和药品归类的专项制度和分类方法	检查相关制度，询问分类方法
		对收入分类进行内部复核和检查	检查有关数据上的内部复核和检查标记
		核对收入分类方式的变更，并已正确处理	检查变更依据和处理
		采用适当的会计科目记录并进行内部复核和检查	检查会计科目记录是否适当；检查有关凭证上的内部复核和检查标记
（2）住院收入			
住院申请已得到有效处理	医疗收入：完整性	住院申请连续编号并被核对	检查住院申请是否连续编号并经核对
		信息系统不接受对住院申请编号修改的申请	观察住院申请开具过程，必要时重新执行
预收医疗款经过适当批准	预收医疗款：计价和分摊	预收医疗款的确定经过适当的授权批准	检查预收医疗款是否经过适当的授权批准；检查预收医疗款是否与授权批准价格一致
		未经适当授权，信息系统不接受金额低于预设的预收医疗款	询问具体操作人员；检查预收医疗款预设金额；必要时重新执行
预收医疗款已收妥	预收医疗款：存在、权利和义务	将预收医疗款与住院申请进行复核	检查预收医疗款核对记录

续表

控制目标	认定	常用的控制活动	常用的控制测试
责任人已核准未收妥预收医疗款的住院申请	预收医疗款：计价和分摊	责任人复核和核准未收妥预收医疗款的住院申请	检查授权标准和批准文件
提供的服务或药品未超过预收医疗款余额或信用额度	医疗收入：发生	病房在提供服务或药品前查看预收医疗款余额或信用额度	询问具体操作人员
责任人已核准提供超过预收医疗款余额或信用额度的服务或药品	预收医疗款：计价和分摊 医疗收入：发生 应收在院病人医疗款：计价和分摊	责任人复核和核准提供超过预收医疗款余额或信用额度的服务或药品	检查授权标准和批准文件
		在超过预收医疗款余额或信用额度时，未经特殊授权，信息系统不接受提供服务或药品申请	观察处方开具过程，必要时重新执行
提供的服务或药品记录于正确的期间	医疗收入：截止 应收在院病人医疗款：存在、完整性	定期与服务提供科室进行核对	检查有关核对记录
		定期对药房、药库进行盘点	检查有关盘点记录
		及时、准确地进行结账处理	检查资产负债表日前后服务和药品的提供，以确保住院收入记录于正确的期间
日常已记录的服务或药品已提供	应收在院病人医疗款：存在、权利和义务 医疗收入：发生	将药房出库单、相关科室服务提供单与病房记录进行核对。如有不符，应及时进行调查和处理	检查有关核对记录
已记录的服务或药品计价准确	应收在院病人医疗款：计价和分摊 医疗收入：准确性、分类	在核对药房出库单、相关科室服务提供单与病房记录后，信息系统自动生成费用清单，并与患者核对	观察清单生成过程，必要时重新执行；检查核对记录

续表

控制目标	认定	常用的控制活动	常用的控制测试
出院申请已得到有效处理	医疗收入：截止	出院申请连续编号并被核对	检查出院申请是否连续编号并经核对
		信息系统不接受对出院申请编号修改的申请	观察出院申请开具过程，必要时重新执行
已记录的收费通知内容准确	医疗收入：准确性、分类	由收费人员比较收费通知与支持性文件是否相符	询问收费人员，观察比较过程
		信息系统不接受非预设收费项目	观察收费通知开具过程，必要时重新执行
		信息系统不接受病房无权开具的收费项目	观察收费通知开具过程，必要时重新执行
		信息系统不接受无法提供的服务或药品的收费项目	观察收费通知开具过程，必要时重新执行
收费通知已得到有效处理	应收在院病人医疗款：完整性 医疗收入：完整性	收费通知连续编号并被核对	检查收费通知是否连续编号并经核对
		信息系统不接受对收费通知编号修改的申请	观察收费通知开具过程，必要时重新执行
收费价格经过适当批准	医疗收入：准确性	收费价格的确定已经适当的授权批准	检查收费价格是否经过适当的授权批准；检查收费价格是否与授权批准价格一致
		信息系统不接受未经特殊授权的收费价格的修改	检查授权性文件，观察收费通知开具过程，必要时重新执行
服务次数或药品数量已核对	医疗收入：准确性	信息系统不接受无法提供的服务或药品的收费项目	观察收费通知开具过程，必要时重新执行

续表

控制目标	认定	常用的控制活动	常用的控制测试
为医保患者提供的服务或药品符合医保政策	医疗收入：发生 应收在院病人医疗款：权利和义务	信息系统不接受非医保目录清单	观察处方开具过程，必要时重新执行
		信息系统不接受与患者性别、年龄、病种不相符合的处方	观察处方开具过程，必要时重新执行
所有收入已及时登记入账	医疗收入：完整性、截止 应收在院病人医疗款：完整性	总账与辅助账根据住院收费系统自动更新	观察或重新执行
		收据连续编号并被核对	检查收据是否连续编号并经核对
		定期与基本医疗保险基金对账，如有差异应及时进行调查和处理	检查定期核对记录、回函档案及其差异处理
收费由收费人员办理	医疗收入：完整性 应收在院病人医疗款：完整性	收费统一由收费人员办理	检查相关规定；观察收费具体情况
已记录的服务或药品已提供	应收在院病人医疗款：存在、权利和义务 医疗收入：发生	收据连续编号并被核对且与相关科室进行定期核对	检查收据是否连续编号并经核对；检查有关核对记录
		信息系统记录下治疗情况	观察记录过程，检查信息系统记录
收费人员每日定时向财务上交款项	医疗收入：发生	收费人员下班时必须将当日所收款项上交于财务	检查相关规定；观察上交过程
财务定期将住院收入与收费人员的交款情况进行核对	医疗收入：发生、截止	财务定期将信息系统自动记录住院收入与收费人员上交款项进行核对	检查核对记录

续表

控制目标	认定	常用的控制活动	常用的控制测试
收据连续编号并定期与收款情况予以核对	医疗收入：发生	财务定期将收款情况与连续编号的门诊收据进行核对	检查核对记录
对提供的服务或药品进行恰当的分类	医疗收入：分类	建有区分不同服务和药品归类的专项制度和分类方法	检查相关制度，询问分类方法
		对收入分类进行内部复核和检查	检查有关数据上的内部复核和检查标记
		核对收入分类方式的变更，并已正确处理	检查变更依据和处理
		采用适当的会计科目记录并进行内部复核和检查	检查会计科目记录是否适当；检查有关凭证上的内部复核和检查标记
（3）退费			
退费申请已得到有效处理	医疗收入：完整性	退费申请连续编号并被核对	检查退费申请是否连续编号并经核对
		信息系统不接受对退费申请编号修改的申请	观察退费申请开具过程，必要时重新执行
已记录的退费为真实发生	应收医疗款：完整性 应收在院病人医疗款：完整性 医疗收入：完整性	制定相关退费管理制度和操作流程，并监督其执行	询问具体操作人员；检查相关文件资料
退费对应的服务尚未发生、药品尚未提供或已退回	医疗收入：发生	信息系统不接受服务已经发生、药品已经提供且未退回的退费申请	观察退费申请开具过程，必要时重新执行

续表

控制目标	认定	常用的控制活动	常用的控制测试
退费经过适当批准	医疗收入：准确性	退费金额的确定经过适当的授权批准	检查退费是否经过适当的授权批准
所退服务次数和药品数量和单价已经过核对	医疗收入：准确性 预收医疗款：计价和分摊	对所退服务次数和药品数量和单价进行核对	检查有关核对记录
所退款项已经患者确认	医疗收入：发生、准确性	患者对所退款项予以确认	检查有关确认记录
已发生的退费记录于正确期间	应收医疗款：存在、完整性 应收在院病人医疗款：存在、完整性 医疗收入：截止	及时、准确地进行结账处理	检查资产负债表日前后发生的退费是否记录于正确期间
收费人员定期向财务申请退费款项	医疗收入：发生	收费人员定期将所收款项及退费申请上交于财务	检查相关规定；观察上交过程
财务定期将退费与收费人员的申请进行核对	医疗收入：发生、截止	财务定期将信息系统自动记录退费与收费人员提交的退费申请进行核对	检查核对记录
退费收据连续编号并定期与退费情况予以核对	医疗收入：发生	财务定期将退费情况与连续编号的退费收据进行核对	检查核对记录
对退费对应的服务或药品进行恰当的分类	医疗收入：分类	按缴费时分类予以处理	检查退费分类是否与缴费分类一致

3．生产与仓储循环。

控制目标	认定	常用的控制活动	常用的控制测试
（1）验收与入库			
所有的入库单应经过签字确认	存货：存在	仓库管理员对存货品种、规格、数量、质量和其他相关内容进行验收并及时入库，填制入库单，并在入库单上签字确认	检查入库单是否连续编号，并全部经过仓库管理员签字确认已经妥善保管
所有的入库单记载事项与采购单核对一致	存货：存在	仓库管理员在存货验收入库时负责核对采购部门填制的采购单，并在采购单或送货单上签字确认	检查仓库管理员是否在采购单或送货单上签字，并妥善保管
采购发票与采购合同应核对一致	存货：计价和分摊	财务部门核对入库单、采购发票、采购合同的内容，若内容相符则在付款审批表上签字确认，若内容不符则不予付款	检查财务付款审批表是否经过财务人员审核并签字确认
所有的入库单登记入账	存货：完整性	仓库管理员定期进行盘点自查，保持账实核对一致	检查仓库盘点报告，必要时对存货实施监盘，检查账实是否相符
		财务记账员定期与仓库台账核对，保持账账核对一致	检查存货账面余额是否与仓库台账核对一致
（2）移库			
所有的移库行为经过批准	存货：存在	药房等仓库需要从药库调拨存货时，填制医疗物资调拨单，并由调入仓库负责人签字批准	检查医疗物资调拨单是否经过调入仓库负责人批准

续表

控制目标	认定	常用的控制活动	常用的控制测试
所有的移库行为通过库存台账记载，移出和移入的仓库应在同一会计期间内登记台账	存货：列报、存在	移入仓库和移出仓库定期盘点存货，保持账实相符	检查仓库盘点报告，必要时对存货实施监盘，检查账实是否相符
		移出仓库和移入仓库定期核对医疗物资调拨单，调出仓库签字确认	检查医疗物资调拨单是否统一编号，是否经过复核签字
（3）出库			
销售药品已收费后再出库	存货：存在 医疗业务成本：发生	医院一般通过信息系统对医疗事务进行管理，药房指定专人核对患者处方信息与信息系统内信息是否一致，检查是否已经收款确认	检查信息系统内的收款信息是否完整，是否采取了防止修改的措施
		对于未使用信息系统的医院，药房向患者收取一联已加盖收款专用章的医疗处方，并存档备查	检查药房备查的医疗处方是否加盖了收款专用章
卫生材料等领用出库时，领用单应经过批准	存货：存在 医疗业务成本：发生	卫生材料等领用时，由领用部门提交领用申请，并经领用部门负责人批准，领用人员在出库单上签字确认	检查领用申请是否与出库单一致，是否经过批准
自制药品领料时，领料单应经过批准	存货：存在	自制药品领料时，由药品生产部门签发领料单，并经药品生产调度人员批准	检查领料单是否经过批准
出库记录应被完整的统计，并有适当的复核	存货：完整性	药房或其他仓库一般集中向财务记账员报送出库统计表，出库统计表由仓库管理员编制，由其他人员复核签字	检查出库统计表是否经过复核签字

续表

控制目标	认定	常用的控制活动	常用的控制测试
所有的出库记录应被计入正确的会计期间内	存货：完整性、存在 医疗业务成本：截止	当月的出库当月进行账务处理	检查出库单、出库统计表登录的出库时间是否与账务处理的时间同属于一个会计期间
（4）退库			
所有的退库行为应经过审批	存货：存在	要求退库的部门提出退库申请，填制退库单，列明退库理由，并经主管人员批准	检查退库单是否经过批准
所有的退库办理退库手续，并计入库存台账和财务账	存货：完整性	仓库管理员应及时将退库单记入库存台账，并定期核对账实相符	检查仓库盘点报告，必要时对存货实施监盘，检查账实是否相符
		仓库管理员定期编制退库统计表，并经复核后交由财务记账员入账。	检查退库单是否汇总纳入退库统计表，退库统计表是否经过复核
所有的退库已计入正确的会计期间	存货：存在、完整性	当月的退库当月进行账务处理	检查退库单、退库统计表登记的退库时间是否与账务处理的时间同属于一个会计期间
（5）自制药品的生产			
生产计划应经过适当的批准	存货：存在	生产计划一般按照预算编制，并经过适当权限的人员批准	检查生产计划是否经过适当权限的人员审批
所有的领料应按照生产计划进行	存货：存在	药品生产部门由生产调度人员签发领料单，由其对生产计划进行统一调度	检查所有自制药品领料单是否经过调度人员签字

续表

控制目标	认定	常用的控制活动	常用的控制测试
		对于例外的领料，由生产调度人员签发领料单，并经适当的主管人员批准	检查例外调度事项是否经过审批
成本的归集和分摊过程应经过适当的复核	存货：计价和分摊	药品生产部门的核算员编制成本计算单，并经其他有关负责人复核签字确认	检查成本计算单是否经过复核确认
（6）库存盘点			
盘点计划应被所有参加盘点的人员所熟知	存货：存在	盘点前召开盘点计划布置会，所有参加盘点的人员应参加会议	检查盘点组织工作文件、会议纪要，必要时实际参加盘点计划布置会
盘点时一些对盘点产生影响的特殊事项应被充分考虑并采取相应的应对措施	存货：存在	盘点时应尽可能保证物品停止流动；对于异地存货，应根据重要性原则安排其他盘点方式；对于代保管存货，应设置备查账进行日常管理，并在盘点时用明确的标识加以区分	检查盘点计划，评价盘点安排是否已经考虑全面；询问有关人员对特殊事项的应对措施，评价应对措施是否合理；必要时，参加存货监盘
所有的物品应被纳入盘点范围	存货：完整性、存在	在编制盘点计划时，将所有的物品纳入盘点范围，并确定相应的盘点人员和负责人，制定相应的盘点方法	检查盘点计划，并将盘点范围与财务账核对，检查盘点范围有无遗漏
盘点结果经过适当的复核	存货：存在	盘点结束后，由专人对盘点结果进行汇总，并与财务账面差异进行核对，形成盘点报告。盘点结果要由专人负责复核，确保数据准确	检查盘点结果的汇总过程是否经过适当的复核
盘点报告经过必要的批准	存货：存在	医院盘点负责人要对盘点结果及盘点差异的处理结果进行批准	检查盘点报告是否经过有关负责人批准

续表

控制目标	认定	常用的控制活动	常用的控制测试
对盘点差异的处理计入正确的会计期间	存货：存在、完整性	财务部门根据盘点报告，调整盘点截止时点的账实差异	检查盘点结果的账务处理时间是否与盘点截止时间属于同一会计期间
（7）成本核算			
外购药品的入账数量、金额准确	存货：计价和分摊	财务部门核对入库单、采购发票、采购合同的数量、金额是否一致	检查入库单、采购发票、采购合同的数量、金额是否相互一致，是否与记账凭证一致
自行加工或委托加工完成的药品入账数量、金额准确	存货：计价和分摊	财务部门核对入库单、委托加工合同、领用出库单的数量、金额	检查入库单、委托加工合同、领用出库单的数量、金额与记账凭证是否一致
接受捐赠的药品数量、金额准确	存货：计价和分摊	财务部门核对入库单、捐赠发票、捐赠合同的数量、金额是否一致，或者核对同类药品的市场价格	检查入库单、捐赠发票、捐赠合同的数量、金额是否相互一致，是否与记账凭证一致，或者同类药品的市场价格是否与记账凭证一致
药房从药库领取药品的数量、金额准确	存货：计价和分摊	财务部门核对医疗物资调拨单标明的数量是否与记账凭证一致	检查医疗物资调拨单标明的数量是否与记账凭证一致，药品单价是否与账簿记载一致
药房卖出药品的数量、金额准确	存货：计价和分摊 医疗业务成本：准确性、发生	药房制定专人对 HIS 系统的出库情况或医疗处方进行汇总，提交财务部门进行账务处理	检查药品出库汇总表是否与 HIS 系统的出库单或医疗处方一致，记账金额是否与账簿记载一致

续表

控制目标	认定	常用的控制活动	常用的控制测试
自行加工或委托加工发出的药品数量、金额准确	存货：计价和分摊	财务部门核对物资调拨单数量是否与记账凭证一致	检查物资调拨单数量、金额是否与记账凭证一致，是否与账簿记录一致
确保对外捐赠或用于免费救治发出药品的数量、金额准确	存货：计价和分摊 医疗业务成本：准确性、发生	财务部门核对对外捐赠、免费救治的行为是否经过授权，核对出库单、捐赠合同、免费救治批准手续的药品数量、金额是否一致	检查对外捐赠、免费救治的行为是否经过授权，出库单、捐赠合同、免费救治批准手续的药品数量、金额是否一致，是否与记账凭证一致
医疗活动中内部领用药品的数量、金额准确	存货：计价和分摊 医疗业务成本：准确性、发生	财务部门核对开展医疗活动领用药品是否经过授权，核对出库单、免费医疗批准手续的药品数量、金额是否一致	检查开展医疗活动领用药品是否经过授权，核对出库单、免费医疗批准手续的药品数量、金额是否一致，是否与记账凭证一致
所有成本得到有效归集	医疗业务成本：完整性	财务部门将各项支出直接或分配归属至耗用科室，不允许挂账支出	检查是否存在未归集到具体科室的挂账支出
归集的成本是真实的	存货：存在 医疗业务成本：发生	财务部门将各科室上报的支出进行归集，并定期进行汇总核对	检查各科室支出日报表，并检查定期核对记录
归集成本得到了合理分摊	医疗业务成本：准确性	财务部门根据一定方法将各项支出最终分摊至临床类科室，并复核分摊方式是否保持了一贯性	抽取若干月份，对成本分摊进行重新计算

4．固定资产循环。

控制目标	认定	常用的控制活动	常用的控制测试
（1）立项与预算管理			
只有经管理层核准的固定资产投资预算才能执行	固定资产：存在	医院通常编制年度财务预算，包括固定资产投资计划，报上级主管机关批准	检查被审计医院的年度财务预算是否经主管机关批准
采购申请应符合预算的范围	固定资产：存在	采购申请应由预算审核人员复核，对于年度预算内的采购给予批准	检查采购申请单是否经过预算审核人员批准
预算外购置固定资产应经过适当批准	固定资产：存在	对于预算外的采购或例外采购，由主管负责人批准	检查预算外采购或例外采购事项的采购申请单是否由主管负责人批准
所有固定资产购置行为有效执行了分级审批	固定资产：存在	按照采购资产的金额不同设定不同的采购付款审批权限，并规定了不同的供应商选择方式	检查相关文件，判断采购审批权限的设定是否明确，检查采购审批表是否按照规定的权限履行了审批程序
（2）日常购置			
固定资产购置合同应由不同的人员复核、审批	固定资产：存在	组织资产使用部门、采购部门、财务部门、法律部门、内审部门等有关人员按照审批权限对大宗采购合同实施合同评审	检查采购合同是否履行相应的评审程序，参与评审的人员分工是否达到相互监督、稽核的目的
资产请购与付款由不同的人员审批和执行	固定资产：存在	采购人员不具有付款的审批权限，由采购部门提出付款申请，由财务人员负责审核，由主管负责人负责批准	检查采购付款申请表是否经过独立的稽核，是否经过不同的有关负责人审批

续表

控制目标	认定	常用的控制活动	常用的控制测试
（3）记录			
及时办理固定资产验收手续	固定资产：完整性	固定资产建造、安装完成后，由建设部门组织验收，办理验收手续，登记固定资产备查簿	检查验收日期与资产交接日期是否临近，检查固定资产登记簿是否与财务账面金额一致，必要时，检查固定资产
验收后的固定资产能及时入账	固定资产：完整性	固定资产验收后，将验收证明报财务部门入账	检查入账日期与验收日期是否属于同一会计期间
固定资产应移交给指定的资产保管人	固定资产：存在	固定资产验收后，由建造部门填制资产移交单，由资产管理部门确定资产保管责任人，由其签字确认	检查资产交接单是否明确资产保管责任人，资产卡片是否标明资产使用人和保管责任人
固定资产保管人应明确自己的职责和分工	固定资产：存在	医院应设定相应的固定资产管理制度，对固定资产保管员的责任和分工进行明确的规定，并要求固定资产保管员明确知悉自己的职责和分工	检查医院是否制定了相应的资产管理制度，询问固定资产管理人员是否知悉自己的职责和分工
固定资产已全部进行了正确的账务处理	固定资产：完整性	财务部门根据固定资产的不同来源确定其入账价值，并与资产管理部门核对	检查财务部门的总账及一级明细账是否与资产管理部门的二级明细账及台账相符

续表

控制目标	认定	常用的控制活动	常用的控制测试
(4) 折旧计提			
应计提折旧的固定资产计提了折旧	累计折旧：计价和分摊	对折旧计算进行复核	检查复核记录。必要时，重新计算
折旧方法正确并保持了一贯性			
(5) 后续支出			
固定资产的修理改造需要经过适当的批准	固定资产：存在	预算内或计划内的大修理、更新改造和日常修理按照正常的审批手续审批	检查固定资产修理改造手续是否齐全，是否经过适当的审批
所有的紧急修理事项经过授权批准或事后批准	固定资产：存在	紧急修理事项按照特殊的审批权限和方法进行审批	检查紧急修理事项是否经过特别的审批
对资本性支出与费用性支出进行明确的划分	固定资产：计价和分摊	通常由财务部门通过大修理、更新改造和日常修理来区分资本性支出和费用性支出	检查每项固定资产修理是否进行了资本性支出和费用性支出的划分，划分标准是否合理
修理改造成本应及时入账	固定资产：完整性、计价和分摊	指定专门人员对修理改造进行跟踪管理，并负责将修理改造的财务信息反馈至财务部门入账	检查修理改造的完成日期或验收日期是否与财务记账日期属于同一会计期间
(6) 盘点与核对			
盘点计划应被所有参加盘点的人员所熟知	固定资产：存在	盘点前召开盘点计划布置会，所有参加盘点的人员应参加会议	检查盘点组织工作文件、会议纪要，必要时实际参加盘点计划布置会

续表

控制目标	认定	常用的控制活动	常用的控制测试
盘点时一些对盘点产生影响的特殊事项应被充分考虑并采取相应的应对措施	固定资产：存在	对于图书等资产应建立图书管理目录，指定专门的图书管理员管理；对于运营租入的固定资产建立备查账管理；对运营租出固定资产应根据重要性水平，采取适当的方式盘点	检查盘点计划，评价盘点安排是否已经考虑全面；询问有关人员对特殊事项的应对措施，评价应对措施是否合理；必要时，检查固定资产
所有的资产被纳入盘点范围	固定资产：完整性、存在	在编制盘点计划时，将所有的资产纳入盘点范围，并确定相应的盘点人员、负责人及盘点方法	检查盘点计划，并将盘点范围与财务账核对，检查盘点范围有无遗漏
盘点结果经过适当的复核	固定资产：存在	盘点结束后，由专人对盘点结果进行汇总，并对财务账面差异进行核对，形成盘点报告。盘点结果要由专人负责复核，确保数据准确	检查盘点结果的汇总过程是否经过适当的复核
盘点报告经过必要的批准	固定资产：存在	医院盘点负责人应对盘点结果及盘点差异的处理结果进行批准	检查盘点报告是否经过有关负责人批准
对盘点差异的处理计入正确的会计期间	固定资产：存在、完整性	财务部门根据盘点报告及时调整盘点截止时点的账实差异	检查盘点结果的账务处理时间是否与盘点截止时间属于同一会计期间
（7）资产处置			
所有的处置行为应经过批准	固定资产：存在	由资产使用部门提出处置申请，资产管理部门组织技术鉴定，提出鉴定意见，由有权管理人员批准	检查处置申请表是否经过适当的批准

续表

控制目标	认定	常用的控制活动	常用的控制测试
所有的处置应及时入账	固定资产：完整性	由财务部门负责对拟处置资产价值进行审核，负责对拟处置资产的询价进行监督，根据处置结果记账核算	检查固定资产处置方式和处置价格是否经过审核，记账日期是否与处置日期属于同一会计期间
		资产管理部门根据资产处置结果登记固定资产备查簿	检查财务账固定资产账面价值是否与固定资产备查簿价值一致，必要时，检查固定资产
所有的固定资产内部调拨应在固定资产登记簿中记录	固定资产：完整性	固定资产内部调拨时，填制内部资产调拨单，由资产管理部门监督调出部门和调入部门履行资产交接手续，并负责登录固定资产登记簿	检查固定资产调拨单和相应的交接手续是否内容一致，检查固定资产登记簿是否按照调拨单进行了变更，必要时，检查固定资产

二、实质性程序

（一）实质性程序的目标

在实施实质性程序时，注册会计师可根据需要单独或综合运用检查、观察、询问、函证、重新计算、重新执行和分析程序，以获取对各类交易、账户余额、列报和披露的充分、适当的审计证据。

实质性程序的目标和财务报表认定的关系如下：

1. 各类交易和事项。

（1）发生：记录的交易或事项已发生，且与被审计医院有关；

（2）完整性：所有应当记录的交易和事项均已记录；

（3）准确性：与交易或事项有关的金额及其他数据已恰当记录；

（4）截止：交易或事项已记录于正确的会计期间；

（5）分类：交易或事项已记录于恰当的账户。

2．期末账户余额。

（1）存在：记录的资产、负债和所有者权益是存在的；

（2）权利和义务：记录的资产由被审计医院拥有或控制，记录的负债是被审计医院应当履行的偿还义务；

（3）完整性：所有应当记录的资产、负债和所有者权益均已记录；

（4）计价和分摊：资产、负债和所有者权益以恰当的金额包括在财务报表中，与之相关的计价或分摊调整已恰当记录。

3．列报和披露。

（1）发生以及权利和义务：披露的交易、事项和其他情况已发生，且与被审计医院有关；

（2）完整性：所有应当包括在财务报表中的披露均已包括；

（3）分类和可理解性：财务信息已被恰当地列报和描述，且披露内容表述清楚；

（4）准确性和计价：财务信息和其他信息已公允披露，且金额恰当。

（二）实质性程序示例

鉴于《医院会计制度》和医院会计核算的特殊性，本指引仅对医院财务报表部分具有明显行业特点的项目以示例的方式进行说明。需要注意的是，由于被审计医院的情况千差万别，以下示例并不能涵盖所有情况，在执行审计业务时，注册会计师需要结合被审计医院实际情况，作出相应的调整和取舍。

1．零余额账户用款额度。

（1）获取或编制零余额账户用款额度银行账户明细表，与总账和明细账核对是否相符。

（2）检查新开立的零余额用款额度账户是否取得开户许可证，是否履行有关批准手续。

（3）检查零余额账户用款额度银行账户存款人是否为被审计医院，若存款人非被审计医院，需要获取该账户户主、被审计医院和行业主管部门（或举办单位）的书面声明，并确认是否需要调整。

（4）检查零余额账户用款额度银行账户若干张大额收支的原始凭证，检查原始凭证是否齐全、记账凭证与原始凭证是否相符、账务处理是否正确、是否记录于恰当的会计期间等内容。

（5）取得零余额账户用款额度银行账户对账单，从中提取一定数量的交易与银行日记账进行核对，检查是否存在未入账的情况。

（6）检查零余额账户用款额度是否已按照《医院会计制度》的规定在财务报表中作出恰当列报。

2．财政应返还额度。

（1）获取或编制财政应返还额度明细表，复核加计是否正确，并与报表数、总账数和明细账合计数核对是否相符。

（2）检查财政应返还额度余额的真实性，获取医院编制的年度经费预算及相关批准文件，核对医院财政补助收入与相关批复之间的差异；检查财政直接支付预算数与当年财政直接支付（授权支付）实际支出数的差额是否准确。必要时，向拨款部门进行函证。

（3）检查财政应返还额度账户期后支付或额度恢复情况。

（4）检查财政应返还额度是否已按照《医院会计制度》的规定在财务报表中作出恰当列报。

3．应收在院病人医疗款。

（1）获取或编制应收在院病人医疗款明细表。

①复核加计是否正确，并与报表数、总账数和明细账合计数核对是否相符。

②检查是否存在贷方余额的明细项目，并查明原因。必要时，提请被审计医院进行重分类调整。

③结合预收医疗款等往来项目的明细余额，检查有无同一单位或个人多处挂账、异常余额或与医院运营业务无关的其他款项。

④标识重要的欠款单位（个人）明细，计算其欠款合计数占应收医疗款余额的比例。

（2）获取或编制应收在院病人医疗款账龄分析表。

①测试计算的准确性。

②检查原始凭证，如结算发票、收款收据、业务单据等，测试账龄核算的准确性。

（3）抽查有关原始凭据，验证与其相关的应收在院病人医疗款的真实性。必要时，向在院病人进行函证。

（4）抽查应收在院病人医疗款明细账，并追查至有关原始凭证，检查被审计医院有无不属于结算业务的债权。

（5）抽查资产负债表日前后若干张记账凭证，实施截止测试，确定入账时间是否正确。

（6）检查应收在院病人医疗款是否存在异常性减少，是否与医院床位使用情况相吻合。

（7）检查应收在院病人医疗款中是否存在因病人已出院或死亡但账务尚未得到妥善处理的情况。

（8）检查应收在院病人医疗款是否已按照《医院会计制度》的规定在财务报表中作出恰当列报。

4．应收医疗款。

（1）获取或编制应收医疗款明细表。

①复核加计是否正确，并与报表数、总账数和明细账合计数核对是否相符。

②检查是否存在贷方余额的明细项目，并查明原因。必要时，提请被审计医院进行重分类调整。

③结合预收医疗款等往来项目的明细余额，检查有无同一单位或个人多处挂账、异常余额或与医院运营业务无关的其他款项。

④标识重要的欠款单位（个人）明细，计算其欠款合计数占应收医疗款余额的比例。

（2）获取或编制应收医疗款账龄分析表。

①测试计算的准确性。

②检查原始凭证，如结算发票、收款收据、业务单据等，测试账龄核算的准确性。

（3）抽查有关原始凭据，验证与其相关的应收医疗款的真实性。

（4）向医疗保险机构进行函证。

①采用积极式函证形式向医疗保险机构进行函证，并对函证实施过程进行控制。

②对医疗保险机构回函进行分析处理。如有不符，提请被审计医院编制余额调节表，并对调节项目进行核实。

③针对无法实施函证或函证无法收回的应收医疗款实施替代审计程序。

（5）抽查应收医疗款明细账，并追查至有关原始凭证，查证被审计医院有无不属于结算业务的债权。

（6）抽查资产负债表日前后若干张记账凭证，实施截止测试，确定入账时间是否正确。

（7）检查应收医疗款是否存在异常性减少，是否与医院整体运营情况相吻合。

（8）检查应收医疗款是否已按照《医院会计制度》的规定在财务报表

中作出恰当列报。

5．坏账准备。

（1）获取或编制坏账准备明细表，复核加计是否正确，并与报表数、总账数和明细账合计数核对是否相符。

（2）检查应收医疗款坏账准备计提和核销的批准程序，取得书面报告等证明文件。

①检查计提坏账准备的计提方法、所依据的资料、假设及方法是否符合相关规定。

②检查坏账损失账龄是否超过3年且确实无法收回，是否按有关规定报经批准。

③检查坏账准备的具体计算和会计处理是否正确。

（3）根据账龄分析表，选取金额大于若干元的账户，逾期超过若干天的账户，以及认为必要的其他账户，复核并测试所选取账户期后收款情况；针对所选取的账户，与医院财务部门、结算收费部门人员讨论其可收回性，并复核往来函件或其他相关信息，以支持被审计医院就此作出的声明。

（4）已经确认并转销的坏账重新收回的，检查其会计处理是否正确。

（5）通过比较前期坏账准备计提数和实际发生损失数，以及检查期后事项，评价应收医疗款坏账准备计提的合理性。

（6）检查坏账准备是否已按照《医院会计制度》的规定在财务报表中作出恰当列报。

6．库存物资。

（1）获取或编制库存物资明细表。

①复核加计是否正确，并与报表数、总账数和明细账合计数核对是否相符。

②检查明细账与物资管理部门辅助明细账、卡片记录是否相符。

（2）检查库存物资的入库和领用手续是否齐全，会计处理是否正确。

（3）检查库存物资与固定资产的划分是否符合规定。

（4）选取若干个样本，抽查库存物资明细账的数量与盘点记录的库存物资数量是否一致，以确定库存物资明细账的数量的准确性和完整性。

①从库存物资明细账中选取若干个样本，与盘点记录的数量相核对。

②从盘点记录中抽取若干个样本，与库存物资明细账的数量核对。

（5）截止测试。

①库存物资入库的截止测试。

A. 在库存物资明细账的借方发生额中选取资产负债表日前后若干张、金额若干元以上的凭证，与入库记录核对，以确定库存物资入库被记录在正确的会计期间。

B. 在入库记录中选取资产负债表日前后若干张、金额若干元以上的凭证，与库存物资明细账的借方发生额进行核对，以确定库存物资入库被记录在正确的会计期间。

②库存物资出库的截止测试。

A. 在库存物资明细账的贷方发生额中选取资产负债表日前后若干张、金额若干元以上的凭证，并与出库记录核对，以确定库存物资出库被记录在正确的会计期间。

B. 在出库记录中选取资产负债表日前后若干张、金额若干元以上的凭证，与库存物资明细账的贷方发生额进行核对，以确定库存物资出库被记录在正确的会计期间。

（6）检查库存物资的计价方法是否正确，前后期是否一致。

（7）对盘盈、盘亏、变质、毁损等情况，检查是否根据管理权限报经批准后进行处理。

（8）结合监盘情况，审核有无长期挂账的库存物资。如有，查明原因，必要时作出调整。

（9）检查库存物资是否已按照《医院会计制度》的规定在财务报表中作出恰当列报。

7. 长期投资。

（1）获取或编制长期投资明细表，复核加计是否正确，并与报表数、总账数和明细账合计数核对是否相符。

（2）检查投资范围是否符合国家有关规定。

（3）确定长期投资是否存在；检查其计价方法、期末余额是否正确。

①获取长期投资的有关协议、法律文书等资料，并与账面记录进行核对。

②如果长期投资在审计时已经售出或兑换，追查至相关原始凭证，以确认其在资产负债表日存在。

③查阅在外保管的长期投资法律文书。必要时可向保管人函证，复核并记录函证结果。了解在外保管的长期投资是否存在委托理财等变相违规行为。

④向证券公司等单位获取对账单，并与明细账余额核对。同时，向证

券公司等单位发函询证，以确认其存在。如有差异，查明原因，作出记录或进行适当调整。

（4）抽查本期增加、本期减少中的项目，追查至原始凭证，检查其是否经过批准，确认长期投资的购入、售出、处置及投资收益金额是否正确，记录是否完整。

（5）确定长期投资计价是否正确。

①检查长期投资初始计量是否正确。

②重新计算持有期间的投资收益。

（6）结合银行借款等的检查，了解长期投资是否存在质押、担保情况。如有，则需要进行详细记录，并提请被审计医院进行充分披露。

（7）检查长期投资是否已按照《医院会计制度》的规定在财务报表中作出恰当列报。

8．固定资产。

（1）获取或编制固定资产明细表，复核加计是否正确，并与报表数、总账数和明细账合计数核对是否相符。

（2）实施分析程序。

①基于对被审计医院及其环境的了解，通过进行以下比较，并考虑有关数据之间的关系，建立有关数据的期望值：计算固定资产修理及维护费用占固定资产原值的比例，并进行本期与以前各期的比较。

②确定可接受的差异额。

③将实际情况与期望值相比较，识别需要进一步调查的差异。

④如果其差额超过可接受的差异额，调查并获取充分的解释和恰当的佐证审计证据。

⑤评估分析程序的测试结果。

（3）检查固定资产的确认是否符合有关规定。

（4）对固定资产进行监盘，以确定其是否存在。

（5）检查固定资产的所有权或控制权。

①对外购的固定资产，检查是否与审批文件、采购发票、采购合同相符；对自行建造的固定资产，检查是否已办妥相关权属证明；对融资租入固定资产，检查是否与租赁协议相符；对无偿调入或接受捐赠的固定资产，检查是否与批准文件、捐赠协议相符。

②对于房产类固定资产，查阅有关的合同、产权证明、财产税单等文件。

③对汽车等运输设备，检查有关运营证件等。

④对受留置权限制的固定资产，结合有关负债项目进行检查。

（6）检查本期固定资产的增加。

①询问管理层当期固定资产的增加情况，并与获取或编制的固定资产明细表进行核对。

②检查本期增加固定资产的计价是否正确，手续是否齐备，会计处理是否正确：

A. 对于外购的固定资产，通过核对采购合同、发票、保险单、发运凭证等资料，抽查测试其入账价值是否正确，授权批准手续是否齐备；大型医疗设备等固定资产的购建是否经有关部门批准，会计处理是否正确；对于一笔款项购入多项没有单独标价的固定资产，是否按照同类或类似资产价格的比例对购置成本进行分配，分别确定各项固定资产成本。

B. 对于在建工程和基建工程转入的固定资产，检查固定资产确认时点是否符合有关规定，入账价值与在建工程、基建工程的相关记录是否核对相符，是否与竣工决算、验收和移交报告一致。

C. 对于更新改造增加的固定资产，检查是否是为增加固定资产的使用效能或延长其使用寿命而发生的改建、扩建或大型修缮等支出，计价及会计处理是否正确。是否存在为维护固定资产的正常使用而发生的修理费等进行资本化的情况，如有，提请被审计医院适当调整。

D. 对于融资租赁增加的固定资产，检查是否按规定报行业主管部门（或举办单位）和财政部门审批；大型医疗设备等固定资产的租赁，是否符合区域卫生规划，是否经有关部门批准；获取融资租赁固定资产的相关证明文件，检查融资租赁合同的主要内容，并结合负债科目等检查相关的会计处理是否正确。

E. 对于无偿取得（如无偿调入或接受捐赠）的固定资产，检查法律手续是否齐全，核对相关原始凭证以确定其成本是否正确，检查会计处理是否正确。

F. 对于盘盈的固定资产，检查是否根据规定的管理权限报经批准。检查增加固定资产的原始凭证，核对其成本是否根据同类或类似资产市场价格确定，检查会计处理是否正确。

（7）检查本期固定资产的减少。

①检查出售、转让、报废固定资产或发生固定资产毁损时，是否按照有关规定进行处理，审批手续是否齐全，会计处理是否正确。

②检查盘亏的固定资产是否根据规定的管理权限报经批准，会计处理是否正确。

③检查因修理或更新改造而停止使用的固定资产的会计处理是否正确。

④检查投资转出的固定资产是否按照国家有关规定进行资产评估，会计处理是否正确。

（8）检查固定资产的抵押、担保情况。结合对银行借款等的检查，了解固定资产是否存在重大的抵押、担保情况。如存在，需进行详细记录，同时提请被审计医院作恰当披露。

（9）检查固定资产是否已按照《医院会计制度》的规定在财务报表中作出恰当列报。

9．累计折旧。

（1）获取或编制累计折旧明细表，复核加计是否正确，并与报表数、总账数和明细账合计数核对是否相符。

（2）检查被审计医院制定的折旧方法是否符合相关规定。

（3）复核本期折旧费用的计提和分配。

①检查折旧范围是否正确，是否存在对图书计提折旧的情况。

②检查被审计医院折旧政策前后期是否一致。

③复核本期折旧费用的计提是否正确。

④检查折旧费用的分配方法是否合理，是否与上期一致。

⑤检查固定资产增减变动时有关折旧的会计处理是否符合规定。

⑥与相关科目的发生额进行勾稽，检查本期所计提折旧金额是否已正确处理。

⑦检查累计折旧的减少是否合理，会计处理是否正确。

（4）检查累计折旧是否已按照《医院会计制度》的规定在财务报表中作出恰当列报。

10．基建工程。

（1）获取或编制基建工程明细表，复核加计是否正确，并与报表数、总账数和明细账合计数核对是否相符。

（2）实施分析程序。

①基于对被审计医院及其环境的了解，通过进行以下比较，并考虑有关数据之间的关系，建立有关数据的期望值：依据借款和工程建设情况计算借款费用资本化金额，并与被审计医院实际的借款费用资本化情况进行比较。

②确定可接受的差异额。

③将实际情况与期望值相比较，识别需要进一步调查的差异。

④如果其差额超过可接受的差异额，调查并获取充分的解释和恰当的佐证审计证据。

⑤评估分析程序的测试结果。

（3）检查基建工程的本期增加。

①询问管理层当期基建工程的增加情况，并与获取或编制的基建工程的明细表进行核对。

②检查基建工程核算的基建项目是否按国家有关规定经过审批立项。

③查阅医院资本支出预算、相关会议决议等，检查当期增加的基建工程是否全部得到记录。

④检查当期增加的基建工程的原始凭证是否完整，计价是否正确。

（4）检查基建工程的本期减少。

①了解基建工程结转固定资产的政策，并结合固定资产审计，检查基建工程转销额是否正确，是否存在将已交付使用的固定资产列挂基建工程而少计折旧的情形。

②检查基建工程其他减少的入账依据是否充分，会计处理是否正确。

（5）检查利息资本化是否正确。复核计算资本化利息的借款费用、资本化率、实际支出数以及资本化的开始和停止时间。

（6）实施基建工程实地检查程序。查看基建工程的工程进度，检查是否存在停建的基建工程。

（7）检查基建工程是否已按照《医院会计制度》的规定在财务报表中作出恰当列报。

11．无形资产。

（1）获取或编制无形资产明细表，复核加计是否正确，并与报表数、总账数和明细账合计数核对是否相符。

（2）检查无形资产的确认是否符合有关规定。

（3）检查无形资产的权属证书原件、非专利技术的持有和保密状况等，并获取有关协议和会议纪要、审批文件等资料，检查无形资产的性质、构成内容、计价依据、使用状况和有效使用期或受益期限，确定无形资产是否存在，并由被审计医院拥有或控制。

（4）检查本期无形资产的增加。

①对于外购的无形资产，通过核对采购合同、发票等资料，检查其入

账价值是否正确，授权批准手续是否齐备，会计处理是否正确。

②对于自行开发并依法申请取得的无形资产，检查其计价是否符合有关规定。抽查相关支出的原始凭证，检查会计处理是否正确。

③对于接受捐赠的无形资产，获取捐赠协议等资料，检查是否按捐赠方提供的资料或同类无形资产估价计价，会计处理是否正确。

（5）检查本期无形资产的减少。

①检查转让无形资产时，是否按照有关规定进行资产评估，审批手续是否齐全，会计处理是否正确。

②以无形资产对外投资时，检查是否按照有关规定进行资产评估，审批手续是否齐全，会计处理是否正确。

③检查对于预期不能为医院带来服务潜力或经济利益的无形资产的核销，预期依据、方式和标准是否合理，是否履行了报批手续。

（6）检查无形资产的抵押、担保情况。结合对银行借款等的检查，了解无形资产是否存在重大的抵押、担保情况。如存在，需要进行详细记录，同时提请被审计医院作恰当披露。

（7）检查无形资产是否已按照《医院会计制度》的规定在财务报表中作出恰当列报。

12. 累计摊销。

（1）获取或编制累计摊销明细表，复核加计是否正确，并与报表数、总账数和明细账合计数核对是否相符。

（2）检查被审计医院制定的摊销方法是否符合相关规定。

（3）与“待冲基金”、“医疗业务成本”、“管理费用”等科目的发生额进行勾稽。

（4）检查累计摊销的减少是否合理，会计处理是否正确。

（5）检查累计摊销是否已按照《医院会计制度》的规定在财务报表中作出恰当列报。

13. 应缴款项。

（1）获取或编制被审计医院应缴款项明细表，复核加计是否正确，并与报表数、总账数和明细账合计数核对是否相符。

（2）结合对其他应付款等往来项目的明细余额的检查，检查有无与应缴入国库或应上缴行政主管部门的款项有关的款项。

（3）检查是否有与应缴入国库或应上缴行政主管部门的款项无关的款项误记入本项目。

（4）与“固定资产清理”、“无形资产”等科目的发生额进行勾稽。

（5）检查应缴款项是否已按照《医院会计制度》的规定在财务报表中作出恰当列报。

14. 预收医疗款。

（1）获取或编制预收医疗款明细表。

①复核加计是否正确，并与报表数、总账数和明细账合计数核对是否相符。

②检查是否存在借方余额的明细项目，并查明原因。必要时，提请被审计医院进行重分类调整。

③结合对应收医疗款等往来款项目的明细余额，检查有无同一单位或个人多处挂账、异常余额或与医院运营业务无关的其他款项。

（2）检查预收医疗款余额是否存在异常变动，分析异常变动原因。

（3）检查预收医疗款长期挂账的原因。

（4）抽查与预收医疗款有关的收款凭证、住院手续，检查预收医疗款是否及时、足额入账。

（5）检查住院病人办理出院手续、结算医疗费时，是否及时转销预收医疗款。

（6）抽查预收医疗款转销的原始凭据，以确定预收医疗款的减少是否是正常的住院病人出院结算医疗费所致。

（7）必要时，对预收医疗款进行函证。注册会计师需要特别关注在函证无效的情况下，实施的替代审计程序是否可以获取充分、适当的审计证据。

（8）通过截止性测试，以确定预收医疗款是否已计入恰当期间。

（9）检查预收医疗款是否已按照《医院会计制度》的规定在财务报表中作出恰当列报。

15. 事业基金。

（1）获取或编制事业基金明细表，复核加计是否正确，并与报表数、总账数和明细账合计数核对是否相符。

（2）获取与事业基金变动有关的会议纪要、会议决议以及行业主管部门（或举办单位）的批复等文件资料，检查账务处理是否与相关文件一致，并更新永久性档案。

（3）检查与事业基金本期增减变动相关的文件、凭证，检查会计处理是否正确：

①科教项目结项后如有结余资金，并解除限定可以转入事业基金的，是否根据有关规定转入。

②事业基金用于弥补亏损时，最高限额是否为事业基金扣除医院非财政补助资金和科教项目资金形成的固定资产、无形资产等资产净值。

③医院年终结账时，对于需要调整以前年度结余的事项，除国家另有规定外，是否通过事业基金进行核算。

（4）检查事业基金是否已按照《医院会计制度》的规定在财务报表中作出恰当列报。

16. 专用基金。

（1）获取或编制专用基金明细表，复核加计是否正确，并与报表数、总账数和明细账合计数核对是否相符。

（2）获取与专用基金变动有关的会议纪要、会议决议以及行业主管部门（或举办单位）的批复等文件资料，检查账务处理是否与相关文件一致，并更新永久性档案。

（3）检查与专用基金本期增减变动相关的文件、凭证，检查会计处理是否正确。

①检查专用基金的计提基数、计提比例是否符合有关规定。

②检查专用基金的减少是否符合有关规定。职工福利基金是否专门用于职工集体福利设施和集体福利待遇支出；医疗风险基金是否专门用于医院购买医疗风险保险发生的支出或实际发生的医疗事故赔偿；其他专用基金是否专款专用。取得相关会议纪要、会议决议并予以核查，检查有关会计处理是否正确。

（4）检查专用基金是否已按照《医院会计制度》的规定在财务报表中作出恰当列报。

17. 待冲基金。

（1）获取或编制待冲基金明细表，复核加计是否正确，并与报表数、总账数和明细账合计数核对是否相符。

（2）检查与待冲基金本期增减变动相关的文件、凭证，检查会计处理是否正确：

①结合固定资产和无形资产科目的审计，检查使用财政补助资金和科教项目资金为购建固定资产、无形资产发生支出时会计处理是否正确。

②结合累计折旧和累计摊销科目的审计，检查财政补助、科教项目资金形成的固定资产、无形资产计提折旧、摊销以及对外投资或处置财政补

助、科教项目资金形成的资产时会计处理是否正确。

（3）检查待冲基金是否已按照《医院会计制度》的规定在财务报表中作出恰当列报。

18. 财政补助结转（余）。

（1）获取或编制财政补助结转（余）明细表，复核加计是否正确，并与报表数、总账数和明细账合计数核对是否相符。

（2）结合财政项目补助收入和财政项目补助支出科目的审计，检查会计处理是否正确。

（3）结合医疗业务成本、管理费用及本期结余科目的审计，检查记入“财政补助结转——基本支出结转”是否是按“财政补助收入——基本支出”明细科目本年发生额减去“医疗业务成本”、“管理费用”科目下“财政基本补助支出”备查簿中登记的本年发生额合计后的金额入账，会计处理是否正确。

（4）检查年末是否按照规定，将“财政补助结转——项目支出结转”明细科目中符合财政补助结余资金性质的对应项目的贷方余额转入“财政补助结余”明细科目。

（5）结合“财政应返还额度”、“零余额账户用款额度”、“银行存款”等科目的审计，检查按规定向行业主管部门（或举办单位）等上缴财政补助结转和结余资金、注销财政补助结转和结余额度等时的会计处理是否正确。

（6）检查财政补助结转（余）是否已按照《医院会计制度》的规定在财务报表中作出恰当列报。

19. 科教项目结转（余）。

（1）获取或编制科教项目结转（余）明细表，复核加计是否正确，并与报表数、总账数和明细账合计数核对是否相符。

（2）结合科教项目收入和科教项目支出科目的审计，检查科教项目结转本期增加及减少的会计处理是否正确。

（3）检查科教项目结项后如有结余资金并按规定留归本单位使用的，是否正确将其结转入事业基金。

（4）检查科教项目结转（余）是否已按照《医院会计制度》的规定在财务报表中作出恰当列报。

20. 医疗收入。

（1）获取或编制医疗收入明细表，复核加计是否正确，并与报表数、总账数和明细账合计数核对是否相符。

（2）实质性分析程序。

①针对已识别需要运用分析程序的有关项目，并基于对被审计医院及其环境的了解，通过进行以下比较，同时考虑有关数据间关系的影响，建立有关数据的期望值：

A. 将本期的医疗收入主要项目与上期的医疗收入主要项目进行比较，分析医疗收入的结构和价格变动是否异常，并分析异常变动的原因。

B. 结合本期医疗收入主要项目的业务量及收费标准，与相应已确认的医疗收入进行比较，检查是否存在重大差异，查明原因。

C. 计算本期医疗收入主要项目的毛利率，与上期比较，检查是否存在异常，各期之间是否存在重大波动，查明原因。

D. 比较本期各月医疗收入主要项目收入的波动情况，分析其变动趋势是否正常，是否符合医院季节性、周期性的运营规律，查明异常现象和重大波动的原因。

E. 将本期医疗收入主要项目的毛利率与同行业医院进行对比分析，检查是否存在异常。

②确定可接受的差异额。

③将实际的情况与期望值相比较，识别需要进一步调查的差异。

④如果其差额超过可接受的差异额，调查并获取充分的解释和恰当的佐证审计证据。

⑤评估分析程序的测试结果。

（3）检查医院医疗收入的确认条件和方法是否符合相关规定，是否以医疗服务收费结算记录为依据确认，前后期是否一致；检查周期性、偶然性的收入是否符合既定的收入确认原则和方法。

（4）获取医院服务价格和药品价格目录，抽查价格是否符合价格政策，实际结算价格与价格表是否一致，有无以低价或高价结算的情况；相关价格折扣或优惠有无较完整的内部审批程序，账务处理是否适当。

（5）结合医院存货和医疗业务成本的审计，根据医院药品销售的相关数量，检查销售数量与药品发出数量之间是否存在一定的对应关系。存在重大差异的，追查差异原因及账务处理的适当性。

（6）抽取若干张药品发货单，审查发货日期、品名、数量等是否与收费票据、记账凭证等一致。

（7）抽取若干张药品收入记账凭证，审查入账日期、品名、数量、单价、金额等是否与收费票据、药品发货单等一致。

（8）抽取若干张医疗相关业务单据，审查日期、项目、服务内容等是否与收费票据、记账凭证等一致。

（9）抽取若干张医疗收入记账凭证，审查入账日期、项目、服务内容、单价、金额等是否与收费票据、相关业务单据等一致。

（10）结合对往来账的审计，检查是否存在医疗收入虚增情况。

（11）收入的截止测试。

①通过测试资产负债表日前后若干天且金额大于某数额的药品发货单据，将银行存款、应收款项和收入明细账进行核对；同时，从银行存款、应收款项和收入明细账选取在资产负债表日前后若干天且金额大于某数额的凭证，与药品发货单据核对，以确定药品收入是否存在跨期现象。

②通过测试资产负债表日前后若干天且金额大于某数额的业务结算单据，将银行存款、应收款项和收入明细账进行核对；同时，从银行存款、应收款项和收入明细账选取在资产负债表日前后若干天且金额大于某数额的凭证，与业务结算单据核对，以确定医疗服务收入是否存在跨期现象。

③复核资产负债表日前后药品销售和药品发货水平，确定业务活动水平是否异常（如与正常水平相比），并考虑是否有必要追加截止性测试程序。

④复核资产负债表日前后医疗服务业务量水平，确定业务活动水平是否异常（如与正常水平相比），并考虑是否有必要追加截止性测试程序。

⑤取得资产负债表日后所有的收入冲回记录，检查是否存在提前确认收入的情况。

⑥结合对资产负债表日应收款项的函证程序，检查有无未取得对方认可的大额偶发性收入。

（12）存在收入冲回的，检查手续是否符合规定，结合原始凭证检查其会计处理是否正确。

（13）检查医疗收入是否已按照《医院会计制度》的规定在财务报表中作出恰当列报。

21．财政补助收入。

（1）获取或编制财政补助收入明细表，复核加计是否正确，并与报表数、总账数和明细账合计数核对是否相符。

（2）检查财政补助收入的确认条件和方法是否符合有关规定，前后期是否一致。

(3) 获取医院编制的年度经费预算，以及行业主管部门（或举办单位)、财政部门关于经费预算的批复，核对医院财政补助收入与财政部门批复预算之间的差异，检查差异原因，差异的账务处理是否恰当。

(4) 检查各项财政补助收入的真实性：抽查相关原始凭证，检查是否获得必要审批程序，金额计算是否正确，审核其内容的真实性和依据的充分性，检查会计处理是否符合相关规定。

(5) 结合对财政应返还额度、零余额账户用款额度等科目的审计，检查财政补助收入是否与这些科目相符。必要时，对本期财政补助收入总额进行函证。

(6) 实施截止性测试，以确定财政补助收入是否存在跨期现象。

(7) 存在财政补助收入退回的，检查手续是否符合规定，结合原始凭证检查其会计处理是否正确和真实。

(8) 检查财政补助收入是否已按照《医院会计制度》的规定在财务报表中作出恰当列报。

22. 科教项目收入。

(1) 获取或编制科教项目收入明细表，复核加计是否正确，并与报表数、总账数和明细账合计数核对是否相符。

(2) 检查科教项目收入的确认条件、方法是否符合有关规定，前后期是否一致；检查周期性、偶然性的收入是否符合既定的收入确认原则和方法。

(3) 获取医院的科研项目、教学项目申请经费报告，以及相关部门关于科教经费的批复，核对医院科教项目收入与相关部门批复之间的差异，检查差异原因，差异的账务处理是否恰当。

(4) 检查各项科教项目收入的真实性。抽查相关原始凭证，检查是否获得必要审批程序，金额计算是否正确，审核其内容的真实性和依据的充分性，检查会计处理是否符合相关规定。

(5) 结合对往来账相关科目的审计，检查是否存在应计入科教项目收入而在往来款挂账的情况。必要时，提请被审计医院进行调整。

(6) 必要时，对本期科教项目收入进行函证。

(7) 实施截止性测试，以确定科教项目收入是否存在跨期现象。

(8) 存在科教项目收入退回的，检查手续是否符合规定，结合原始凭证检查其会计处理是否正确和真实。

(9) 检查科教项目收入是否已按照《医院会计制度》的规定在财务报

表中作出恰当列报。

23．其他收入。

（1）获取或编制其他收入明细表，复核加计是否正确，并与报表数、总账数和明细账合计数核对是否相符。

（2）检查其他收入明细项目的设置是否符合规定的核算内容与范围。

（3）检查培训收入、租金收入，检查相关合同和协议，复核金额计算及账务处理是否正确。

（4）检查食堂收入。检查食堂的相关记录及其他原始凭证，审核其内容的真实性和依据的充分性，检查会计处理是否符合相关规定。

（5）检查投资收益。结合长期投资、短期投资和银行存款的审计，审核投资收益的真实性和依据的充分性，检查会计处理是否符合相关规定。

（6）检查财产物资盘盈收入。结合相关资产的盘点及监盘资料，检查金额计算是否正确，是否获得必要审批程序，抽查相关原始凭证，审核其内容的真实性和依据的充分性，检查会计处理是否符合相关规定。

（7）检查捐赠收入。检查相关的原始凭证、金额计算及账务处理是否正确。

（8）检查无法支付的应付款项。结合应付款项等的审计及应付款项等询证函的回函情况，检查金额计算是否正确，是否获得必要审批程序，抽查相关原始凭证，审核其内容的真实性和依据的充分性，检查会计处理是否符合相关规定。

（9）检查银行存款利息收入。结合银行存款的审计，检查银行对账单及计息凭证。

（10）抽取资产负债表日前后若干天的若干张凭证，实施截止性测试，若存在异常迹象，考虑是否有必要追加审计程序，对于重大跨期项目，提请被审计医院作必要调整。

（11）检查其他收入是否已按照《医院会计制度》的规定在财务报表中作出恰当列报。

24．医疗业务成本。

（1）获取或编制医疗业务成本明细表，复核加计是否正确，并与报表数、总账数和明细账合计数核对是否相符。

（2）将医疗业务成本中的人员经费、耗用的药品及卫生材料费、固定资产折旧费、无形资产摊销费、提取医疗风险基金和其他费用等项目与各有关账户进行核对，分析其勾稽关系的合理性，并作出相应记录。

（3）比较本期与上期各月医疗业务成本的波动趋势，并查明异常情况的原因。

（4）检查医疗业务成本的内容是否符合有关规定，是否存在将使用财政补助或科教拨款发生的支出计入医疗业务成本的情况；检查计算方法前后期是否一致。

（5）针对医疗业务成本中重大调整事项、非常规项目，检查相关原始凭证，评价真实性和合理性，检查其会计处理是否正确。

（6）结合相关项目的审计，判断被审计医院是否存在将应计入医疗业务成本的项目计入存货成本、财政项目补助支出、科教项目支出、管理费用、其他支出，或将应计入管理费用、科教项目支出、其他支出的项目计入医疗业务成本等情况。

（7）实施截止性测试，以确定医疗业务成本是否存在跨期现象。

（8）检查人员经费是否符合有关部门制定的控制指标。

（9）检查医疗业务成本是否已按照《医院会计制度》的规定在财务报表中作出恰当列报。

25. 财政项目补助支出。

（1）获取或编制财政项目补助支出明细表，复核加计是否正确，并与报表数、总账数和明细账合计数核对是否相符。

（2）比较本期与上期各月财政项目补助支出的波动趋势，并查明异常情况的原因。

（3）检查财政项目补助支出的内容是否符合有关规定，计算方法前后期是否一致。对于用于购建固定资产、无形资产等发生的支出，结合相应的资产科目的审计，检查是否同时计入净资产，按规定分期结转。

（4）复核财政项目补助支出明细表明细项目划分的合规性。

（5）针对财政项目补助支出中重大调整事项、非常规项目，检查相关原始凭证，评价真实性和合理性，检查其会计处理是否正确。

（6）结合相关项目的审计，判断被审计医院是否存在将应计入财政项目补助支出的项目计入医疗业务成本、科教项目支出、管理费用、其他支出等，或将应计入医疗业务成本、科教项目支出、管理费用、其他支出等的项目计入财政项目补助支出等情况。

（7）实施截止性测试，以确定财政项目补助支出是否存在跨期现象。

（8）检查财政项目补助支出是否已按照《医院会计制度》的规定在财务报表中作出恰当列报。

26. 科教项目支出。

（1）获取或编制科教项目支出明细表，复核加计是否正确，并与报表数、总账数和明细账合计数核对是否相符。

（2）比较本期与上期各月科教项目支出的波动趋势，并查明异常情况的原因。

（3）检查科教项目支出的内容是否符合有关规定，计算方法前后期是否一致。对用于购建固定资产、无形资产等发生的支出，结合相应的资产科目的审计，检查是否同时计入净资产，按规定分期结转。

（4）针对科教项目支出中重大调整事项、非常规项目，检查相关原始凭证，评价真实性和合理性，检查其会计处理是否正确。

（5）结合相关项目的审计，判断被审计医院是否存在将应计入科教项目支出的项目计入医疗支出、管理费用、其他支出等，或将应计入医疗支出、管理费用、其他支出等的项目计入科教项目支出等情况。

（6）实施截止性测试，以确定科教项目支出是否存在跨期现象。

（7）检查科教项目支出是否已按照《医院会计制度》的规定在财务报表中作出恰当列报。

27. 管理费用。

（1）获取或编制管理费用明细表，复核加计是否正确，并与报表数、总账数和明细账合计数核对是否相符。

（2）将管理费用中的人员经费、固定资产折旧、无形资产摊销等项目与各有关账户进行核对，分析其勾稽关系的合理性，并作出相应记录。

（3）比较本期与上期各月管理费用的波动趋势，并查明异常情况的原因。

（4）检查管理费用的内容是否符合有关规定。

（5）结合相关项目的审计，判断被审计医院是否存在将应计入管理费用的项目计入医疗业务成本、科教项目支出、其他支出等，或将应计入医疗业务成本、科技项目支出、其他支出等的项目计入管理费用等情况。

（6）检查聘请中介机构费、咨询费，确定是否按合同规定支付费用，有无涉及到诉讼及赔偿款项支出。

（7）检查诉讼费用并结合或有事项审计，确认涉及的相关重大诉讼事项是否已在财务报表附注中进行披露，还需进一步关注诉讼状态，判断有无或有负债，或是否存在损失已发生而未入账的事项。

（8）复核本期发生的税费是否正确。

(9) 针对管理费用中的重要或异常项目，检查相关原始凭证，评价真实性和合理性，检查其会计处理是否正确。

(10) 实施截止性测试，以确定管理费用是否存在跨期现象。

(11) 检查管理费用是否已按照《医院会计制度》的规定在财务报表中作出恰当列报。

28. 其他支出。

(1) 获取或编制其他支出明细表，复核加计是否正确，并与报表数、总账数和明细账合计数核对是否相符。

(2) 获取培训支出的审批资料，检查相关原始凭证，评价真实性和合理性，检查其会计处理是否正确。

(3) 将其他支出中的出租固定资产折旧等项目与有关账户进行核对，分析其勾稽关系的合理性，并作出相应记录。

(4) 结合应交税费的审计，分析营业税、城市维护建设税、教育费附加等税费计算是否正确。

(5) 获取捐赠支出的相关决议，检查会计处理是否正确。

(6) 对于非常损失，检查被审计医院实际损失和保险理赔情况及审批文件，检查会计处理是否正确。

(7) 对因财产物资盘亏、毁损发生的净损失，检查是否按管理权限报经批准后处理，会计处理是否正确。

(8) 实施截止性测试，以确定其他支出是否存在跨期现象。

(9) 检查其他支出是否已按照《医院会计制度》的规定在财务报表中作出恰当列报。

第七章　审计报告

审计报告是注册会计师根据审计准则和本指引的规定，在实施审计工作的基础上对被审计医院财务报表发表审计意见的书面文件。注册会计师需要在审计报告中明确表述审计意见。

一、完成审计工作

在实施恰当的审计程序后，注册会计师需要汇总实施审计程序得出的结果，评价根据审计证据得出的结论是否恰当。在与被审计医院管理层沟通后，确定出具审计报告的意见类型。

在对财务报表形成审计意见时，注册会计师需要根据已获取的审计证据，评价财务报表是否按照事业单位会计准则、《医院会计制度》及国家其他有关法律法规的规定编制，以合理保证财务报表整体不存在重大错报。评价时需要考虑下列事项：

1. 财务报表是否在所有重大方面按照事业单位会计准则、《医院会计制度》以及国家其他有关法律法规的规定编制。

（1）财务报表是否充分披露了选择和运用的重要会计政策。

（2）选择和运用的会计政策是否符合事业单位会计准则、《医院会计制度》以及国家其他有关法律法规的规定，并适合被审计医院的具体情况。

（3）管理层作出的会计估计是否合理。

（4）财务报表列报的信息是否具有相关性、可靠性、可比性和可理解性。

（5）财务报表是否作出充分披露，使财务报表预期使用者能够理解重大交易和事项对财务报表所传递的信息的影响。

（6）财务报表使用的术语（包括每一财务报表的标题）是否适当。

2. 财务报表是否实现公允反映：

（1）财务报表的整体列报、结构和内容是否合理。

（2）财务报表是否公允地反映了相关交易和事项。

3. 财务报表是否恰当提及或说明适用的事业单位会计准则、《医院会计制度》以及国家其他有关法律法规。

二、审计报告的基本内容

审计报告需要包括下列要素：标题；收件人；引言段；管理层对财务报表的责任段；注册会计师的责任段；审计意见段；注册会计师的签名和盖章；会计师事务所的名称、地址及盖章；报告日期。

（一）标题

审计报告的标题需要统一规范为“审计报告”。

（二）收件人

审计报告的收件人是指注册会计师按照审计业务约定书的要求致送审计报告的对象。收件人一般是被审计医院的股东或治理层。如果属第三方委托，收件人一般为委托方。审计报告需要载明收件人的全称。

（三）引言段

审计报告的引言段需要包括下列方面：

1. 指出被审计医院的名称。

2. 说明财务报表已经审计。

3. 指出构成整套财务报表的每一财务报表的名称。

4. 提及财务报表附注和财务情况说明书。

5. 指明构成整套财务报表的每一财务报表的日期或涵盖的期间。

（四）管理层对财务报表的责任段

管理层对财务报表的责任段需要说明，编制财务报表是管理层的责任，这种责任包括：

1. 按照事业单位会计准则、《医院会计制度》及国家其他有关法律法规的规定编制财务报表，并使其实现公允反映。

2. 设计、执行和维护必要的内部控制，以使财务报表不存在由于舞弊或错误导致的重大错报。

（五）注册会计师的责任段

注册会计师的责任是在执行审计工作的基础上对财务报表发表审计意见。

注册会计师按照审计准则和本指引的规定执行了审计工作。审计准则和本指引要求注册会计师遵守中国注册会计师职业道德守则，计划和执行审计工作，以对财务报表是否不存在重大错报获取合理保证。

审计工作涉及实施审计程序，以获取有关财务报表金额和披露的审计证据。选择的审计程序取决于注册会计师的判断，包括对由于舞弊或错误导致的财务报表重大错报风险的评估。在进行风险评估时，注册会计师考虑与财务报表编制和公允列报相关的内部控制，以设计恰当的审计程序，但目的并非对内部控制的有效性发表意见。审计工作还包括评价管理层选用会计政策的恰当性和作出会计估计的合理性，以及评价财务报表的总体列报。

注册会计师相信获取的审计证据是充分、适当的，为其发表审计意见提供了基础。

如果结合财务报表审计对内部控制的有效性发表意见，注册会计师需要删除“但目的并非对内部控制的有效性发表意见”的措辞。

（六）审计意见段

审计意见段需要说明，被审计医院财务报表是否在所有重大方面按照事业单位会计准则、《医院会计制度》及国家其他有关法律法规的规定编制，是否公允反映了被审计医院的财务状况和业务开展成果。

（七）其他报告责任段

除审计准则和本指引规定的对财务报表出具审计报告的责任外，相关法律法规可能对注册会计师设定了其他报告责任。如果注册会计师在对财务报表出具的审计报告中履行其他报告责任，需要在审计报告中将其单独作为一部分，并以“按照相关法律法规的要求报告的事项”为标题。同时，审计报告需要区分为“对财务报表出具的审计报告”和“按照相关法律法规的要求报告的事项”两部分。如行业主管部门（或举办单位）、财政部门要求报告被审计医院预算执行情况、成本报表、绩效考核报表等情况。

（八）注册会计师的签名和盖章

审计报告需要由注册会计师签名和盖章。

（九）会计师事务所的名称、地址及盖章

审计报告需要载明会计师事务所的名称和地址，并加盖会计师事务所公章。

（十）报告日期

审计报告需要注明报告日期。审计报告日不应早于注册会计师获取充分、适当的审计证据，并在此基础上对财务报表形成审计意见的日期。

在确定审计报告日时，注册会计师需要确信：

1. 构成整套财务报表的所有报表已编制完成。

2. 被审计医院的董事会、管理层或类似机构已经认可其对财务报表负责。

三、审计报告的类型

审计报告可以分为无保留意见的审计报告和非无保留意见的审计报告。其中，非无保留意见的审计报告包括保留意见的审计报告、否定意见的审计报告和无法表示意见的审计报告。

如果认为必要，注册会计师可以在审计报告中增加强调事项段和其他事项段，以提供对使用者理解财务报表至关重要事项的信息；或有助于使用者理解审计工作、注册会计师的责任或与审计报告相关事项的补充信息。

（一）无保留意见的审计报告

如果认为被审计医院的财务报表同时符合下列条件，注册会计师需要出具无保留意见的审计报告：

1. 被审计医院财务报表在所有重大方面按照事业单位会计准则、《医院会计制度》及国家其他有关法律法规的规定编制，公允反映了被审计医院的财务状况和业务开展成果。

2. 注册会计师已按照审计准则和本指引的规定计划和实施审计工作，在审计过程中未受到限制。

无保留意见审计报告的参考格式如下：

审计报告

[适当的收件人]

一、对财务报表出具的审计报告

我们审计了后附的ABC医院财务报表，包括20×1年12月31日的资产负债表和20×1年度的收入费用总表、现金流量表、财政补助收支情况表以及财务报表附注和财务情况说明书。

（一）管理层对财务报表的责任

编制和公允列报财务报表是ABC医院管理层的责任，这种责任包括：(1）按照事业单位会计准则、《医院会计制度》及国家其他有关法律法规的规定编制财务报表，并使其实现公允反映；(2）设计、执行和维护必要的内部控制，以使财务报表不存在由于舞弊或错误导致的重大错报。

（二）注册会计师的责任

我们的责任是在执行审计工作的基础上对财务报表发表审计意见。我们按照中国注册会计师审计准则和医院财务报表审计指引的规定执行了审计工作。中国注册会计师审计准则和医院财务报表审计指引要求我们遵守中国注册会计师职业道德守则，计划和执行审计工作以对财务报表是否不存在重大错报获取合理保证。

审计工作涉及实施审计程序，以获取有关财务报表金额和披露的审计证据。选择的审计程序取决于注册会计师的判断，包括对由于舞弊或错误导致的财务报表重大错报风险的评估。在进行风险评估时，注册会计师考虑与财务报表编制和公允列报相关的内部控制，以设计恰当的审计程序，但目的并非对内部控制的有效性发表意见。审计工作还包括评价管理层选用会计政策的恰当性和作出会计估计的合理性，以及评价财务报表的总体列报。

我们相信，我们获取的审计证据是充分、适当的，为发表审计意见提供了基础。

（三）审计意见

我们认为，ABC 医院财务报表在所有重大方面按照事业单位会计准则、《医院会计制度》及国家其他有关法律法规的规定编制，公允反映了 ABC 医院 20×1 年 12 月 31 日的财务状况以及 20×1 年度的业务开展成果。

二、按照相关法律法规的要求报告的事项

（本部分报告的格式和内容，取决于相关法律法规对其他报告责任的规定。）

××会计师事务所　　　　　　中国注册会计师：×××

（盖章）　　　　　　　　　　（签名并盖章）

　　　　　　　　　　　　　　中国注册会计师：×××

　　　　　　　　　　　　　　（签名并盖章）

中国××市　　　　　　　　　二〇×二年×月×日

（二）保留意见的审计报告

如果在获取充分、适当的审计证据后，认为错报单独或汇总起来对财务报表影响重大，但不具有广泛性；或无法获取充分、适当的审计证据以作为形成审计意见的基础，但认为未发现的错报（如存在）对财务报表可能产生的影响重大，但不具有广泛性时，注册会计师需要发表保留意见。

保留意见审计报告（审计范围受到限制）的参考格式如下：

审计报告

[适当的收件人]

一、对财务报表出具的审计报告

我们审计了后附的 ABC 医院财务报表，包括 20×1 年 12 月 31 日的资产负债表和 20×1 年度的收入费用总表、现金流量表、财政补助收支情况表以及财务报表附注和财务情况说明书。

（一）管理层对财务报表的责任

编制和公允列报财务报表是 ABC 医院管理层的责任，这种责任包括：（1）按照事业单位会计准则、《医院会计制度》及国家其他有关法律法规的规定编制财务报表，并使其实现公允反映；（2）设计、执行和维护必要的内部控制，以使财务报表不存在由于舞弊或错误导致的重大错报。

（二）注册会计师的责任

我们的责任是在执行审计工作的基础上对财务报表发表审计意见。我们按照中国注册会计师审计准则和医院财务报表审计指引的规定执行了审计工作。中国注册会计师审计准则和医院财务报表审计指引要求我们遵守中国注册会计师职业道德守则，计划和执行审计工作以对财务报表是否不存在重大错报获取合理保证。

审计工作涉及实施审计程序，以获取有关财务报表金额和披露的审计证据。选择的审计程序取决于注册会计师的判断，包括对由于舞弊或错误导致的财务报表重大错报风险的评估。在进行风险评估时，注册会计师考虑与财务报表编制和公允列报相关的内部控制，以设计恰当的审计程序，但目的并非对内部控制的有效性发表意见。审计工作还包括评价管理层选用会计政策的恰当性和作出会计估计的合理性，以及评价财务报表的总体列报。

我们相信，我们获取的审计证据是充分、适当的，为发表审计意见提供了基础。

（三）导致保留意见的事项

ABC 医院 20×1 年 12 月 31 日的存货余额为×万元，占资产总额的×%。我们无法实施存货监盘，也无法实施替代审计程序，以对期末存货的数量和状况获取充分、适当的审计证据。

（四）保留意见

我们认为，除“（三）导致保留意见的事项”段所述事项可能产生的影响外，ABC 医院财务报表在所有重大方面按照事业单位会计准则、《医院会计制度》及国家其他有关法律法规的规定编制，公允反映了 ABC 医院 20×1年 12 月 31 日的财务状况以及 20×1 年度的业务开展成果。

二、按照相关法律法规的要求报告的事项

（本部分报告的格式和内容，取决于相关法律法规对其他报告责任的规定。）

××会计师事务所	中国注册会计师：×××
（盖章）	（签名并盖章）
	中国注册会计师：×××
	（签名并盖章）
中国××市	二〇×二年×月×日

（三）否定意见的审计报告

在获取充分、适当的审计证据后，如果认为错报单独或汇总起来对财务报表的影响重大且具有广泛性，注册会计师需要发表否定意见。

否定意见审计报告的参考格式如下：

审计报告

[适当的收件人]

一、对财务报表出具的审计报告

我们审计了后附的ABC医院财务报表，包括20×1年12月31日的资产负债表和20×1年度的收入费用总表、现金流量表、财政补助收支情况表以及财务报表附注和财务情况说明书。

（一）管理层对财务报表的责任

编制和公允列报财务报表是ABC医院管理层的责任，这种责任包括：（1）按照事业单位会计准则、《医院会计制度》及国家其他有关法律法规的规定编制财务报表，并使其实现公允反映；（2）设计、执行和维护必要的内部控制，以使财务报表不存在由于舞弊或错误导致的重大错报。

（二）注册会计师的责任

我们的责任是在执行审计工作的基础上对财务报表发表审计意见。我们按照中国注册会计师审计准则和医院财务报表审计指引的规定执行了审计工作。中国注册会计师审计准则和医院财务报表审计指引要求我们遵守中国注册会计师职业道德守则，计划和执行审计工作以对财务报表是否不存在重大错报获取合理保证。

审计工作涉及实施审计程序，以获取有关财务报表金额和披露的审计证据。选择的审计程序取决于注册会计师的判断，包括对由于舞弊或错误导致的财务报表重大错报风险的评估。在进行风险评估时，注册会计师考虑与财务报表编制和公允列报相关的内部控制，以设计恰当的审计程序，但目的并非对内部控制的有效性发表意见。审计工作还包括评价管理层选用会计政策的恰当性和作出会计估计的合理性，以及评价财务报表的总体列报。

我们相信，我们获取的审计证据是充分、适当的，为发表审计意见提供了基础。

（三）导致否定意见的事项

如财务报表附注×所述，ABC 医院的成本未按事业单位会计准则和《医院会计制度》核算，导致20×1 年度多结转医疗成本×万元。如果进行正确结转，将增加本期结余×万元，从而导致 ABC 医院亏损×万元转变为盈利×万元。

（四）否定意见

我们认为，由于“（三）导致否定意见的事项”段所述事项的重要性，ABC 医院的财务报表没有在所有重大方面按照事业单位会计准则、《医院会计制度》及国家其他有关法律法规的规定编制，未能公允反映 ABC 医院 20×1年 12 月 31 日的财务状况以及 20×1 年度的业务开展成果。

二、按照相关法律法规的要求报告的事项

（本部分报告的格式和内容，取决于相关法律法规对其他报告责任的规定。）

××会计师事务所　　　　　　中国注册会计师：×××

（盖章）　　　　　　　　　　（签名并盖章）

　　　　　　　　　　　　　　中国注册会计师：×××

　　　　　　　　　　　　　　（签名并盖章）

中国××市　　　　　　　　　二〇×二年×月×日

（四）无法表示意见的审计报告

如果无法获取充分、适当的审计证据以作为形成审计意见的基础，但认为未发现的错报（如存在）对财务报表可能产生的影响重大且具有广泛性，注册会计师需要发表无法表示意见。

在极其特殊的情况下，可能存在多个不确定事项。尽管注册会计师对每个单独的不确定事项获取了充分、适当的审计证据，但由于不确定事项之间可能存在相互影响，以及可能对财务报表产生累积影响，不可能对财务报表整体形成审计意见。在这种情况下，注册会计师需要发表无法表示意见。

无法表示意见审计报告的参考格式如下：

审计报告

［适当的收件人］

一、对财务报表出具的审计报告

我们审计了后附的 ABC 医院财务报表，包括 20×1 年 12 月 31 日的资产负债表和 20×1 年度的收入费用总表、现金流量表、财政补助收支情况表以及财务报表附注和财务情况说明书。

（一）管理层对财务报表的责任

编制和公允列报财务报表是 ABC 医院管理层的责任，这种责任包括：（1）按照事业单位会计准则、《医院会计制度》及国家其他有关法律法规的规定编制财务报表，并使其实现公允反映；（2）设计、执行和维护必要的内部控制，以使财务报表不存在由于舞弊或错误导致的重大错报。

（二）注册会计师的责任

我们的责任是在按照中国注册会计师审计准则和医院财务报表审计指引的规定执行审计工作的基础上对财务报表发表审计意见。但由于“（三）导致无法表示意见的事项”段中所述的事项，我们无法获取充分、适当的审计证据为发表审计意见提供基础。

（三）导致无法表示意见的事项

如财务报表附注×所述，20×1 年 ABC 医院设立了×家分院。但 ABC 医院未将上述分院的财务数据汇总至 ABC 医院的财务报表，也拒绝向我们提供。如果将上述分院的财务数据汇总至 ABC 医院的财务报表，预计 ABC 医院的财务报表的多个报表项目将受到重大影响。

（四）无法表示意见

由于“（三）导致无法表示意见的事项”段所述事项的重要性，我们无法获取充分、适当的审计证据为发表审计意见提供基础，因此，我们不对 ABC 医院财务报表发表审计意见。

二、按照相关法律法规的要求报告的事项

（本部分报告的格式和内容，取决于相关法律法规对其他报告责任的规定。）

××会计师事务所	中国注册会计师：×××
（盖章）	（签名并盖章）
	中国注册会计师：×××
	（签名并盖章）
中国××市	二〇×二年×月×日

（五）带强调事项段的审计报告

遇到下述情况时，注册会计师需要考虑是否增加强调事项段：

1. 异常诉讼或监管行动的未来结果存在不确定性。

2. 提前应用（在允许的情况下）对财务报表有广泛影响的新会计准则。

3. 存在已经或持续对被审计医院财务状况产生重大影响的特大灾难。

4. 存在《中国注册会计师审计准则第1111号——就审计业务约定条款达成一致意见》第十九条第（二）项、《中国注册会计师审计准则第1324号——持续经营》第十八条、《中国注册会计师审计准则第1332号——期后事项》第十五条第（二）项和第十九条、《中国注册会计师审计准则第1601号——对按照特殊目的编制基础编制的财务报表审计的特殊考虑》第十五条规定的情形。

需要注意的是，强调事项段的过多使用会降低注册会计师沟通所强调事项的有效性。此外，与财务报表中的列报或披露相比，在强调事项段中包括过多的信息，可能隐含着这些事项未被恰当列报或披露。因此，审计准则规定将强调事项段的使用限制在财务报表已列报或披露的事项上。

带强调事项段的无保留意见审计报告的参考格式如下：

审计报告

[适当的收件人]

一、对财务报表出具的审计报告

我们审计了后附的ABC医院财务报表，包括20×1年12月31日的资产负债表和20×1年度的收入费用总表、现金流量表、财政补助收支情况表以及财务报表附注和财务情况说明书。

（一）管理层对财务报表的责任

编制和公允列报财务报表是ABC医院管理层的责任，这种责任包括：（1）按照事业单位会计准则、《医院会计制度》及国家其他有关法律法规的规定编制财务报表，并使其实现公允反映；（2）设计、执行和维护必要的内部控制，以使财务报表不存在由于舞弊或错误导致的重大错报。

（二）注册会计师的责任

我们的责任是在执行审计工作的基础上对财务报表发表审计意见。我们按照中国注册会计师审计准则和医院财务报表审计指引的规定执行了审计工作。中国注册会计师审计准则和医院财务报表审计指引要求我们遵守中国注册会计师职业道德守则，计划和执行审计工作以对财务报表是否不存在重大错报获取合理保证。

审计工作涉及实施审计程序，以获取有关财务报表金额和披露的审计证据。选择的审计程序取决于注册会计师的判断，包括对由于舞弊或错误导致的财务报表重大错报风险的评估。在进行风险评估时，注册会计师考虑与财务报表编制和公允列报相关的内部控制，以设计恰当的审计程序，但目的并非对内部控制的有效性发表意见。审计工作还包括评价管理层选用会计政策的恰当性和作出会计估计的合理性，以及评价财务报表的总体列报。

我们相信，我们获取的审计证据是充分、适当的，为发表审计意见提供了基础。

（三）审计意见

我们认为，ABC 医院财务报表在所有重大方面按照事业单位会计准则、《医院会计制度》及国家其他有关法律法规的规定编制，公允反映了 ABC 医院 20×1 年 12 月 31 日的财务状况以及 20×1 年度的业务开展成果。

（四）强调事项

我们提醒财务报表使用者关注，如财务报表附注×所述，截至财务报表批准日，自然人×××、×××、×××对 ABC 医院提出的诉讼尚在审理当中，其结果具有不确定性。本段内容不影响已发表的审计意见。

二、按照相关法律法规的要求报告的事项

（本部分报告的格式和内容，取决于相关法律法规对其他报告责任的规定。）

××会计师事务所	中国注册会计师：×××
（盖章）	（签名并盖章）
	中国注册会计师：×××
	（签名并盖章）
中国××市	二〇×二年×月×日

（六）带其他事项段的审计报告

遇到下述情况时，注册会计师需要考虑是否增加其他事项段：

1. 与财务报表使用者理解与审计工作相关的情形。

在极其特殊的情况下，即使由于管理层对审计范围施加的限制导致无法获取充分、适当的审计证据可能产生的影响具有广泛性，注册会计师也不能解除业务约定。在这种情况下，注册会计师可能认为有必要在审计报告中增加其他事项段，解释为何不能解除业务约定。

2. 与财务报表使用者理解注册会计师的责任或审计报告相关的情形。

（1）法律法规或得到广泛认可的惯例可能要求或允许注册会计师详细说明某些事项，以进一步解释注册会计师在财务报表审计中的责任或审计报告。在这种情况下，注册会计师可以使用一个或多个子标题来描述这些事项。

（2）增加其他事项段不涉及以下两种情形：

①除根据审计准则的规定有责任对财务报表出具审计报告外，注册会计师还有其他报告责任（参见《中国注册会计师审计准则第 1501 号——对财务报表形成审计意见和出具审计报告》中“其他报告责任”部分）。

②注册会计师可能被要求实施额外规定的审计程序并予以报告，或对特定事项发表意见。

3. 限制审计报告分发和使用的情形。

为特定目的的编制的财务报表可能按照通用目的的编制基础编制，因为财务报表特定使用者已确定这种通用目的的财务报表能够满足他们对财务信息的需求。由于审计报告旨在提供给特定使用者，注册会计师可能认为在这种情况下需要增加其他事项段，说明审计报告只是提供给财务报表预期使用者，不应被分发给其他机构或人员或者被其他机构或人员使用。

第八章　附　则

本指引自 2011 年 7 月 1 日起施行。

附录1：审计业务约定书参考格式（适用于被审计医院直接委托）

审计业务约定书

甲方：ABC医院

乙方：××会计师事务所

兹由甲方委托乙方对20×1年度财务报表进行审计，经双方协商，达成以下约定：

一、审计的目标和范围

1. 乙方接受甲方委托，对甲方按照事业单位会计准则、《医院会计制度》及国家其他有关法律法规编制的20×1年12月31日的资产负债表和20×1年度的收入费用总表、现金流量表、财政补助收支情况表以及财务报表附注和财务情况说明书进行审计。

2. 乙方通过执行审计工作，对财务报表的下列方面发表审计意见：(1) 财务报表是否在所有重大方面按照事业单位会计准则、《医院会计制度》及国家其他有关法律法规的规定编制；(2) 财务报表是否在所有重大方面公允反映了甲方20×1年12月31日的财务状况以及20×1年度的业务开展成果。

二、甲方的责任

1. 根据《中华人民共和国会计法》，甲方及甲方负责人有责任保证会计资料的真实性和完整性。因此，甲方管理层有责任妥善保存和提供会计记录（包括但不限于会计凭证、会计账簿及其他会计资料），这些记录必须真实、完整地反映甲方的财务状况和业务开展成果。

2. 按照事业单位会计准则、《医院会计制度》及国家其他有关法律法规的规定编制和公允列报财务报表是甲方管理层的责任，这种责任包括：(1) 按照事业单位会计准则、《医院会计制度》及国家其他有关法律法规的规定编制财务报表，并使其实现公允反映；(2) 设计、执行和维护必要的内部控制，以使财务报表不存在由于舞弊或错误导致的重大错报。

3. 及时为乙方的审计工作提供与审计有关的所有记录、文件和所需的其他信息（在20×2年×月×日之前提供审计所需的全部资料，如果在审计过程中需要补充资料，也应及时提供），并保证所提供资料的真实性和完整性。

4. 确保乙方不受限制地接触其认为必要的甲方内部人员和其他相关人员。

[下段适用于集团财务报表审计业务，使用时需根据客户/约定项目的特定情况修改，如果加入此段，应相应修改本约定书第一项关于业务范围的表述，并调整下面其他条款的编号。]

[5．为满足乙方对甲方合并财务报表发表审计意见的需要，甲方须确保：

乙方和对组成部分财务信息执行相关工作的组成部分注册会计师之间的沟通不受任何限制。

乙方及时获悉组成部分注册会计师与组成部分治理层和管理层之间的重要沟通（包括就值得关注的内部控制缺陷进行的沟通）。

乙方及时获悉组成部分治理层和管理层与监管机构就与财务信息有关的事项进行的重要沟通。

在乙方认为必要时，允许乙方接触组成部分的信息、组成部分管理层或组成部分注册会计师（包括组成部分注册会计师的工作底稿），并允许乙方对组成部分的财务信息执行相关工作。]

5．甲方管理层对其作出的与审计有关的声明予以书面确认。

6．为乙方派出的有关工作人员提供必要的工作条件和协助，乙方将于外勤工作开始前提供主要事项清单。

7．按照本约定书的约定及时足额支付审计费用以及乙方人员在审计期间的交通、食宿和其他相关费用。

8．乙方的审计不能减轻甲方及甲方管理层的责任。

三、乙方的责任

1．乙方的责任是在执行审计工作的基础上对甲方财务报表发表审计意见。乙方根据中国注册会计师审计准则（以下简称审计准则）和医院财务报表审计指引的规定执行审计工作。审计准则和医院财务报表审计指引要求注册会计师遵守中国注册会计师职业道德守则，计划和执行审计工作以对财务报表是否不存在重大错报获取合理保证。

[下段适用于集团财务报表审计业务，使用时需根据客户/约定项目的特定情况修改，如果加入此段，应相应修改本约定书第一项关于业务范围的表述，并调整下面其他条款的编号。]

[2．对不由乙方执行相关工作的组成部分财务信息，乙方不单独出具报告；有关的责任由对该组成部分执行相关工作的组成部分注册会计师及其所在的会计师事务所承担。]

2．审计工作涉及实施审计程序，以获取有关财务报表金额和披露的审计证据。选择的审计程序取决于乙方的判断，包括对由于舞弊或错误导致的财务报表重大错报风险的评估。在进行风险评估时，乙方考虑与财务报表编制和公允列报相关的内部控制，以设计恰当的审计程序，但目的并非对内部控制的有效性发表意见。审计工作还包括评价管理层选用会计政策的恰当性和作出会计估计的合理性，以及评价财务报表的总体列报。

3. 由于审计和内部控制的固有限制，即使按照审计准则和医院财务报表审计指引的规定适当地计划和执行审计工作，仍不可避免地存在财务报表的某些重大错报可能未被乙方发现的风险。

4. 在审计过程中，乙方若发现甲方存在乙方认为值得关注的内部控制缺陷，应以书面形式向甲方治理层或管理层通报。但乙方通报的各种事项，并不代表已全面说明所有可能存在的缺陷或已提出所有可行的改进建议。甲方在实施乙方提出的改进建议前应全面评估其影响。未经乙方书面许可，甲方不得向任何第三方提供乙方出具的沟通文件。

5. 按照约定时间完成审计工作，出具审计报告。乙方应于20×2年×月×日前出具审计报告。

6. 除下列情况外，乙方需要对执行业务过程中知悉的甲方信息予以保密：(1) 法律法规允许披露，并取得甲方的授权；(2) 根据法律法规的要求，为法律诉讼、仲裁准备文件或提供证据，以及向监管机构报告发现的违法行为；(3) 在法律法规允许的情况下，在法律诉讼、仲裁中维护自己的合法权益；(4) 接受注册会计师协会或监管机构的执业质量检查，答复其询问和调查；(5) 法律法规、执业准则和职业道德规范规定的其他情形。

四、审计收费

1. 本次审计服务的收费是以乙方各级别工作人员在本次工作中所耗费的时间为基础计算的。乙方预计本次审计服务的费用总额为人民币××万元。

2. 甲方应于本约定书签署之日起××日内支付×%的审计费用，其余款项于［审计报告草稿完成日］结清。

3. 如果由于无法预见的原因，致使乙方从事本约定书所涉及的审计服务实际时间较本约定书签订时预计的时间有明显增加或减少时，甲乙双方应通过协商，相应调整本部分第1段所述的审计费用。

4. 如果由于无法预见的原因，致使乙方人员抵达甲方的工作现场后，本约定书所涉及的审计服务中止，甲方不得要求退还预付的审计费用；如上述情况发生于乙方人员完成现场审计工作，并离开甲方的工作现场之后，甲方应另行向乙方支付人民币××元的补偿费，该补偿费应于甲方收到乙方的收款通知之日起××日内支付。

5. 与本次审计有关的其他费用（包括交通费、食宿费等）由甲方承担。

五、审计报告和审计报告的使用

1. 乙方按照中国注册会计师审计准则和医院财务报表审计指引规定的格式和类型出具审计报告。

2. 乙方向甲方致送审计报告一式×份。

3. 甲方在提交或对外公布乙方出具的审计报告及其后附的已审计财务报表时，不得对其进行修改。当甲方认为有必要修改会计数据、报表附注和所作的说明时，需要事先通知乙方，乙方将考虑有关的修改对审计报告的影响，必要时，将重新出具审计报告。

六、本约定书的有效期间

本约定书自签署之日起生效，并在双方履行完毕本约定书约定的所有义务后终止。但其中第三项第6段、第四、五、七、八、九、十项并不因本约定书终止而失效。

七、约定事项的变更

如果出现不可预见的情况，影响审计工作如期完成，或需要提前出具审计报告，甲、乙双方均可要求变更约定事项，但应及时通知对方，并由双方协商解决。

八、终止条款

1. 如果根据乙方的职业道德及其他有关专业职责、适用的法律法规或其他任何法定的要求，乙方认为已不适宜继续为甲方提供本约定书约定的审计服务，乙方可以采取向甲方提出合理通知的方式终止履行本约定书。

2. 在本约定书终止的情况下，乙方有权就其于终止之日前对约定的审计服务项目所做的工作收取合理的费用。

九、违约责任

甲、乙双方按照《中华人民共和国合同法》的规定承担违约责任。

十、适用法律和争议解决

本约定书的所有方面均应适用中华人民共和国法律进行解释并受其约束。本约定书履行地为乙方出具审计报告所在地，因本约定书引起的或与本约定书有关的任何纠纷或争议（包括关于本约定书条款的存在、效力或终止，或无效之后果），双方协商确定采取以下第________种方式予以解决：

（1）向有管辖权的人民法院提起诉讼；

（2）提交××仲裁委员会仲裁。

十一、双方对其他有关事项的约定

本约定书一式两份，甲、乙双方各执一份，具有同等法律效力。

ABC 医院（盖章）	××会计师事务所（盖章）
授权代表：（签名并盖章）	授权代表：（签名并盖章）
二〇×二年×月×日	二〇×二年×月×日

附录2：审计业务约定书参考格式（适用于第三方委托）

审计业务约定书

甲方：ABC医院

乙方：××会计师事务所

丙方：×××

兹由丙方委托乙方对甲方20×1年度财务报表进行审计，经双方协商，达成以下约定：

一、审计的目标和范围

1．乙方接受丙方委托，对甲方按照事业单位会计准则、《医院会计制度》及国家其他有关法律法规编制的20×1年12月31日的资产负债表和20×1年度的收入费用总表、现金流量表、财政补助收支情况表以及财务报表附注和财务情况说明书进行审计。

2．乙方通过执行审计工作，对财务报表的下列方面发表审计意见：（1）财务报表是否在所有重大方面按照事业单位会计准则、《医院会计制度》及国家其他有关法律法规的规定编制；（2）财务报表是否在所有重大方面公允反映了甲方20×1年12月31日的财务状况以及20×1年度的业务开展成果。

二、甲方的责任

1．根据《中华人民共和国会计法》，甲方及甲方负责人有责任保证会计资料的真实性和完整性。因此，甲方管理层有责任妥善保存和提供会计记录（包括但不限于会计凭证、会计账簿及其他会计资料），这些记录必须真实、完整地反映甲方的财务状况和业务开展成果。

2．按照事业单位会计准则、《医院会计制度》及国家其他有关法律法规的规定编制和公允列报财务报表是甲方管理层的责任，这种责任包括：（1）按照事业单位会计准则、《医院会计制度》及国家其他有关法律法规的规定编制财务报表，并使其实现公允反映；（2）设计、执行和维护必要的内部控制，以使财务报表不存在由于舞弊或错误导致的重大错报。

3．及时为乙方的审计工作提供与审计有关的所有记录、文件和所需的其他信息（在20×2年×月×日之前提供审计所需的全部资料，如果在审计过程中需要补充资料，也应及时提供），并保证所提供资料的真实性和完整性。

4．确保乙方不受限制地接触其认为必要的甲方内部人员和其他相关人员。

[下段适用于集团财务报表审计业务，使用时需根据客户/约定项目的特定情况修改，如果加入此段，应相应修改本约定书第一项关于业务范围的表述，并调整下面其他条款的编号。]

[5. 为满足乙方对甲方合并财务报表发表审计意见的需要，甲方须确保：

乙方和对组成部分财务信息执行相关工作的组成部分注册会计师之间的沟通不受任何限制。

乙方及时获悉组成部分注册会计师与组成部分治理层和管理层之间的重要沟通（包括就值得关注的内部控制缺陷进行的沟通）。

乙方及时获悉组成部分治理层和管理层与监管机构就与财务信息有关的事项进行的重要沟通。

在乙方认为必要时，允许乙方接触组成部分的信息、组成部分管理层或组成部分注册会计师（包括组成部分注册会计师的工作底稿），并允许乙方对组成部分的财务信息执行相关工作。]

5. 甲方管理层对其作出的与审计有关的声明予以书面确认。

6. 为乙方派出的有关工作人员提供必要的工作条件和协助，乙方将于外勤工作开始前提供主要事项清单。

7. 乙方的审计不能减轻甲方及甲方管理层的责任。

三、乙方的责任

1. 乙方的责任是在执行审计工作的基础上对甲方财务报表发表审计意见。乙方根据中国注册会计师审计准则（以下简称审计准则）和医院财务报表审计指引的规定执行审计工作。审计准则和医院财务报表审计指引要求注册会计师遵守中国注册会计师职业道德守则，计划和执行审计工作以对财务报表是否不存在重大错报获取合理保证。

[下段适用于集团财务报表审计业务，使用时需根据客户/约定项目的特定情况修改，如果加入此段，应相应修改本约定书第一项关于业务范围的表述，并调整下面其他条款的编号。]

[2. 对不由乙方执行相关工作的组成部分财务信息，乙方不单独出具报告；有关的责任由对该组成部分执行相关工作的组成部分注册会计师及其所在的会计师事务所承担。]

2. 审计工作涉及实施审计程序，以获取有关财务报表金额和披露的审计证据。选择的审计程序取决于乙方的判断，包括对由于舞弊或错误导致的财务报表重大错报风险的评估。在进行风险评估时，乙方考虑与财务报表编制和公允列报相关的内部控制，以设计恰当的审计程序，但目的并非对内部控制的有效性发表意见。审计工作还包括评价管理层选用会计政策的恰当性和作出会计估计的合理性，以及评价财务报表的总体列报。

3. 由于审计和内部控制的固有限制，即使按照审计准则和医院财务报表审计指引的规定适当地计划和执行审计工作，仍不可避免地存在财务报表的某些重大错报可能未被乙方发现的风险。

4. 在审计过程中，乙方若发现甲方存在乙方认为值得关注的内部控制缺陷，应以书面形式向甲方治理层或管理层通报。但乙方通报的各种事项，并不代表已全面说明所有可能存在的缺陷或已提出所有可行的改进建议。甲方在实施乙方提出的改进建议前应全面评估其影响。未经乙方书面许可，甲方不得向任何第三方提供乙方出具的沟通文件。

5. 按照约定时间完成审计工作，出具审计报告。乙方应于20×2年×月×日前出具审计报告。

6. 除下列情况外，乙方需要对执行业务过程中知悉的甲方信息予以保密：（1）法律法规允许披露，并取得甲方的授权；（2）根据法律法规的要求，为法律诉讼、仲裁准备文件或提供证据，以及向监管机构报告发现的违法行为；（3）在法律法规允许的情况下，在法律诉讼、仲裁中维护自己的合法权益；（4）接受注册会计师协会或监管机构的执业质量检查，答复其询问和调查；（5）法律法规、执业准则和职业道德规范规定的其他情形。

四、丙方的责任

按照本约定书的约定及时足额支付审计费用以及乙方人员在审计期间的交通、食宿和其他相关费用。同时，丙方还要负责监督甲方切实履行其责任。

五、审计收费

1. 本次审计服务的收费是以乙方各级别工作人员在本次工作中所耗费的时间为基础计算的。乙方预计本次审计服务的费用总额为人民币××万元。

2. 丙方应于本约定书签署之日起××日内支付×%的审计费用，其余款项于［审计报告草稿完成日］结清。

3. 如果由于无法预见的原因，致使乙方从事本约定书所涉及的审计服务实际时间较本约定书签订时预计的时间有明显增加或减少时，乙丙双方应通过协商，相应调整本部分第1段所述的审计费用。

4. 如果由于无法预见及甲方不配合等原因，致使乙方人员抵达甲方的工作现场后，本约定书所涉及的审计服务中止，丙方不得要求退还预付的审计费用；如上述情况发生于乙方人员完成现场审计工作，并离开甲方的工作现场之后，丙方应另行向乙方支付人民币××元的补偿费，该补偿费应于丙方收到乙方的收款通知之日起××日内支付。

5. 与本次审计有关的其他费用（包括交通费、食宿费等）由丙方承担。

六、审计报告和审计报告的使用

1. 乙方按照中国注册会计师审计准则和医院财务报表审计指引规定的格式和类型出具审计报告。

2. 乙方向丙方致送审计报告一式×份。

3. 丙方在提交或对外公布乙方出具的审计报告及其后附的已审计财务报表时，不得对其进行修改。当丙方认为有必要修改会计数据、报表附注和所作的说明时，需要事先通知乙方，乙方将考虑有关的修改对审计报告的影响，必要时，将重新出具审计报告。

七、本约定书的有效期间

本约定书自签署之日起生效，并在双方履行完毕本约定书约定的所有义务后终止。但其中第三项第 6 段、第四、五、六、八、九、十、十一项并不因本约定书终止而失效。

八、约定事项的变更

如果出现不可预见的情况，影响审计工作如期完成，或需要提前出具审计报告，乙、丙双方均可要求变更约定事项，但应及时通知对方，并由双方协商解决。

九、终止条款

1. 如果根据乙方的职业道德及其他有关专业职责、适用的法律法规或其他任何法定的要求，乙方认为已不适宜继续为甲方提供本约定书约定的审计服务，乙方可以采取向丙方提出合理通知的方式终止履行本约定书。

2. 在本约定书终止的情况下，乙方有权就其于终止之日前对约定的审计服务项目所做的工作收取合理的费用。

十、违约责任

甲、乙、丙三方按照《中华人民共和国合同法》的规定承担违约责任。

十一、适用法律和争议解决

本约定书的所有方面均应适用中华人民共和国法律进行解释并受其约

束。本约定书履行地为乙方出具审计报告所在地，因本约定书引起的或与本约定书有关的任何纠纷或争议（包括关于本约定书条款的存在、效力或终止，或无效之后果），双方协商确定采取以下第________种方式予以解决：

（1）向有管辖权的人民法院提起诉讼；

（2）提交××仲裁委员会仲裁。

十二、对其他有关事项的约定

本约定书一式两份，甲、乙、丙三方各执一份，具有同等法律效力。

甲方：ABC 医院（盖章）

授权代表：（签名并签章）

二〇×二年×月×日

乙方：××会计师事务所（盖章）

授权代表：（签名并签章）

二〇×二年×月×日

丙方：×××（盖章）

授权代表：（签名并签章）

二〇×二年×月×日